EL CAMINO DE UN HOMBRE

- *VERSIÓN EXTENDIDA* -

EL CAMINO DE UN HOMBRE

Los Secretos para Forjarte como Hombre que la Sociedad No Quiere que Sepas.

Hombres Peligrosos®

Escrito por Humberto Montesinos y el Dr. José de Jesús Mora junto al equipo de **Hombres Peligrosos.**

Aviso Legal

Copyright © 2025 por Hombres Peligrosos ®

Todos los derechos reservados.

"No hay viento favorable para el que no sabe a dónde va"

- Séneca

"El que sufre antes de ser necesario, sufre más de lo necesario."

- Séneca

"Los pilotos
habilidosos ganan su
reputación en las
tormentas y las
tempestades."

- Epicuro

"Llegará el
momento en que
creas que todo ha
terminado. Ese será el
principio."

- Epicuro

Indice

Comunidad Privada

¡Hola, hermano! Queremos invitarte a unirte a nuestra comunidad privada de WhatsApp, un espacio exclusivo para hombres comprometidos con su crecimiento personal y desarrollo integral. En esta comunidad, encontrarás grupos enfocados en diferentes áreas clave como masculinidad, seducción, sabiduría, físico, espiritualidad, finanzas y negocios. Es la oportunidad perfecta para aprender, compartir experiencias y conectar con otros hombres que están en el mismo camino de superación.

¡No dejes pasar esta oportunidad! Únete y comienza a dar pasos hacia la mejor versión de ti mismo. Si tienes el libro en formato físico, solo tienes que enviarnos una foto del libro a nuestro Instagram o correo electrónico. Acompáñala con tu dirección de correo electrónico y te enviaremos el acceso directo al grupo de manera inmediata.

Instagram: **@HombresPeligrosos**
Correo: **hombrespeligrososoficial@gmail.com**

Te recomendamos unirte a la comunidad antes de empezar a leer el libro. De esta manera, podrás compartir tus experiencias y resolver cualquier duda mientras avanzas en tu lectura. No olvides ***dejarnos una reseña del libro***, tu opinión es clave para que más hombres confíen y se animen a leerlo. Y como agradecimiento, si nos envías una captura de pantalla de tu reseña, te regalaremos **bonos exclusivos** para complementar tu aprendizaje.

¡Ahora sí, prosigamos!

Introducción

Hola, hermano. Durante los últimos meses, hemos estado trabajando junto al equipo en esta nueva versión extendida de nuestro libro, centrado en el desarrollo masculino. A lo largo del tiempo, en nuestra comunidad hemos visto cómo cada uno de nosotros evoluciona día tras día. La seducción es un tema interesante, pero lo realmente crucial es regresar a los orígenes y construir un pilar sólido en tu vida como hombre, un pilar que te permita desarrollarte en todos los aspectos. Solo después de haber forjado tu base, puedes sumergirte en el mundo de la seducción, si así lo deseas.

Demasiados hombres van por la vida persiguiendo mujeres, buscando "seducir" y tener noches de sexo. Pero déjame ser claro: si no te enfocas en tu desarrollo personal, de nada te servirá tener relaciones pasajeras con distintas mujeres. Al final, tu vida se sentirá vacía, el tiempo pasará factura y te costará más de lo que imaginas llegar a tu mejor versión.

Si estás leyendo este libro, es porque estás decidido a cambiar tu vida y encontrar tu propio camino como hombre en un mundo que hoy más que nunca está lleno de dificultades... Guerra, escasez de alimentos, enfermedades, una economía global en caída, violencia, debilidad, etc.

En un mundo donde te culpan solo por ser hombre, donde te dicen que tienes una "masculinidad frágil" y la sociedad busca constantemente "reconstruirte" para mantenerte débil... **¿Serás capaz de forjar tu camino? ¿Podrás construir tus cualidades, tu filosofía de vida y salir adelante?**

Esta versión extendida del libro no solo te ofrece enseñanzas poderosas para tu desarrollo, sino que también incluye nuevos temas que son de vital importancia para el hombre de hoy. Encontrarás reflexiones inéditas basadas en los valores y estrategias del imperio romano y el imperio mongol, dos de las civilizaciones más poderosas y resilientes de la historia. Conocerás sus secretos y cómo aplicarlos en tu vida cotidiana para forjar tu propio imperio personal.

El camino de un hombre no es fácil. Es un camino duro, solitario, una guerra constante que solo los valientes son capaces de enfrentar. Cada día es una nueva batalla, una batalla contra las dificultades de la vida, contra tus propios miedos, contra una sociedad que te quiere ver débil, conforme, sin rumbo.

En cada paso que des, sentirás la presión. El peso de las expectativas, el juicio constante, el sistema que trata de derribarte. Pero recuerda esto, hermano: *las batallas más grandes no se libran fuera de ti, sino dentro de ti*. El verdadero enemigo está en tus dudas, en tu falta de acción, en tus miedos que te frenan.

Este camino no es para los débiles. No es para aquellos que buscan el camino fácil o esperan que las cosas les lleguen sin esfuerzo. Ser hombre hoy en día significa resistir. Significa levantarse cada vez que el mundo te derrumba, forjar tu mente, tu cuerpo, tu carácter como el acero más resistente. Ser hombre hoy es desafiar las normas, romper las cadenas que te imponen y conquistar tu propio destino.

Este libro es para ti, para aquellos que no se conforman, para los que no se rinden. Aquí aprenderás a ser fuerte en todos los aspectos de tu vida. A dominar tus emociones, a fortalecer tu cuerpo y tu mente, a crear tu propia filosofía y a ser dueño de tu destino.

La batalla está lejos de ser fácil, pero también es lo que te convierte en lo que estás destinado a ser.

No permitas que la sociedad moderna te moldee a su antojo.

La verdadera fuerza no está en lo que te dan, sino en lo que eres capaz de crear y dominar por ti mismo.

La victoria solo se logra cuando luchas con todo lo que eres.

Es tu momento...

La guerra comienza ahora...

No hay atajos, no hay excusas...

¡Este es tu camino, el camino de un HOMBRE!

La Filosofía de un Hombre

Primero, hablemos de **filosofía de vida** de un hombre.

La filosofía de vida es mucho más que una simple idea. Es el conjunto de principios, valores e ideas que guían tus decisiones, que orientan tu comportamiento y te impulsan a alcanzar tu autorrealización. Es el camino que eliges recorrer para convertirte en el hombre que estás destinado a ser.

Hoy en día, la sociedad ofrece muchas filosofías de vida. Algunas provienen de religiones o tradiciones espirituales como el cristianismo, el islamismo, el budismo, el taoísmo... pero no te equivoques: no toda filosofía de vida es una religión. Incluso aquellos que no se adhieren a una creencia religiosa tienen una filosofía de vida, muchas veces basada en su agnosticismo o en una reflexión personal profunda.

Lo que todas estas filosofías tienen en común es el ejercicio crítico del pensamiento. Piensan. Reflexionan. Y lo hacen porque buscan encontrar el mejor camino para existir de manera humana, digna y poderosa. Y si vas a ser hombre, necesitas una filosofía de vida clara, no para simplemente existir, sino para ser el hombre que quieres ser.

La verdadera filosofía de vida no es solo teoría. Es una acción consciente. Se forma a través de la reflexión, el autoconocimiento y la comprensión profunda de tu propia existencia. Y, lo más importante: te obliga a salir del modo automático. No puedes vivir sin pensar, no puedes actuar como un autómata que deja que el mundo lo arrastre. Tienes que tomar el control, definir tu camino y ser dueño de tu destino.

Entonces, ¿qué filosofía de vida vas a elegir en estos tiempos tan complejos? En un mundo lleno de caos, confusión y crisis, ¿cómo forjas tu propia filosofía de vida como hombre?

Es el momento de que tomes las riendas, te enfrentes a la realidad y decidas qué clase de hombre quieres ser. No se trata de seguir ciegamente a los demás. Se trata de ser dueño de tus principios, de tus valores, de tu poder.

Este es tu momento. Deja de seguir la corriente. Forja tu propio camino.

PASOS PARA FORJAR TU FILOSOFÍA DE VIDA COMO HOMBRE

Si no conoces tu propósito en la vida, te arriesgas a ser manipulado por aquellos que sí lo tienen claro. La vida es una batalla constante, y si no sabes a dónde vas, alguien más te llevará por su camino. Tienes que construir tu propósito. Tener tu propia filosofía de vida es lo que te asegura que estarás en control de tu destino, que nadie podrá desviarte de tu camino y que tus sueños son solo tuyos para alcanzarlos.

Tu filosofía te da poder. Te da dirección. Y con esa dirección, cada decisión que tomes será más firme, más clara. No te detendrás a dudar ni a permitir que el caos de la vida te desvíe. Con una filosofía de vida sólida, la toma de decisiones se vuelve más natural, más segura.

Es hora de que te hagas las preguntas correctas.

Reflexiona.

Hazte las preguntas que separan a los hombres comunes de los hombres con propósito:

- *¿Quién soy?*
- *¿De dónde vengo?*
- *¿Con quién y con qué estoy comprometido, y de qué manera?*
- *¿Cuáles son mis talentos o fortalezas?*
- *¿Cuál es mi propósito de vida? ¿Para qué estoy aquí?*

Escribe un párrafo que una las respuestas a esas preguntas. Hazlo tuyo. Memorízalo. Incorpóralo en tu vida.

¿Fácil? Tal vez.
¿Sencillo? No.

Aplicarlo, vivirlo todos los días es lo que te va a exigir el mayor esfuerzo. Pero esa es la diferencia. Los hombres que lo hacen, viven una vida de propósito. Los demás, simplemente se arrastran por la vida, esperando a que algo pase.

La incertidumbre te va a desgastar. Va a drenar tu energía y aumentar el estrés. Pero la claridad es lo que te llevará al éxito. Mientras más claro tengas tu propósito, más fuerte será tu capacidad para tomar decisiones. La claridad abre puertas, y esas puertas te conducirán hacia los resultados que buscas.

Cuando conozcas y sepas cómo utilizar tus fortalezas, empezarás a ver:

• **Confianza**. Sabes que, pase lo que pase, serás capaz de enfrentar lo que venga.

• **Energía**. Tu vida tiene un propósito, y cada día avanzarás con un objetivo claro.

• **Más poder**. Te darás cuenta de que no solo puedes con lo que tienes, sino con mucho más.

• **Potencial**. Tu capacidad será más grande de lo que pensabas.

• **Elevación**. Te enfrentarás al mundo con una mentalidad de alto estándar, nunca aceptando menos.

• **Gratitud**. Aunque sepas que tu tiempo es limitado, vivirás con una intensidad y gratitud que te llevará a disfrutar cada momento.

Todo esto te permitirá sacar al guerrero que llevas dentro, para que, con valentía, sin miedo y con decisión, enfrentes la vida y disfrutes de ella al máximo.

EL ESTOICISMO

El estoicismo es una filosofía de 2,000 años de antigüedad que ha ayudado a los hombres a sobrevivir al caos, a mantener la calma en medio de las tormentas y a controlar su destino, sin importar las circunstancias.

En 1965, durante la guerra entre Estados Unidos y Vietnam, un piloto de la Armada estadounidense llamado James Stockdale se encontró en una situación que nadie podría imaginar. Mientras volaba sobre territorio enemigo, recibió un disparo y, en un instante, su vida cambió para siempre. Lo que no sabía es que pasaría siete largos años como prisionero de guerra, enfrentándose a un sufrimiento indescriptible.

Pero en medio de la oscuridad, en su mente resonaba una voz, la voz de un filósofo que vivió en Grecia en el siglo I d.C. Epicteto, un hombre que enseñó a no rendirse ante la adversidad. El estoicismo, con sus principios duros y claros, se convirtió en la guía de Stockdale para soportar años de tortura y aislamiento. Este filósofo le enseñó a aceptar lo que no podía cambiar, a enfrentar la vida sin miedo y a tomar control de su mente y su actitud, sin importar lo que sucediera en su entorno.

James Stockdale, en su libro "A Vietnam Experience", relata cómo las enseñanzas de Epicteto lo ayudaron a mantenerse firme, a resistir el sufrimiento y a mantener la dignidad incluso cuando todo parecía perdido. La filosofía estoica no solo lo reconfortó, sino que lo fortaleció, dándole el coraje necesario para sobrevivir en las condiciones más extremas.

El estoicismo: te prepara para lo peor, te da la fuerza para seguir adelante cuando el mundo te dice que te caigas. No importa cuán difícil sea tu vida, no importa cuán caótico sea el mundo que te rodea. El estoicismo te da las herramientas para mantener la calma, ser imparable y controlar tu destino.

- James Stockdale

"Todo lo que sé sobre Epicteto lo he practicado a lo largo de los años", escribió Stockdale.

"Él me enseñó que lo esencial es mantener el control sobre mi propósito moral. De hecho, me enseñó que soy mi propósito moral."

Estas palabras no son solo reflexiones de un hombre que

sobrevivió al peor sufrimiento imaginable. Son las palabras de alguien que tomó control absoluto de su vida, incluso cuando todo lo que conocía estaba fuera de su control.

Stockdale entendió algo fundamental:
Tú eres responsable de tu destino. No importa lo que pase a tu alrededor, tú decides tu respuesta.

"Yo soy completamente responsable de todo lo que hago y digo... Y yo decido y controlo mi propia destrucción y mi propia liberación".

Este es el poder que nos da el estoicismo. Nos da control. Nos enseña que no somos víctimas de las circunstancias, sino que somos los arquitectos de nuestra propia vida.

Tú no eres una víctima del caos del mundo moderno.
Tú decides cómo reaccionar.
Tú decides si sigues adelante o te caes.

Este es el llamado de los hombres fuertes: tomar responsabilidad total. No culpar al mundo, no dejarse arrastrar por las emociones ni por la presión externa.

El hombre que adopta esta filosofía es dueño de su destino, capaz de enfrentar cualquier adversidad con la mente clara y el corazón fuerte. Nadie puede destruirlo, porque él mismo decide qué lo construye y qué lo destruye.

ESTOICISMO: LA CALMA EN MEDIO DEL CAOS

- ¿Cómo vivir una vida significativa en un mundo impredecible?

- ¿Cómo hacer lo mejor que podamos con lo que tenemos, mientras aceptamos con valentía lo que está fuera de nuestro control?

Estas son las preguntas que el estoicismo responde de manera contundente. Una filosofía creada hace más de 2.000 años, pero más relevante que nunca en el caos de la vida moderna. Cada vez más personas buscan en ella un antídoto para las dificultades del día a día.

- Marco Aurelio

El estoicismo no es solo un conjunto de ideas, es un camino para vivir con fuerza, claridad y control. Predicó la importancia de la razón, enseñando que las emociones destructivas nacen de cómo interpretamos el mundo. Nos mostró que podemos ser dueños de nuestra mente, incluso cuando el mundo a nuestro alrededor está fuera de control. Nos dio una guía práctica para mantenernos resueltos, fuertes y firmes en cualquier circunstancia.

La influencia del estoicismo se extendió a través de la civilización grecorromana, marcando la historia del pensamiento occidental. No se limitó a la antigua Grecia y Roma, sino que ha dejado su huella en varias tradiciones y filosofías a lo largo de los siglos. Está presente en el cristianismo, en el budismo y en el pensamiento de filósofos modernos como el alemán Immanuel Kant.

Más aún, el estoicismo ha influido en técnicas modernas de psicoterapia, como la terapia cognitivo-conductual, que enseña a las personas a controlar sus pensamientos y emociones para enfrentar mejor las adversidades.

El estoicismo es mucho más que un conocimiento antiguo: es una herramienta de poder y resistencia que todo hombre debería incorporar a su vida. En un mundo de caos y dificultades, el hombre estoico permanece firme, controla su mente y sigue avanzando, sin importar lo que ocurra a su alrededor.

TRES PERLAS DE SABIDURÍA DE EPITECTO

"Si voy a morir, moriré cuando llegue el momento. Como me parece que aún no es la hora, comeré porque tengo hambre."

Lo que Epicteto nos está diciendo es claro: lo que tenga que ser, será. Si aún no es tu hora, no pierdas tiempo preocupándote por lo inevitable. Vive en el presente. Si no es el momento de enfrentar lo que temes, entonces sigue adelante y haz lo que tienes que hacer. No pierdas tu energía en lo que aún no ha llegado.

"No eres lo que pretendes ser, así que reflexiona y decide: ¿esto es para ti? Si no es así, prepárate para decir: para mí eso no tiene importancia."

Este es un llamado a la autenticidad. No te engañes ni pierdas tiempo persiguiendo lo que no es tuyo. Haz un inventario de tu vida: lo que no te sirve, lo que no te beneficia, deja que se quede atrás. Enfócate en lo que puedes controlar y en lo que te hace ser el hombre que quieres ser.

"No esperes que el mundo sea como deseas, sino como es realmente. De esa manera tendrás una vida pacífica."

Aquí no hay espacio para el conformismo ni para la pasividad. Epicteto no nos dice que aceptemos la mediocridad. Nos enseña a ser realistas, a aceptar lo que no podemos cambiar y a no gastar energías luchando contra lo inevitable. La paz viene cuando dejas de esperar que las cosas sean diferentes y aprendes a dominar cómo reaccionas ante lo que es.

¿CÓMO BLINDARNOS CONTRA EL INFORTUNIO?

El estoicismo nació en el siglo III a.c. de la mano de Zenón, un comerciante rico de Chipre.

Después de perderlo todo en un naufragio, Zenón no se hundió en la desesperación. En lugar de eso, se levantó, se fue a Atenas y, allí, se sumergió en las enseñanzas de los grandes filósofos como Sócrates, Platón y Aristóteles.

De esa adversidad surgió una filosofía que ofrecía una visión clara y directa del mundo y del lugar que el hombre ocupa en él. Esta filosofía estoica no se limitó a divagar sobre ideas abstractas; propuso acciones concretas para vivir con **honor, fuerza y propósito**. Se sustentaba en tres pilares fundamentales: ética, lógica y física.

Para los estoicos, el universo está gobernado por la razón, por un principio divino que nos lleva a la armonía. Vivir en alineación con este logos es vivir en sintonía con el universo, con Dios, con el orden natural de las cosas. El estoicismo no se trata solo de pensar, sino de vivir según la virtud, una virtud intrínsecamente ligada a la razón.

Si tienes la capacidad de vivir sabiamente, guiado por la razón, puedes florecer y alcanzar tu máximo potencial como hombre. Dios te ha dado esa capacidad, y es tu responsabilidad usarla con sabiduría y determinación.

Esta filosofía se expandió durante dos siglos en la antigua Grecia y llegó a su máximo esplendor en Roma alrededor del 100 a.c. Séneca, uno de los filósofos más influyentes de Roma y consejero del infame emperador Nerón, dejó una lección crucial que sigue siendo relevante hoy.

En una de sus cartas a su amigo Lucílio, Séneca habla de un principio clave de la virtud estoica:

La capacidad de armarnos contra la desgracia.

No es cuestión de si el infortunio vendrá, sino de cómo reaccionamos ante él. No podemos controlar lo que pasa, pero sí cómo enfrentamos lo que nos llega.

El estoicismo no te promete una vida fácil ni libre de sufrimiento, pero sí te da la armadura mental y emocional para afrontar el caos sin quebrantarte. Esta es la verdadera fuerza: la capacidad de permanecer firme cuando todo lo demás está en ruinas.

"La mayoría de los hombres son débiles y fluyen en la miseria, entre el miedo a la muerte y las dificultades de la vida. No están dispuestos a morir, y, sin embargo, no saben cómo vivir."

Estas palabras de Séneca son una dura verdad. Muchos hombres viven totalmente atrapados entre el miedo, la procrastinación y la comodidad de una vida sin dirección. Temen a la muerte, temen al dolor, temen al fracaso, pero en su indecisión y debilidad, nunca viven realmente. La vida les pasa por encima sin que ellos realmente la vivan.

"Por esa razón, haz que la vida en general sea placentera para ti, eliminando todas las preocupaciones al respecto."

Lo que Séneca nos está diciendo es que debemos eliminar las preocupaciones inútiles, las que no nos sirven, las que nos debilitan. La vida no va a ser fácil, pero es tu responsabilidad hacer que sea significativa. No puedes vivir en constante miedo ni dejar que las circunstancias te definan. Haz lo que sea necesario para construir tu propia paz interior. Elimina la carga mental de lo que no puedes controlar y empieza a trabajar por lo que sí puedes cambiar.

La lección central de este pensamiento es que *no solo debemos prepararnos para todas las dificultades que inevitablemente vendrán, sino que debemos prepararnos también para lo peor.* El hombre debe estar listo para todo. No temas a lo que no puedes controlar, domina tu mente, y cuando lleguen los problemas, no te des por vencido. Sé capaz de enfrentarlos con dignidad y fuerza.

¿CÓMO LIDIAR CON NUESTRAS EMOCIONES?

Los estoicos no hablaban de emociones como algo abstracto o incontrolable. Para ellos, las emociones o pasiones eran fuerzas que, si no las controlábamos, nos destruirían. Estas pasiones se dividían en tres categorías: emociones buenas, malas e indiferentes. Su enfoque no era ignorarlas, sino aprender a dominar las malas. Si quieres ser un hombre fuerte, debes lidiar con tus emociones más negativas: la ira, el miedo, la tristeza, la frustración. Estas son las que más poder tienen sobre ti, y si no las controlas, te controlan a ti.

Séneca, uno de los grandes maestros del estoicismo, escribió el célebre ensayo "Sobre la ira", donde ofrece una guía práctica para mantener la calma y la razón cuando las emociones arremeten con fuerza. En sus palabras, tú no eres una víctima de las circunstancias. Las situaciones pueden ser malas, pero tú decides cómo las interpretas. Si algo negativo sucede, no te dejes consumir por la ira.

Séneca nos reta a cambiar nuestra visión sobre los eventos.

Él sugiere lo siguiente: tú tienes una visión sobre algo malo que ocurrió, pero puedes cambiar esa visión. ¿No fue tan malo? ¿Fue un accidente? ¿No tuvo malas intenciones? ¿Realmente te afecta? Haz que no te importe. Si algo o alguien te molesta, es tu mente la que le da ese poder. Si tienes el control sobre cómo interpretas las cosas, entonces puedes liberar tu mente de las emociones negativas.

Epicteto, otro gran estoico, refuerza esta idea con una frase clave:

"Los hombres no son perturbados por las cosas que pasan, sino por sus opiniones sobre ellas."

Las situaciones no te afectan directamente. No te molestan las cosas que ocurren, te molestan tus opiniones sobre esas cosas. Si te sientes perturbado, avergonzado o frustrado, no le eches la culpa a los demás. La culpa recae en ti, porque son tus propias opiniones y creencias las que te llevan a sentirte así.

Esto es revolucionario, y ha sido una revelación para muchas personas a lo largo de los siglos. El verdadero poder está en lo que decides pensar. Si permites que algo te moleste, estás eligiendo sentirte mal.

El estoicismo no propone suprimir tus emociones, sino confrontarlas directamente. No te engañes a ti mismo: la emoción en sí no es el problema, sino las creencias subyacentes que las alimentan. Si quieres convertir tus emociones en emociones saludables, primero debes cambiar las creencias que las generan.

En cuanto a las emociones indiferentes, la recomendación de los estoicos es clara: ignóralas. No dejes que lo trivial te distraiga. No dejes que las preocupaciones externas nublen tu mente. Concentra tus fuerzas en lo que realmente importa y deja que lo que no controlas se disuelva sin que afecte tu paz interior.

ESTABLECER PRIORIDADES Y ENTENDER LO QUE ESTÁ BAJO NUESTRO CONTROL

La clave para alcanzar el autocontrol y la paz interior es entender una de las lecciones más poderosas del estoicismo: distinguir lo que realmente está bajo tu control de lo que no lo está.

En este punto, Epicteto nos ofrece una lección clara y fundamental. La mayoría de lo que nos consume en la vida está fuera de nuestro control. Lo único que realmente está en tus manos es lo que piensas, lo que decides creer y lo que eliges valorar. Si no entiendes esto, estarás constantemente perdiendo energía y tiempo, luchando con cosas que no puedes cambiar.

Epicteto formuló dos listas que te ayudarán a centrarte en lo esencial:

- **"Lo que está bajo nuestro control:** Nuestros juicios, opiniones, decisiones y los valores que elegimos adoptar."

- **"Lo que no está bajo nuestro control:** Todo lo demás. Todo lo que es externo, fuera de nuestro alcance.

Entiende bien esto, puedes influir en tu cuerpo, alimentándote bien, haciendo ejercicio, pero tu cuerpo no está completamente bajo tu control. Puede que sigas una dieta rigurosa y entrenes todos los días, pero en cualquier momento podrías contraer un virus o sufrir un accidente que altere tu bienestar físico. El control total no existe, y si te aferras a la ilusión de control, te estarás preparando para el fracaso.

La distinción que Epicteto nos enseña es clara: enfócate en lo único que puedes controlar, tu mente. No pierdas tiempo ni energía tratando de controlar lo incontrolable. Es en tus juicios, opiniones y valores donde debes poner toda tu atención y esfuerzo.

Para ser un hombre fuerte, debes tener claridad en qué cosas merecen tu atención y cuáles solo están ahí para distraerte. Establece tus prioridades con firmeza y dirige tu energía hacia lo que realmente importa. Si no puedes controlar una situación, entonces no la dejes gobernar tu vida. Tú decides cómo reaccionar ante todo lo que ocurre.

Cuando sigues esta regla estoica, recuperas tu poder. Dejas de vivir como una víctima del caos. El único campo de batalla real está en tu mente.

Si aprendes a controlar tus pensamientos y a poner tu energía en lo que sí puedes cambiar, nada ni nadie podrá robarte la paz ni la dirección de tu vida.

EJERCICIOS DE ESTOICISMO PARA PRACTICAR

El camino hacia la verdadera fortaleza comienza con la reflexión y la autoevaluación. Siguiendo las enseñanzas de Séneca y Epicteto, uno de los ejercicios más poderosos que puedes incorporar a tu vida diaria es el **diario filosófico.**

Antes de dormir, haz un balance de tu día. Detente a reflexionar sobre las acciones más importantes que tomaste y su impacto en tu vida. Pregúntate:

- ¿Qué hice mal? Reconocer tus errores es el primer paso para corregirlos.

- ¿Qué hice bien? Valora las acciones correctas, pero no te detengas ahí. Siempre hay algo más que mejorar.

- ¿Qué me queda por hacer? Siempre hay algo por perfeccionar. El camino nunca termina.

Ejercicios de autoconservación

Los estoicos no temían el sufrimiento; lo utilizaban como herramienta para fortalecerse. Una de las mejores formas de practicar el autocontrol es enfrentarte a la incomodidad. Realiza ejercicios de **auto-privación** como los que practicaban Séneca y Epicteto.

Por ejemplo, toma un baño de agua fría. No todos los días, pero sí lo suficiente para recordar tu capacidad de resistir lo incómodo, lo desagradable. Este tipo de desafíos fortalece tu mente y tu cuerpo.

La incomodidad se convierte en una aliada cuando aprendes a dominarla.

A veces, sal sin abrigo, aunque sea un poco incómodo. Ayuna por unas horas. No se trata de sufrir por el simple hecho de sufrir, sino de entrenar tu mente para ser más fuerte que tus deseos y tu comodidad.

Es un recordatorio constante de que lo que tienes es un privilegio y que eres capaz de vivir sin él.

Lo más importante es que este tipo de ejercicios también te ayuda a desarrollar empatía.

Al experimentar lo que muchos no tienen, aprendes a valorar lo que tienes y te fortaleces en el proceso.

Fuente: Massimo Pigliucci, autor del libro "Cómo ser un estoico: usando la filosofía antigua para vivir una vida moderna"

LAS MEDITACIONES DE MARCO AURELIO

"Meditaciones" no es solo un libro de filosofía. Es un grito de guerra hacia la auto-mejora constante, una herramienta de introspección utilizada por uno de los hombres más poderosos de la historia. Marco Aurelio, el emperador romano, nos dejó una obra donde se habla a sí mismo con una brutal honestidad, buscando ser mejor cada día, no solo como líder, sino como hombre.

Este legado estoico no fue escrito para el pueblo ni para los filósofos de la época. No era un tratado público ni un discurso pomposo, sino un registro personal de pensamientos íntimos, un testimonio de la lucha interna de un hombre que no se permite caer en la complacencia ni el descanso. Meditaciones es la guía de un hombre que se exige lo máximo.

De hecho, muchos cometen el error de leer esta obra esperando encontrar respuestas externas, pero la verdadera clave está en entenderla como lo hacía el propio Marco Aurelio: un diálogo personal consigo mismo. Este no es un libro para leer pasivamente. Es un libro para poner en práctica, para tomar cada palabra como un desafío a ser una mejor versión de uno mismo.

El texto está compuesto por doce libros, cada uno cargado de reflexiones sobre el deber, la moralidad, la paciencia, la ira, el control y la disciplina. He extraído algunas de las líneas que más me impactaron, y a continuación, las voy a desglosar. Pero, al igual que Marco Aurelio lo hacía para sí mismo, te invito a que encuentres lo que resuena contigo y te dé fuerzas para ser imparable en tu día a día.

Recuerda que lo que Marco Aurelio escribió no son

lecciones para otros. Son sus propios apuntes, sus propias batallas personales que te invitan a luchar junto a él, porque, al fin y al cabo, la batalla es la misma para todos: ser hombres fuertes, implacables, responsables de nuestra vida.

Tú, al igual que yo, debes tomar sus palabras y adaptarlas a tu propia realidad, ponerlas a prueba, enfrentarlas y luchar con ellas.

La vida de un hombre no es fácil, pero ¿acaso hay algo más importante que ser el mejor hombre que puedes llegar a ser?

Meditaciones – Libro I

De Rústico: *la lectura con precisión, sin contentarme con unas consideraciones globales, y el no dar mi asentimiento con prontitud a los charlatanes.*

La lectura profunda y reflexiva es una habilidad invaluable que rara vez se aprecia en su verdadero valor. Vivimos en una era de sobrecarga de información, donde la inmediatez nos lleva a consumir contenido de manera superficial. La verdadera comprensión proviene de detenernos, de pensar en los matices y de cuestionar lo que leemos.

Reflexiona sobre cómo puedes leer con mayor atención, no simplemente para adquirir información, sino para adquirir conocimiento que te permita hacer juicios fundamentados. ¿Qué temas podrías leer con más profundidad? ¿Cuándo fue la última vez que te detuviste a pensar críticamente sobre algo que leíste?

De Apolonio: *la libertad de criterio, y no dirigir la mirada a ninguna otra cosa más que la razón.*

Aquí, Marco Aurelio nos recuerda la importancia de la razón y de poner las emociones a un lado para poder tomar decisiones sabias. Las emociones pueden nublar nuestra visión y llevarnos a tomar decisiones precipitadas o irracionales. Piensa en una situación reciente en la que tus emociones afectaron tu juicio. ¿Qué habrías hecho si hubieras puesto a un lado esas emociones y hubieras dirigido tu atención solo a la razón?

De Sexto: *la tolerancia con los ignorantes y con los que opinan sin reflexionar, y la capacidad de descubrir con método inductivo y ordenado los principios necesarios para la vida.*

La tolerancia hacia aquellos que no comparten nuestras opiniones o que no tienen toda la información es esencial para una sociedad pacífica. No todo el mundo tiene el mismo nivel de entendimiento o perspectiva. Este pasaje también nos invita a usar el método inductivo: observar, reflexionar, investigar, y entonces llegar a conclusiones.

La habilidad de escuchar de manera reflexiva y analizar antes de emitir juicios es una de las formas más poderosas de aprender. ¿Cómo puedes aplicar el pensamiento inductivo a tu vida diaria?

De Alejandro, el gramático: *la aversión a criticar.*

La crítica destructiva solo crea conflicto y distancia. Cuando alguien te critica, ¿te ayuda esa crítica a crecer o solo a defender tu ego? La verdadera crítica es la que te desafía de manera constructiva, no la que solo busca señalar lo negativo.

Hazte esta pregunta la próxima vez que sientas la necesidad de criticar: ¿puedo aportar algo que realmente ayude a mejorar la situación o la persona?

La crítica no constructiva nunca lleva a una mejora real.

De Máximo: *que nadie se creyera menospreciado por él ni sospechara que se consideraba superior a él.*

El respeto es la base de todas las relaciones humanas, y la humildad es la clave para mantener relaciones duraderas y significativas. Si tratamos a los demás como iguales, reconocemos su dignidad y valor, y evitamos la actitud de superioridad, podemos construir una sociedad más fuerte. En tu vida diaria, ¿estás tratando a todos como iguales, sin importar su estatus o sus opiniones? Reflexiona sobre cómo puedes cultivar más humildad en tus interacciones.

Meditaciones – Libro II

*– **Al despertarte, hazte estas consideraciones**: Hoy me encontraré con personas que no entienden, con aquellos que no valoran, con los que se resisten al cambio, con los que mienten o te envidian, con los que prefieren la soledad antes que el trabajo en equipo. Pero yo no seré víctima de su actitud, porque nací para ser más grande que esas circunstancias. Nací para contribuir, para elevarme y, sobre todo, para no perderme en las trampas de la gente que no está dispuesta a crecer. Lo que ellos hagan, no me define. Lo que yo decida, sí.*

*– **A todas horas, se un hombre con propósito,** haz lo que tengas que hacer con seriedad, con pasión y con un sentido claro de lo que está en juego. Elige actuar con amor, con*

justicia, con libertad. Haz cada tarea como si fuera la última que realizarás en este mundo. Si no la haces hoy con todo lo que tienes, ¿cuándo lo harás?

La distracción es el enemigo de los grandes logros. ¿Qué tal si en vez de saltar de una tarea a otra, te concentras en lo que estás haciendo? Deja el teléfono, deja los pensamientos que te desvían, deja las preocupaciones ajenas. Si puedes hacerlo, serás más productivo, más eficiente, más fuerte. Piensa: ¿Qué tan grande podría ser tu éxito si te enfocaras en lo que realmente importa?

– Recuerda siempre, la muerte acecha en cada esquina, haz, di y piensa todas y cada una de las cosas en consonancia con esta idea.

Vas a morir, tarde o temprano. Por lo tanto, no pierdas el tiempo y haz lo que has venido a hacer. Diles a tus seres queridos que los quieres, sé profesional en tu trabajo y sé un ciudadano consciente.

¿Cómo mejoraría tu vida si actúas en consonancia con el hecho de que puedes morir dentro de unos días?

No es algo que deba aterrorizarnos, sino que debe impulsarnos a vivir con conciencia. Al final del día, ¿cuántas veces has dejado pasar oportunidades por miedo? La muerte nos recuerda que cada momento es valioso. Haz lo que tienes que hacer, ahora. No dejes nada para mañana.

Estas palabras deben quedar grabadas en tu mente:

Memento Mori = Recuerda que morirás.

Meditaciones – Libro III

– Vivir en el presente, sin distraerte en lo que ya pasó o en lo que aún no ha llegado, es la clave para mantener tu enfoque.

La vida no ocurre en el pasado ni en el futuro. Si sigues mirando atrás o preocupándote por lo que está por venir, solo estarás dejando que el momento actual se te escape.

– Enfócate en la tarea que tienes ahora, sin dar espacio a las preocupaciones que no puedes controlar, si haces esto estarás viviendo de manera consciente, con propósito y con energía.

La verdadera felicidad radica en lo que puedes controlar, que es lo que haces en este preciso instante.

En clara consonancia con el precepto del Libro II y con el anterior. Céntrate en lo que estás haciendo y deja las distracciones a un lado.

Meditaciones – Libro IV

– Se buscan retiros en el campo, en la costa y en el monte. Tú también sueles anhelar tales retiros. Pero todo eso es de lo más vulgar porque puedes, en el momento que te apetezca, retirarte en ti mismo. En ninguna parte se retira un hombre con mayor tranquilidad y más calma que en su propia alma.

No necesitas ir a ningún lugar para desconectar. Si estás estresado, no importa adónde vayas, llevarás contigo esa tensión. Lo que puedes hacer para gestionarlo a diario es simplemente cerrar los ojos, concentrarte en tu respiración y observar los pensamientos que te generan estrés. Déjalos ir. Practícalo durante 30 días y observa cómo cambia tu respuesta al estrés. ¿Cómo podrías integrar este hábito en tu día a día?

– La tolerancia es parte de la justicia, sus errores (de los hombres) son involuntarios.

Las personas no se equivocan con la intención de causarte daño.

Reflexiona sobre tus propios errores, ¿los cometiste a propósito para molestar a alguien? Sé tolerante con los demás, ya que tienen el mismo derecho a equivocarse que tú. ¿Cómo puedes ser más comprensivo con los errores ajenos?

– Recuerda dos cosas:

1) *Los sucesos externos no tocan el alma, sino que permanecen fuera de ella, sin causar alteraciones, y las inquietudes nacen únicamente de nuestra propia interpretación.*

2) *Todo lo que ahora ves, en poco tiempo cambiará y desaparecerá. Recuerda que nada en la vida es permanente. Las dificultades que hoy parecen insuperables, pronto quedarán atrás. Todo está en constante transformación, y lo que te agobia hoy no tendrá importancia mañana.*

Reflexiona*: Si todo es pasajero, ¿por qué dejar que algo temporal te cause angustia?*

Tú eres el dueño de cómo reaccionas ante lo que sucede a tu alrededor. Los eventos en sí mismos no son ni buenos ni malos, simplemente existen. Por ejemplo, que llueva hoy puede ser un beneficio para ti y una molestia para otro. Teniendo esto en cuenta, ¿cómo decidirás reaccionar?

Cada situación es neutral; lo que la convierte en buena o mala es nuestra respuesta emocional. ¿Estás dispuesto a tomar control sobre tu reacción, en lugar de dejar que las circunstancias te arrastren?

*– **Ama y valora el oficio que has aprendido**, y lleva el resto de tu vida sin caer en la tiranía ni en la sumisión a ningún ser humano.*

Encuentra aquello en lo que eres verdaderamente excepcional y descubre cómo puedes ganarte la vida con ello. Solo de este modo alcanzarás la verdadera libertad, sin estar atado a lugares o horarios impuestos por otros.

*– **¿Qué debe ser, entonces, lo que impulse nuestra dedicación?** Una mentalidad justa, acciones orientadas al bien común, un lenguaje sincero y la disposición para aceptar todo lo que la vida nos presente.*

Sé honesto y directo, pero actúa siempre con respeto hacia los demás. Practica la justicia en tu trato con los otros. **Y cuando las circunstancias estén fuera de tu control, aprende a aceptar lo que llega con serenidad tal y como es.**

(Marco Aurelio)

– *Me considero afortunado porque*, gracias a lo que he vivido, sigo adelante sin angustia, ni agobiado por lo que sucede ahora ni temeroso de lo que está por venir. Porque algo similar podría haberle ocurrido a cualquiera, pero no todos hubieran sido capaces de perseverar hasta el final sin afligirse después de esa experiencia.

Si otra persona hubiera logrado lo que tú has alcanzado, ¿le habrías dado más valor?

Recuerda: *"El césped siempre parece más verde en el jardín del vecino".* Aprecia lo que has logrado, no restes su importancia solo porque lo hayas hecho tú.

– **Recuerda**, *a partir de ahora, en cada situación que te cause angustia, aplicar este principio: no es un infortunio, sino una bendición poder enfrentarlo con dignidad.*

¡Mantén tu honor! No pierdas tu integridad, sé firme, valiente y nunca cedas ante los problemas que te causan sufrimiento.

FRÍOS Y CONFORMISTAS: ¿QUÉ DICEN LOS CRÍTICOS DEL ESTOICISMO?

Los estoicos siempre han enfatizado la racionalidad en su vida diaria, lo que ha llevado a la creencia errónea de que son personas frías y desconectadas de sus emociones. En el lenguaje moderno, a menudo se asocia al estoico con alguien reprimido, sin sentimientos. Sin embargo, el estoicismo, como escuela filosófica, es mucho más profundo y tiene una visión psicológica mucho más compleja. **No se trata de suprimir las emociones, sino de aprender a dominarlas.**

Los críticos de esta filosofía argumentan que, al enfocarnos en aceptar todo lo que está fuera de nuestro control, el estoicismo fomenta la apatía política y el conformismo. Pero, el filósofo Jules Evans en un artículo de la revista británica The New Statesman, refuta esta idea:

"El estoicismo produce individuos que no pueden ser sometidos por los poderosos porque no temen perder todo ni enfrentarse a la muerte. Su filosofía los entrena para abandonar la vida sin miedo ni arrepentimiento, y para defender sus principios racionales por encima de cualquier amenaza o soborno."

En resumen, la filosofía estoica busca la paz interior y la virtud a través del dominio de las emociones y el enfoque en lo que está dentro de nuestro control. Nos enseña a aceptar las circunstancias externas y no preocuparnos por lo que no podemos cambiar, centrándonos en vivir de acuerdo con la razón y la naturaleza.

Filosofía Vikinga

La mitología nórdica, junto con las costumbres de los vikingos, está llena de relatos sangrientos, brutales y despiadados. Se nos presenta a los vikingos como hombres feroces, cuya vida se reducía a comer, luchar y ofrecer sacrificios.

Pero, ¿y si nos detenemos a analizar su forma de pensar desde una perspectiva más profunda? Dejemos de lado por un momento la devoción religiosa hacia sus dioses y exploremos su mentalidad.

"Muere en batalla y accede al Valhalla."

Esta es una máxima que definía su existencia. Desde pequeños, los vikingos eran educados bajo la creencia de que solo mediante una muerte honorable en combate alcanzarían el Valhalla, el reino de Odín. Su vida entera estaba dedicada a esta preparación constante, con la esperanza de luchar junto a los dioses en el Ragnarok, el fin del mundo, donde solo los más valientes serían recordados.

Sin embargo, más allá de la mitología que rodea esa frase, hay un simbolismo profundo: *no temerle a la muerte y entregarlo todo. No huir de ella, sino celebrarla*. Y, aunque parezca contradictorio, es en ese proceso donde realmente se encuentra la vida. **Muchas personas tienen tanto miedo de morir que olvidan lo más importante: vivir.** Este pensamiento refleja una mentalidad del tipo *"si va a suceder, sucederá"*, una aceptación de lo inevitable. Aun así, los vikingos, aunque abrazaban esta mentalidad, también buscaban protegerse en la batalla. No deseaban morir, sino vivir con honor, lo que nos deja una lección clara: *haz todo lo que deseas hacer, sin miedo, pero siempre con prudencia.*

"Sacrifico esta cabra para que nos ayudes Thor"

Este no era simplemente un sacrificio; era la comprensión profunda de un principio fundamental en la vida: **la reciprocidad.**

Los vikingos no solo pedían ayuda a sus dioses esperando que estos actuaran sin más. Ellos daban algo a cambio: ofrecían una vida, esculpían figuras en honor a esos dioses, o daban a sus hijos nombres relacionados con ellos, todo con la esperanza de recibir protección y guía a cambio. Sabían que ***en el acto de pedir siempre debía ir acompañado de dar.*** *No esperaban favores gratis, y nunca caían en el egoísmo.*

"Ragnarok: El destino de los dioses, la batalla del fin de los mundos"

No se trataba simplemente de una batalla; era algo mucho más grande. Representaba el fin de una era y el nacimiento de algo superior. En los últimos días, cuando los dioses finalmente cumplieran su destino, Baldur, el hijo predilecto de Odín, hallaría las piezas del tablero de ajedrez. Dioses entrarían en combate contra Jotun, Surt, los hijos de Loki... y el ciclo comenzaría nuevamente. Esto nos enseña que, *después de una guerra, cuando crees que todo está perdido, llega el momento de levantarse, renacer y comenzar de nuevo.*

Es por eso que la filosofía nórdica está llena de principios poderosos que pueden ser adoptados por cualquiera. Nos ayuda a entender, a vivir con propósito y a no rendirnos, sin importar las dificultades.

5 ENSEÑANZAS DE LOS VIKINGOS

1. UTILIZA TUS DEFECTOS A TU FAVOR.

Todos tenemos puntos débiles, y en ocasiones, otros intentarán usarlos en nuestra contra. Cuando eso ocurra, no caigas al nivel de pelear su batalla. Lo mejor que puedes hacer es girar la situación a tu favor.

Como dicen: *"Si no puedes con tu enemigo, únete a él."* Si no puedes ganar en un conflicto directo, puedes encontrar una manera de **usarlo a tu ventaja**, adaptarte a las circunstancias y salir fortalecido.

2. SI QUIERES HACER ALGO DIFERENTE, HAZLO.

Para los vikingos, lo peor que podía ocurrirles era llegar a viejo y morir sin haber alcanzado sus sueños. El Valhalla, su paraíso, era la recompensa por el valor demostrado durante su vida. *No te quedes estancado en un lugar que no te hace feliz.* No pongas el dinero ni los lujos por encima de tu bienestar y tu felicidad.

3. LOS VISIONARIOS, A VECES, MIRAN HACIA ATRÁS.

Mirar atrás no significa quedarte atrapado en el pasado. Significa aprender de los errores cometidos, para evitar repetirlos. También es necesario revisar tu camino, para asegurarte de que vas en la dirección correcta. *No hay nada de malo en reflexionar sobre lo que fue, siempre y cuando sigas avanzando hacia el futuro.*

4. DALE PODER A LAS MUJERES EN TU VIDA.

A tu esposa, a tu madre, a tu hermana... Las mujeres tienen una perspectiva única que puede aportar objetividad y sabiduría a tus decisiones. Las vikingas tenían derechos de herencia desde el año 400, por lo que asegúrate de escuchar y considerar las voces femeninas. Incluirlas en tus decisiones puede ser clave para tener éxito.

*(***Nota personal:*** Cuando encuentres a una mujer valiosa, una guerrera en su propio derecho, no una "feminista moderna", entonces sus palabras merecen tu atención. Su perspectiva podría ser la clave para comprender mejor los problemas que enfrentas.)*

5. EN UNA GUERRA DE PALABRAS, LAS ACCIONES SON LO QUE REALMENTE IMPORTA.

Como dicen*, una acción vale más que mil palabras*. Quien mucho habla de ser el mejor, pero no respalda sus palabras con hechos, no tiene nada que ofrecer.

Si vas a hablar de lo que eres capaz de hacer, *asegúrate de que tus hechos respalden cada palabra que pronuncies.*

PROVERBIOS VIKINGOS

"Si comes cerezas con los poderosos, te arriesgas a que los huesos lluevan contra tu nariz."

Es un refrán conocido: *"Dime con quién andas y te diré quién eres."* Los vikingos ya comprendían el poder de estas palabras. Las malas compañías, especialmente las que provienen de personas poderosas, pueden ser letales para aquellos que son débiles, el que tenía todas las de perder.

En una confrontación, el débil siempre es el primero en caer, y es ahí cuando se descubre que, por mucho poder que tengas a tu lado, la lealtad y la precaución son lo que realmente te salvarán.

"Antes de entrar en un lugar, fíjate por dónde se puede salir".

Los vikingos no solo eran guerreros feroces, también eran hombres sabios. Esa sabiduría les otorgaba una previsión que los mantenía siempre un paso adelante. Lo que esto nos enseña es simple: *antes de lanzarte a una situación, ya sea una conversación, un nuevo trabajo o un negocio, asegúrate de tener una* **salida**. Siempre ten un plan de escape. No te dejes atrapar en un lugar o situación de la que no puedas salir cuando las cosas se pongan difíciles.

Conoce todas tus opciones y actúa con inteligencia para evitar quedarte en un callejón sin salida.

"Si consigues encontrar a un amigo leal y quieres que te sea útil, ábrele tu corazón, mándale regalos y viaja a menudo a verle".

Los vikingos entendían que la verdadera fuerza no solo se encontraba en la batalla, sino en los lazos que tejían con los demás. Para ellos, la amistad leal era un tesoro invaluable. Sabían que cuidar y nutrir a tu círculo de apoyo es clave para el éxito en cualquier lucha.

Un amigo leal no solo es un aliado en tiempos de necesidad, sino una fuente constante de poder. No basta con decir que tienes amigos; debes cultivarlos. *Invierte tiempo, muestra tu lealtad y retribuye lo que te dan.* Tu círculo de confianza puede ser tu mayor fuerza cuando todo lo demás falle.

"No hay mejor equipaje para llevar encima que la cordura y la mente clara. En tierras lejanas es más útil que el oro y saca al pobre de los apuros".

Los vikingos sabían que la verdadera riqueza no se medía en oro o tesoros, sino en la sabiduría y la inteligencia. En un mundo lleno de incertidumbre, la cordura es la única herramienta que realmente te puede sacar del apuro. *No importa cuán lejos llegues, ni cuántos desafíos enfrentes, una mente clara siempre será tu mejor aliada.* El oro puede comprarte muchas cosas, pero la capacidad de tomar decisiones sabias en momentos críticos es lo que realmente te da poder.

Incluso los vikingos, conocidos por su valentía y su destreza en el mar, entendieron que, sin estrategia ni inteligencia, no habrían logrado conquistar los océanos y llegar a las costas de América antes que muchos. **La mente es el verdadero tesoro.**

"Vive con ilusión mientras estés vivo, el ágil siempre sale adelante. Vi las llamas de una mansión, pero en la puerta yacía un muerto".

Los vikingos no temían a la muerte, sino que la veían como un paso inevitable hacia el Valhalla. *Lo que realmente les importaba era vivir con intensidad, aprovechar cada momento con pasión y propósito.*

El futuro no pertenece a los que temen; pertenece a los que actúan con agilidad mental y física.

No te quedes parado, esperando que las cosas sucedan. **Si vas a vivir, hazlo con todo lo que tienes.** El que vive sin miedo al final avanza, incluso cuando otros se detienen ante el primer obstáculo. La muerte es solo el final de un viaje, pero mientras estés aquí, sé el arquitecto de tu propio destino.

"La casa del que se burla, acaba incendiándose".

Este gran proverbio vikingo tiene múltiples capas de significado. En primer lugar, nos habla de **prudencia**. *No te burles de las desgracias ajenas ni te creas inmune a los problemas.* Si te rodeas de arrogancia y desdén, tarde o temprano esa energía te alcanzará. La burla es el camino fácil, pero siempre trae consigo muchas consecuencias destructivas.

También nos recuerda aquel dicho: *"Si ves las barbas de tu vecino quemar, pon las tuyas a remojar."* Es un llamado a ser inteligente y precavido. Si los demás están tomando malas decisiones, no te sigas en su camino. ***Aprende de los errores de los demás y actúa con sabiduría antes de que el fuego llegue a tu puerta.***

"Es mejor ser un ave libre que un rey prisionero."

Este proverbio nos recuerda una de las verdades más poderosas de la vida: **la libertad no tiene precio**. A menudo, en busca de poder, riqueza o éxito, podemos caer en la trampa de sacrificar lo que más importa, nuestra libertad. La tentación de entregar nuestra autonomía por la seguridad o la comodidad momentánea puede parecer tentadora, pero lo que realmente estamos sacrificando es nuestra capacidad para decidir, para ser dueños de nuestro destino.

Ser un "rey prisionero" es vivir bajo las cadenas del miedo, la obligación o la complacencia. Es tener todo el poder del mundo a tu alcance, pero estar atrapado por las circunstancias, las expectativas o las decisiones ajenas.

Ser un "ave libre", en cambio, es vivir sin ataduras, con el coraje de seguir tu propio camino, aunque eso implique enfrentar desafíos, sacrificios o incertidumbre.

La libertad no siempre es fácil, pero es la única forma de ser verdaderamente dueño de ti mismo.

RAGNAR LODBROK
ASCENSO, AMBICIÓN Y CAÍDA

Nada como la historia y mitología nórdicas para encender la imaginación y despertar la motivación en los hombres. Entre todos los héroes y líderes que vemos, hay uno que destaca por encima de los demás: el vikingo que nace como un humilde granjero y muere como rey, tras haber devastado Europa con sus guerreros.

Este es el legado de **Ragnar Lodbrok**, un hombre que

reúne cualidades que lo convierten en un líder imparable: creatividad, inconformismo, audacia y una sed de aventura insaciable.

Ragnar no acepta el statu quo. Es un hombre que cuestiona todo lo establecido. Esa es la razón por la que los poderosos lo ven como una amenaza constante. No hay nada más peligroso que alguien capaz de desafiar el orden de las cosas, y eso es precisamente lo que lo convierte en el líder que todos siguen, hombres y mujeres por igual.

Ragnar es el tipo de líder que trae consigo la ruptura, el cambio radical. No cree en los límites, en los "no se puede", en los "es imposible". Ragnar crea soluciones de la nada, construye su camino a base de acción y perseverancia. No le interesan las intrigas, aunque sabe cómo manejarlas, pero su estilo es siempre directo. Aunque no busca el conflicto ni ambiciona el poder por el poder, sí ansía algo mucho más grande: la libertad para romper barreras y desafiar lo que otros consideran intocable. Es un hombre con ideas, con visión, con proyectos, y por encima de todo, con el hambre de conocimiento. Nació para desafiar lo imposible.

De ser un simple granjero, sube a conde tras derrotar al noble conservador que no creía en los sueños, y después se convierte en rey al derribar al monarca con el que se había aliado, al descubrir sus intenciones de eliminarlo. Así es como se forjan los verdaderos líderes. Solo aquellos que están dispuestos a sobresalir lo logran.

Ragnar es un líder que aprende rápido de sus fracasos, corrigiendo sus errores sin titubear. Si alguien lo traiciona, paga un precio alto, a menudo con sangre. Esa es la razón por la que su reputación se convierte en una de las más temidas y respetadas. Todos saben que Ragnar es un hombre de palabra, que valora la honestidad y la audacia, y que si alguien osó traicionarlo... pagará con su vida.

Una de las características más importantes de Ragnar es que el poder no es su refugio. Él no pelea por el poder, no busca riquezas ni comodidades. El poder es solo una herramienta para cumplir sus sueños de explorador y aventurero, para seguir luchando, conquistando y desafiando los límites que otros no se atreven ni a imaginar.

La visión de Ragnar sobre el poder se resume en una de las frases más contundentes que se han escuchado:

"El poder solo se concede a aquellos dispuestos a ponerse de rodillas para obtenerlo."

Los que ostentan el poder nunca son realmente libres; siempre son esclavos de otros que poseen más poder. Si tu fuerza proviene de alguien más, entonces no estás controlando nada. Por eso, aunque Ragnar acepta el poder, lo desprecia, porque sabe que en realidad no tiene valor si no es conquistado de manera propia.

Este es un hombre que no solo lucha para ser grande, sino que sabe que un líder no se define por su capacidad de mandar, sino por su habilidad de soñar e inspirar. Esa es la clave de su liderazgo resonante: su impulso por lograr lo imposible, por hacer lo que nadie más se atreve a imaginar. Ragnar no es solo un vikingo, es un hombre con una visión, la ambición de conquistar el mundo, de saquear, de dejar su huella y de honrar al dios Odín en el Valhalla. Pero, más allá de la gloria, su verdadero deseo es superar sus propios límites, desafiar lo establecido y arrastrar a su gente a hacerlo con él. Y por eso sus hombres lo siguen, porque saben que su liderazgo vale la pena.

Pero Ragnar es mucho más que un líder carismático; es un guerrero creativo. Este hombre no solo lucha, crea. Un claro ejemplo de su audacia y pensamiento fuera de lo común es cuando conquista París. Se hace pasar por muerto, se hace enterrar dentro de las murallas de la ciudad, y cuando la ocasión llega, surge de su ataúd espada en mano, desarma al monarca y toma la ciudad sin derramar una sola gota de sangre. Una jugada maestra. La creatividad como arma de poder.

Pero no solo se trata de conquistar tierras o batallas, Ragnar es un hombre que busca entender el mundo. En términos actuales, podríamos llamarlo un learnaholic, un adicto al aprendizaje. Su sed de conocimiento no tiene límites. Cuando descubre la brújula, no duda en utilizarla para navegar hasta las costas británicas y conquistar Inglaterra. Un simple instrumento le abre las puertas a un tesoro. Ragnar no solo busca riquezas, busca crecimiento, aprendizaje constante. Él sabe que el verdadero retorno de la inversión no está en las monedas, sino en el poder del conocimiento.

Ragnar Lodbrok no es un líder por su afán de poder, sino porque su naturaleza lo lleva hacia el liderazgo. Su mente exploradora, creativa e imaginativa lo impulsa sin esfuerzo hacia la grandeza. Lo que comenzó como una curiosidad se convierte en su mayor fortaleza, un viaje hacia el poder que no es solo físico, sino intelectual y espiritual.

Sin embargo, a medida que avanza, su curiosidad se convierte en desencanto. Ya no cree ni en el cielo cristiano, ni en el Valhalla nórdico. La búsqueda de la verdad lo ha llevado a un lugar de escepticismo, donde ya nada tiene la misma fuerza que antes.

Así lo vemos en la excepcional conversación con Ecbert, "¿Qué ocurriría si no existiera ningún dios? ¿Qué pasaría si, tras la muerte, no existiera nada?"

Ecbert: ¿Tenemos qué hablar de la muerte?

Ragnar: La muerte ha sido lo más importante en mi mente durante toda mi vida.

Ecbert: Los vikingos sois incorregibles... Nacéis con solo una cosa en mente: ¡Como morir! ¿Qué pasa con todas las cosas que hay en medio?

Ragnar: Y, ¿qué pasa si tú Dios no existe?

Ecbert: Mi querido amigo, ¿de qué estás hablando?

Ragnar: Tú Dios, mis Dioses... ¿Y si no existen?

Ecbert: Si Dios o los Dioses no existen, entonces nada tiene sentido...

Ragnar: ... O todo tiene sentido.

Ecbert: ¿Qué rayos significa eso?

Ragnar: ¿Por qué necesitas a tu Dios?

Ecbert: Pues si no hubiera Dioses, nada importaría. Podrías hacer lo que quisieras y nada sería real. ¡Nada tendría sentido ni valor! Así que, incluso si los Dioses no existen, aún es necesario tenerlos.

Ragnar: Si no existen, pues entonces no existen. Tenemos que vivir con ello.

Ecbert: Oh sí, pero tú no. Tú no puedes vivir con ello, tú solo piensas en la muerte. ¡Tú solo piensas en el Valhalla!

Ragnar: ¡Y tú solo piensas en el Cielo! El cual parece un sitio ridículo, dónde todo el mundo es feliz…

Ecbert: ¡El Valhalla es ridículo! ¡Todos los guerreros muertos vuelven a luchar cada mañana y se matan de nuevo! Y después todos cenan juntos…

Ragnar: Entonces, los dos son ridículos.

Este diálogo, digno de un análisis por sí mismo, nos lleva a cuestionamientos profundos, a reflexionar sobre nuestro propio libre albedrío y el poder que realmente tenemos sobre nuestro destino.

En su último viaje hacia la muerte, Ragnar mantiene una conversación reveladora con el adivino, en la que desafía la idea de que su destino está sellado, poniendo en duda la veracidad de las predicciones que se le han hecho.

Ragnar Lodbrok es mucho más que un simple guerrero. Es un hombre que, además de entretenernos con sus épicas hazañas, nos lleva hacia un final colosal, lleno de poderosas reflexiones que *nos incitan a tomar las riendas de nuestro propio destino.*

Lecciones De Imperios Poderosos

Los grandes imperios de la historia no solo fueron forjados por guerreros, monarcas o estrategas; fueron creados por hombres que entendieron algo esencial: el poder no es solo una cuestión de fuerza, sino de visión, estructura y filosofía. El Imperio Romano, el Imperio Mongol, el Imperio Español y el Imperio Macedonio, bajo el liderazgo de Alejandro Magno, no solo cambiaron el curso de la historia, sino que dejaron lecciones poderosas que siguen siendo relevantes hoy en día.

En este capítulo, vamos a sumergirnos en los principios que hicieron de estos imperios algunos de los más grandes y temidos de todos los tiempos. Vamos a desentrañar sus filosofías, sus estructuras de poder y las tácticas que usaron para conquistar el mundo conocido.

Pero no solo vamos a estudiar la historia desde un punto de vista académico. Más allá de las batallas y las conquistas, lo que realmente debemos aprender son las estrategias mentales, las lecciones de resiliencia, liderazgo y ambición que estos imperios nos enseñan.

Como hombres, debemos ser capaces de aplicar estos conocimientos a nuestras propias vidas. Las mismas cualidades que hicieron que estos imperios se levantaran, las mismas filosofías que guiaron a sus líderes, son herramientas que podemos usar hoy.

No estamos aquí solo para admirar el pasado, sino para aprender de él, para tomar esas lecciones y aplicarlas en nuestra vida diaria, en nuestros propios desafíos, en nuestras propias conquistas. Si algo nos enseñan los grandes imperios, es que la grandeza no es accidental. Se construye con verdadera disciplina, visión y una voluntad inquebrantable.

Es hora de mirar hacia atrás, aprender de los gigantes y usar esas lecciones para construir nuestro propio imperio personal.

EL IMPERIO **ROMANO**: EL FUNDAMENTO DE LA GRANDEZA

El Imperio Romano no fue solo uno de los imperios más grandes de la historia, sino también el más influyente en el mundo moderno. Durante siglos, Roma dominó el mundo conocido, expandiéndose desde las costas de Italia hasta los confines de Asia y África. ¿Qué hizo que Roma fuera tan poderosa y duradera? ¿Por qué hoy, en pleno siglo XXI, seguimos obsesionados con este imperio? La respuesta está en la lección que Roma dejó a los hombres de todos los tiempos: *la grandeza no es un accidente, sino el resultado de visión, disciplina y estrategia.*

Roma no solo conquistó tierras, sino que conquistó mentes. A través de sus estructuras de poder, su enfoque pragmático en la guerra y la política, y sus avances en ingeniería y derecho, Roma dejó un legado que sigue vivo en nuestra sociedad actual. Desde los acueductos que alimentaron sus ciudades hasta las carreteras que conectaron el imperio, Roma fue un maestro de la organización.

Sus sistemas de gobierno, como la democracia romana, sentaron las bases para los sistemas políticos modernos, y su derecho romano sigue siendo la columna vertebral de muchos de los sistemas legales actuales.

Pero Roma no solo nos deja legados en la arquitectura o en las leyes. Nos deja lecciones profundas sobre el poder, la masculinidad y el liderazgo.

El Imperio Romano no fue construido solo con soldados, sino con hombres que entendieron el verdadero significado de la fuerza, que no solo es física, sino mental y estratégica. Los grandes emperadores, como Julio César, Marco Aurelio y Trajano, fueron hombres que comprendieron que el poder no era solo una cuestión de conquista, sino de crear estructuras que perduraran, de mantener el control en tiempos de caos, y de demostrar que la verdadera fortaleza reside en la capacidad de adaptarse y evolucionar.

LECCIONES DE PODER Y MASCULINIDAD DEL IMPERIO ROMANO.

La Fuerza del Liderazgo Estratégico:

Los romanos sabían que, para mantener un imperio tan vasto, no podían depender únicamente de la fuerza bruta. Debían ser inteligentes, estratégicos. Roma, en su apogeo, no solo conquistó por la violencia, sino por la astucia. Los líderes romanos, como César, entendían que el poder debía ganarse con sabiduría, con decisiones que impactaran a largo plazo. Los hombres de hoy debemos aprender que *la verdadera fuerza no está solo en la acción impulsiva, sino en la capacidad de pensar y planificar a largo plazo.*

Disciplina y Resiliencia: El Corazón de Roma

La disciplina romana no solo se reflejaba en sus legiones, sino en cada aspecto de su sociedad. Cada romano, desde el soldado hasta el ciudadano, comprendía el valor de la autodisciplina. No era suficiente con ser fuerte; debías ser imparable. *La resiliencia era clave.* Cuando Roma enfrentó invasiones y crisis internas, su capacidad para adaptarse y reconstruir, como en el caso de la reforma de las legiones por César, demostró que **la masculinidad no es solo resistencia física, sino también la capacidad de levantarse una y otra vez ante las adversidades.**

El Derecho Romano: El Poder de la Justicia

El derecho romano es otra herencia que nos ha marcado profundamente. Los romanos crearon un sistema de leyes que no solo regía a los soldados o a los ciudadanos, sino que crearon una estructura que garantizaba el orden, la justicia y la equidad. En un mundo donde el poder se podía comprar o heredar, Roma nos enseñó que el verdadero poder reside en la capacidad de la ley para mantener el equilibrio. Para el hombre moderno, esto significa comprender que el poder debe ser respaldado por principios sólidos, que nuestra fuerza interna debe ir acompañada de justicia y responsabilidad.

La Filosofía de los Emperadores Romanos: El Imperio Como Reflejo del Hombre Interior

Los emperadores romanos, especialmente Marco Aurelio, nos dejaron enseñanzas profundas sobre el liderazgo y la vida. Marco Aurelio, uno de los últimos grandes emperadores romanos, era un filósofo estoico que entendió que el poder no se trata solo de imponer, sino de comprender y controlar uno mismo.

La filosofía estoica enseñaba la importancia de la autodisciplina, la serenidad en la adversidad y la virtud como guía para el verdadero poder. Los hombres de hoy deben recordar que la verdadera fuerza comienza con el control interno, con la capacidad de mantener la calma en medio de la tormenta.

Roma a través del Lente de la Guerra y la Política:

Roma era un imperio forjado en la guerra, pero sus victorias no solo fueron sobre el campo de batalla. Roma conquistaba pueblos, pero también corazones. El Imperio Romano entendió que la política era otra forma de guerra. La diplomacia, las alianzas y, a veces, la manipulación, fueron sus herramientas más poderosas. Los hombres de hoy deben aprender que *el poder no se consigue solo con fuerza, sino con la habilidad de leer a las personas, de crear redes y alianzas que nos fortalezcan.* El Imperio Romano nos enseña que **un hombre debe ser un estratega** tanto en el campo de batalla como en el mundo político.

LA RELEVANCIA PARA LOS HOMBRES DE HOY

Roma es más que historia. Es un espejo de lo que somos capaces de lograr si nos comprometemos a ser mejores, más fuertes, más inteligentes. Sus legados nos llaman a ser hombres de visión, de poder estratégico, de disciplina inquebrantable y de principios sólidos.

Los ideales romanos siguen siendo relevantes porque nos enseñan que el verdadero poder se construye no solo con músculos, sino con mente, con estrategia y con un corazón que entiende que la fuerza de un imperio comienza en la voluntad de un solo hombre.

EL IMPERIO **MONGOL**: LA FUERZA DE LA DETERMINACIÓN Y LA ESTRATEGIA

El Imperio Mongol es una de las historias más impresionantes de la historia humana. En menos de un siglo, los mongoles, liderados por el temido Gengis Kan, lograron conquistar una vasta extensión de tierras, creando el imperio contiguo más grande que el mundo haya visto jamás. Desde las estepas de Asia Central hasta las puertas de Europa, los mongoles no solo cambiaron el mapa del mundo, sino que redefinieron lo que significa ser un líder imparable.

¿Qué hizo tan grande al Imperio Mongol? ¿Por qué el nombre de Gengis Kan sigue resonando en la historia? La respuesta radica en la mezcla perfecta de disciplina, inteligencia estratégica y una voluntad de hierro.

Gengis Kan, un hombre que nació en circunstancias de extrema adversidad, se levantó para crear una de las máquinas de guerra más eficaces y aterradoras que la humanidad haya conocido. Pero el Imperio Mongol no solo fue un imperio de conquistadores; fue también un imperio que dejó una marca indeleble en el comercio, la cultura y la historia, impulsando el intercambio de ideas, mercancías y tecnología a través de las vastas distancias de Asia y Europa.

LECCIONES DE PODER Y MASCULINIDAD DEL IMPERIO MONGOL

El Gran Liderazgo de Gengis Kan & La Fuerza de la Determinación:

Gengis Kan no nació con una corona, ni con el favor de los

dioses, ni con un ejército de elite. Nació en la pobreza, en un mundo brutal donde los imperios eran forjados por sangre y ambición. Sin embargo, su determinación lo llevó a ser uno de los hombres más poderosos de la historia. Su historia es un testamento de la importancia de la resiliencia. Gengis Kan vivió muchas adversidades, desde ser traicionado por su propio pueblo hasta ser esclavizado. Pero *él no permitió que las dificultades lo destruyeran; más bien, las usó como combustible para forjar su imperio.*

Los hombres de hoy pueden aprender de la tenacidad de Gengis Kan. A veces la vida nos presenta desafíos que parecen insuperables, pero la verdadera prueba de nuestra masculinidad radica en nuestra capacidad para seguir adelante, por muy dura que sea la lucha. Gengis Kan nos muestra que, sin importar de dónde vengamos o lo que nos ocurra, el coraje para persistir es lo que marca la diferencia entre el fracaso y el éxito.

La Estrategia y la Visión: Un Liderazgo Guiado por la Mente

Aunque el Imperio Mongol es conocido por sus brutalidades en batalla, lo que realmente lo hizo grande fue la increíble estrategia de Gengis Kan. Gengis Kan entendió que el poder no solo se gana en el campo de batalla, sino en la preparación, la astucia y la capacidad de anticipar los movimientos del enemigo. Usó tácticas innovadoras y un sistema de espionaje avanzado para mantener siempre una ventaja sobre sus adversarios.

La lección aquí para los hombres es clara: *el poder no solo se encuentra en la fuerza física, sino en la mente.* Como Gengis Kan, debemos pensar antes de actuar, planificar nuestras acciones y ser estratégicos. Los hombres de éxito en cualquier campo, desde los negocios hasta las relaciones, no solo confían en su impulso, sino que invierten en la inteligencia estratégica. La fuerza mental y la previsión nos permiten conquistar no solo tierras, sino también nuestros propios objetivos y sueños.

La Dureza y la Disciplina: El Camino hacia la Grandeza

Uno de los rasgos más destacados de Gengis Kan fue su dureza. No había lugar para la debilidad en su imperio.

Los mongoles vivían bajo una disciplina férrea que no solo aplicaban a sus ejércitos, sino también a sus propias vidas. La dureza de Gengis Kan no se limitaba a su capacidad para luchar o conquistar, sino a su voluntad de tomar decisiones difíciles, incluso cuando estas eran impopulares. En muchas ocasiones, mandó exterminar ciudades enteras y sacrificar a miles por el bien de la causa mayor.

Hoy en día, la idea de dureza se asocia con la capacidad de tomar decisiones difíciles, de actuar sin titubear cuando el momento lo exige. Los hombres de hoy deben ser fuertes no solo en su cuerpo, sino en su mente y carácter.

La verdadera masculinidad radica en la disciplina personal, en la capacidad de **hacer lo que es necesario, no lo que es fácil**, y en mantenerse firme incluso cuando los demás vacilan.

La Filosofía y Mentalidad de Gengis Kan: El Valor de la Adaptación

Gengis Kan también fue un líder que comprendió la importancia de la adaptación. A pesar de su imagen como conquistador implacable, Gengis Kan también mostró una gran capacidad para aprender de sus enemigos.

Incorporó las mejores tácticas y tecnologías de los pueblos que conquistaba, desde los arqueros de China hasta las fortalezas de Persia. No solo se trataba de imponer su voluntad, sino de mejorar constantemente, de absorber las lecciones que el mundo le ofrecía.

El hombre de hoy debe aprender a ser flexible, a adaptarse, a aprender de cada experiencia y cada fracaso.

La mentalidad de Gengis Kan es un recordatorio de que el éxito no llega a través de la rigidez, sino a través de la capacidad para evolucionar, aprender y mejorar continuamente. La masculinidad no se trata de aferrarse al pasado o a métodos anticuados, sino de estar dispuesto a adaptarse y a tomar lo mejor de cada situación.

EL IMPACTO DEL IMPERIO MONGOL EN LA HISTORIA.

El Imperio Mongol no solo cambió la guerra, sino también la historia del comercio y la cultura. Bajo el dominio de Gengis Kan, las rutas comerciales entre Asia y Europa florecieron, creando un intercambio sin precedentes de bienes, ideas y tecnologías. Fue una era de globalización temprana, y nosotros como hombres debemos aprender que, al igual que los mongoles, podemos conquistar nuevas fronteras no solo con fuerza, sino con visión y conexión.

El legado de Gengis Kan no está solo en la guerra, sino en su habilidad para unir a diferentes pueblos, culturas y tradiciones bajo una sola bandera.

EL IMPERIO **ESPAÑOL**: LA BÚSQUEDA DEL LEGADO

El Imperio Español fue uno de los imperios más vastos y poderosos que el mundo haya conocido. A su apogeo, se extendió por América, partes de Asia, África y Europa, creando una red global de comercio, cultura e influencia.

Este imperio no solo fue una fuerza militar formidable, sino también una de las primeras civilizaciones en comprender el poder de la globalización, el comercio y la expansión cultural. Desde los océanos que surcaban sus grandes barcos hasta las intrincadas y majestuosas ciudades que construyeron, los españoles lograron lo que pocos imperios lograron: conquistar y conectar al mundo de una manera profunda y duradera.

¿Qué hizo grande al Imperio Español?

¿Cómo logró conquistar territorios tan distantes y sostener su poder durante tanto tiempo?

Al igual que los imperios romanos y mongoles, su éxito no fue solo cuestión de fuerza bruta, fue una combinación de estrategia, ambición, resiliencia, y un profundo deseo de dejar un legado en la historia.

Los hombres de hoy tienen mucho que aprender de este imperio, especialmente cuando se trata de entender cómo la disciplina, la visión y el liderazgo pueden moldear nuestro destino.

LECCIONES DE PODER Y MASCULINIDAD DEL IMPERIO ESPAÑOL

La Mentalidad de los Líderes Españoles: El Fuego del Compromiso y la Ambición

Uno de los pilares más importantes del Imperio Español fue la mentalidad de sus líderes. Desde los Reyes Católicos, Isabel y Fernando, hasta figuras emblemáticas como Hernán Cortés y Francisco Pizarro, el Imperio Español fue forjado por hombres de carácter fuerte, resueltos a conquistar el mundo. Lo que unificaba a estos líderes no solo era la búsqueda de riqueza, sino una visión más grande: el deseo de dejar un legado, de que sus nombres resonaran a través de los siglos.

Este compromiso con la grandeza es algo que todos los hombres deberían imitar. A menudo, los hombres de éxito no se limitan solo a vivir para el presente, sino que buscan trascender, crear algo que perdure. Los líderes españoles sabían que el verdadero poder no solo residía en conquistar territorios, sino en construir un legado que definiera generaciones. Todos podemos aprender de este compromiso, entendiendo que lo que hagas hoy tiene el poder de durar mucho más allá de tu propia vida.

La Estrategia en la Guerra: Maestros en la Conquista y la Diplomacia

El Imperio Español fue famoso no solo por su potencia militar, sino por su capacidad para integrar estrategias innovadoras en la guerra y la diplomacia. Las conquistas en América, por ejemplo, no fueron solo cuestión de enfrentar batallas físicas. Los conquistadores españoles, como Cortés, entendieron la importancia de las alianzas estratégicas, del uso de la psicología y del conocimiento de los terrenos y los pueblos que conquistaban. Cortés, con su astucia, no solo venció a los poderosos aztecas, sino que los dividió y conquistó a través de la diplomacia, la manipulación de rivalidades y la explotación de las debilidades locales.

Esta lección es clave: *la guerra no siempre se gana con la fuerza, sino con la mente*.

La capacidad para adaptarse, para leer las situaciones y manejar las relaciones humanas es tan importante como la destreza física. Los hombres que dominan el arte de la estrategia, ya sea en la vida profesional, en los negocios o en las relaciones personales, son los que verdaderamente dejan una huella.

La Dureza y la Persistencia: La Larga Carrera del Imperio

El Imperio Español fue, por supuesto, un imperio de conquistas, pero también fue un imperio de resistencia.

Durante siglos, los españoles lucharon contra enemigos internos y externos, resistieron invasiones y desafíos, y lucharon por mantener su dominio sobre territorios lejanos y a menudo inhóspitos. Fue su perseverancia, su dureza y su disposición para nunca rendirse lo que permitió que el imperio perdurara tanto tiempo.

La dureza de los líderes españoles y sus soldados no solo fue física, sino también mental. Los hombres deben aprender a cultivar esa misma perseverancia.

En la vida en la sociedad moderna, la dureza no siempre significa ser implacable o agresivo; significa estar dispuesto a enfrentar las adversidades, a superar las dificultades y a seguir adelante incluso cuando las cosas se ponen difíciles.

La masculinidad radica en nuestra capacidad para persistir, para enfrentar los obstáculos con coraje y determinación.

El Impacto Cultural y el Legado Global: Conquistando Mentes y Corazones

El Imperio Español no solo conquistó tierras; también influyó profundamente en la cultura, la lengua, la religión y las costumbres de los pueblos que dominó. A través de su vasto imperio, el idioma español se convirtió en una de las lenguas más habladas del mundo, y la cultura española dejó una marca indeleble en América y otras partes del mundo. Además, la influencia de la Iglesia Católica, fuertemente apoyada por la Corona española, también se extendió más allá de las fronteras del imperio.

Lo interesante de la expansión del Imperio Español no fue solo la violencia o la conquista, sino su habilidad para imponer ideas y creencias. De este aspecto podemos aprender que la verdadera influencia no siempre se ejerce a través de la fuerza.

Debemos entender que la influencia se forja a través de la capacidad de comunicar y compartir ideas, de hacer que las personas crean en un propósito más grande que el simple acto de existir. El Imperio Español también nos enseña la importancia de la cultura y el conocimiento como vehículos de poder.

EL IMPERIO ESPAÑOL HOY: APLICANDO LAS LECCIONES DEL PASADO AL HOMBRE MODERNO

En resumen, el Imperio Español, con su grandiosa historia de conquistas, estrategias, dureza y visión global, nos deja lecciones que aún son relevantes para el hombre de hoy.

Desde la búsqueda del legado y el poder de la mentalidad de los grandes líderes, hasta la importancia de la estrategia y la perseverancia, los hombres pueden encontrar inspiración en los triunfos y las lecciones de los conquistadores españoles.

Al igual que ellos, cada hombre tiene la oportunidad de conquistar su propio mundo, construir su propio legado y dejar una huella duradera.

EL IMPERIO **MACEDONIO DE ALEJANDRO MAGNO**: EL PODER DE LA VISIÓN Y LA CONQUISTA DE LO IMPOSIBLE

El Imperio Macedonio, fundado por el rey Filipo II y expandido por su hijo Alejandro Magno, fue uno de los imperios más impresionantes de la historia. En cuestión de solo unos años, Alejandro Magno transformó un pequeño reino en el imperio más grande del mundo conocido en su tiempo. Desde Grecia hasta la India, sus conquistas no solo cambiaron el mapa político del mundo antiguo, sino que también tuvieron un impacto duradero en la cultura, la guerra y la política que persiste hasta el día de hoy.

El ascenso de Alejandro al poder fue meteórico. A una edad temprana, heredó un reino fuerte de su padre, pero fue su ambición, visión y habilidades estratégicas las que lo llevaron a conquistar vastos territorios y a crear un imperio que, en términos de extensión, superaba cualquier otro antes de él. Pero su verdadera grandeza no se limitó solo a la conquista militar, sino a su capacidad para integrar las culturas, la economía y las políticas de los pueblos que conquistaba.

Alejandro Magno no solo conquistaba tierras, sino que extendía la influencia griega, promoviendo el intercambio cultural y la creación de nuevas ciudades que se convirtieron en centros de conocimiento y comercio.

LECCIONES DE PODER Y MASCULINIDAD DEL IMPERIO MACEDONIO

La Visión de Alejandro Magno: Un Hombre que Conquistó lo Imposible

Lo que realmente distingue a Alejandro Magno de otros conquistadores es su visión. Desde una edad temprana, Alejandro no solo soñaba con gobernar un pequeño reino, sino con conquistar el mundo. Su ambición no tenía límites, y *sus logros son un testamento de lo que un hombre puede alcanzar cuando se niega a aceptar las limitaciones impuestas por su entorno.* A pesar de las dificultades y los retos, **Alejandro nunca dejó que nada lo detuviera en su camino.** Su visión era clara: unificar el mundo conocido bajo su dominio.

Esta lección es crucial.

La verdadera grandeza no comienza con los logros, sino con la visión. Un hombre debe tener un propósito claro, un objetivo hacia el cual orientarse, y debe estar dispuesto a perseguirlo con todo lo que tiene, sin dejar que las dudas o los miedos le impidan avanzar. La clave es no conformarse con lo que el mundo te dice que puedes hacer, sino perseguir lo que sabes que eres capaz de lograr.

La Estrategia Militar de Alejandro: El Poder de la Disciplina y la Innovación

Las batallas que Alejandro Magno libró son legendarias.

Desde la batalla de Gaugamela hasta la toma de ciudades en Persia e India, Alejandro demostró ser un líder militar excepcional. Lo que hizo a sus campañas aún más impresionantes fue su capacidad para innovar en el campo de batalla. Con estrategias innovadoras, logró victorias aplastantes incluso cuando se enfrentaba a ejércitos mucho mayores que los suyos. *No solo era un líder, sino un estratega.* Su disciplina y habilidad para **adaptarse a las circunstancias** le permitieron llevar a su ejército a la victoria una y otra vez.

Los hombres que son capaces de *visualizar el panorama general, pensar más allá de los obstáculos inmediatos y adaptarse a los cambios de su entorno* son los que realmente **logran lo imposible**. No se trata solo de luchar, sino de luchar inteligentemente, de pensar y actuar con previsión.

La Dureza de Alejandro: Un Líder Forjado en la Adversidad

La vida de Alejandro Magno no fue fácil. Desde una temprana edad, fue entrenado en las artes de la guerra y la política bajo la tutela de su padre, Filipo II, y el filósofo Aristóteles, quien le enseñó filosofía, ciencia y cultura.

Pero, a pesar de su privilegiado origen, Alejandro tuvo que demostrar su valentía y dureza en el campo de batalla. Se enfrentó a enemigos temibles, superó batallas difíciles y perdió a muchos de sus hombres en sus incursiones. Sin embargo, ***nunca se rindió***. La dureza de Alejandro no solo se refleja en su capacidad de enfrentar los desafíos físicos de la guerra, sino en su fortaleza mental para mantenerse firme frente a la adversidad.

Hoy más que nunca debemos aprender de la dureza de Alejandro.

Enfrentarse a los desafíos con valentía, aceptar que la adversidad es parte de la vida y perseverar a través de ella son características que definen a los verdaderos hombres.

La fuerza mental y emocional es tan importante como la fuerza física. La capacidad de seguir adelante, incluso cuando las circunstancias son difíciles, es lo que separa a los hombres comunes de los hombres excepcionales como Alejandro Magno.

La Filosofía y la Influencia Cultural de Alejandro Magno: Un Líder que Integró lo Mejor de Cada Mundo

Uno de los aspectos más interesantes de Alejandro Magno fue su capacidad para absorber e integrar las culturas que conquistaba. En lugar de imponer la cultura griega sobre los pueblos conquistados, Alejandro buscó una síntesis de culturas. Fundó ciudades que se convirtieron en centros de intercambio cultural y, a menudo, adoptaba las costumbres de las regiones que conquistaba. A través de su política, no solo expandió su imperio, sino también el conocimiento y las ideas.

La mentalidad de Alejandro Magno nos ofrece una lección importante en la actualidad:

"Un hombre no debe limitarse a su entorno o a su cultura de origen; debe estar abierto a aprender y adoptar lo mejor de diferentes influencias".

Esta mentalidad abierta, el deseo de crecer, de aprender y de integrar diversas perspectivas, es lo que hace que un hombre sea más fuerte y más completo.

La Juventud de Alejandro: La Grandeza a Temprana Edad

A lo largo de su corta vida, Alejandro logró lo que muchos no pueden ni imaginar en toda una vida. Con tan solo 20 años, asumió el liderazgo del ejército macedonio y comenzó una serie de conquistas que cambiarían el curso de la historia.

Lo que realmente es asombroso es que, a una edad tan temprana, fue capaz de liderar y dirigir un ejército, mantener la lealtad de sus soldados, y demostrar una madurez impresionante en la toma de decisiones.

Para los hombres jóvenes de hoy, Alejandro es el ejemplo de que *la edad no es un obstáculo para la grandeza*. Si un hombre tiene la visión, la disciplina y la determinación, puede lograr grandes cosas, independientemente de su edad.

La juventud no es una barrera, sino una ventaja, una oportunidad para actuar con audacia y comenzar a construir el legado de uno desde temprana edad.

EL LEGADO DE ALEJANDRO MAGNO: LECCIONES PARA LOS HOMBRES DE HOY

El Imperio Macedonio, bajo el liderazgo de Alejandro Magno, no solo dejó un legado de conquistas, sino también un legado de mentalidad, visión y liderazgo.

Alejandro Magno nos enseña que los grandes logros vienen de una combinación de fuerza física, inteligencia estratégica, perseverancia y una mentalidad abierta al aprendizaje.

Los hombres de hoy pueden aprender mucho de él, desde la importancia de tener una visión audaz, hasta cómo enfrentar los retos con dureza y adaptabilidad.

La lección más importante que Alejandro nos deja es que:

"Los hombres que se atreven a soñar en grande, a desafiar lo imposible y a perseverar en su camino, son los que realmente dejan una huella en la historia."

Hombre Alfa vs Hombre Sigma

Seguramente has escuchado más de una vez hablar de ese "Hombre Alfa", esa figura confiada, segura de sí misma y, sobre todo, socialmente dominante.

Este tipo de hombre atrae la atención tanto de hombres como de mujeres, y a menudo es el modelo al que muchos aspiran. Desde pequeños, nos enseñan a comportarnos como alfas, a destacar y a liderar. Pero… ¿es esto lo único? ¿Existen otras alternativas para ser un hombre auténtico, fuerte y admirado?

¿QUÉ SIGNIFICA SER UN MACHO ALFA?

Un "Hombre Alfa" es, en su esencia, un hombre que tiene claras sus metas y objetivos en la vida. Ha trabajado en sí mismo, en su carácter, en su imagen personal, y posee una seguridad inquebrantable. Pero hay un punto en el que la personalidad de algunos hombres puede tornarse en una actitud tóxica. Adoptan una postura dominante y arrogante, una que puede ser poderosa a corto plazo, pero que a la larga los hace vulnerables al rechazo. Esto sucede porque el ego desmedido aleja a aquellos que los rodean.

Ser un líder, de hecho, no se trata de ejercer control con mano de hierro.

La verdadera esencia del liderazgo no está en la imposición, sino en la capacidad de inspirar, de ganar el respeto de los demás de forma natural. Un verdadero líder no da órdenes, simplemente guía a su grupo hacia el éxito, con el respeto y la confianza ganados en el camino.

Ahora bien, la figura del "Alfa" está plagada de malentendidos. Se tiende a pensar que todo alfa debe ser alguien agresivo, que impone su presencia de manera aplastante, pero eso no siempre es lo que define a un verdadero líder.

Muchas veces, aquellos que se presentan como "alfa" con agresividad, arrogancia y una actitud avasallante, terminan alejando a los demás. El verdadero hombre alfa no necesita hacer ruido para hacerse notar; su poder se refleja en su capacidad de influencia, no en su deseo de dominar.

ASÍ ES EL VERDADERO MACHO ALFA

El líder auténtico es empático y respetuoso, no es el estereotipo del jefe dominante, controlador y agresivo. Esa figura de "macho alfa" que muchos hombres creen que deben encarnar está lejos de lo que realmente representa un líder natural.

Muchos hombres sienten la presión de cumplir con la imagen del "macho alfa", esa que proyecta un padre que siempre tiene el control absoluto en su hogar, o un jefe imponente que se muestra siempre severo y malhumorado. Esta visión, aunque común, es una mala interpretación de lo que realmente significa ser un alfa.

Observando a los lobos en su hábitat natural, es evidente que el macho alfa de la manada no ejerce su liderazgo de manera forzada o con agresividad. Al contrario, el verdadero líder en una manada de lobos guía con respeto, empatía y una gran capacidad para inspirar. Su autoridad no proviene de la intimidación, sino de la confianza y el respeto que ha ganado de su manada.

El liderazgo ejemplar que observamos en las manadas de lobos es una representación perfecta de lo que realmente significa ser un verdadero macho alfa. Un líder que no necesita imponer su voluntad, sino que guía a su grupo con sabiduría, respeto y a través de su propio ejemplo.

EL VERDADERO MACHO ALFA: LECCIONES DE LOS LOBOS

El líder genuino de una manada de lobos no se caracteriza por ser un tirano o controlador, como el estereotipo del hombre alfa convencional. En realidad, el macho alfa de una manada es un ser seguro de sí mismo, confiado, que sabe lo que debe hacer sin necesidad de imponer su voluntad a los demás.

Rick McIntyre, un experto en la vida de los lobos, nos dice que la principal característica del macho alfa es *"su confianza y seguridad en sí mismo"*. Este tipo de líder sabe lo que es mejor para su manada, y lo demuestra con su comportamiento tranquilo y ejemplar. No tiene que ser agresivo porque, como líder alfa seguro de sí mismo, ya ha demostrado todo lo que necesita demostrar. Él sabe que su poder no depende de dominar a otros, sino de guiar con sabiduría y dar ejemplo.

Imagina dos manadas de lobos, o dos tribus humanas...

¿Cuál tiene más posibilidades de sobrevivir y prosperar... la que coopera, comparte y se respeta mutuamente, o la que está constantemente luchando y compitiendo entre sí?

Rick McIntyre ha pasado 15 años observando a los lobos, y concluye que el verdadero macho alfa rara vez es agresivo, y mucho menos hacia los miembros de su manada, los cuales considera su familia. *Él es firme cuando se requiere, pero su principal motivación es el bienestar de los suyos.*

Un ejemplo claro de esto fue un lobo famoso llamado "21" en Yellowstone. Aunque era un líder temido por otras manadas debido a su ferocidad en la defensa de su familia, también era conocido por su dedicación y amor hacia los cachorros de su manada. Lejos de ser un líder que impone su poder, el "súper lobo" solía dejarse vencer por los pequeños lobeznos, mostrándoles respeto a ellos y permitiéndoles ganar para que se sintieran valiosos.

Esta acción es una prueba de que la verdadera fuerza de un líder no está en su capacidad para humillar o dominar, sino en su habilidad para nutrir y empoderar a los demás.

A lo largo de su vida, el macho alfa se dedica no solo a cazar y defender, sino también a criar, proteger y cuidar a las crías, un rol poco común entre las especies animales. Al igual que los lobos, los hombres también tienen la responsabilidad de brindar protección y apoyo constante a su familia, guiando con fuerza, pero también con amor y paciencia.

El macho alfa, entonces, no necesita recurrir a la violencia ni a la intimidación. Su verdadera cualidad es la capacidad de inspirar confianza, enseñar con el ejemplo y crear un entorno donde su manada, su familia, pueda prosperar en armonía. En lugar de gruñir, el macho alfa debe ser un hombre que se muestra seguro, respetuoso y firme cuando es necesario, y que sabe que el poder no se gana a través de la fuerza, sino a través de la dedicación y el respeto hacia los suyos.

Fuente: *Beyond Words; What Animals Think and Feel* **de Carl Safina** escritor, ecologista y profesor.

¿QUÉ ES EL HOMBRE SIGMA?

Probablemente has escuchado hablar de él, pero ¿qué es realmente un hombre sigma? Este término, que comenzó a sonar en internet alrededor de 2010, ha cobrado una relevancia significativa en los últimos años, aunque para muchos sigue siendo algo misterioso.

El hombre sigma es aquel que no necesita la aprobación o validación de los demás para sentirse completo. No es la persona ruidosa que busca ser el centro de atención, sino alguien tranquilo, sereno y en paz consigo mismo.

Los sigmas no tienen la necesidad de encajar en las expectativas de la sociedad, ni de seguir los caminos preestablecidos para alcanzar el éxito. Son individuos que prefieren su propio espacio y no están atados a jerarquías o estructuras.

A pesar de sus diferencias, los hombres sigmas y los hombres alfa comparten varias características clave.

Ambos son individuos seguros, toman decisiones con confianza y tienden a establecer metas altas para sus vidas. Sin embargo, la principal distinción entre ambos radica en su enfoque hacia el mundo.

Mientras que los hombres alfa buscan estar al frente de la jerarquía, escalando posiciones para dominar, el hombre sigma prefiere mantenerse fuera de esa estructura, operando por su cuenta. No necesitan la validación de una comunidad o tribu para sentirse realizados.

En el fondo, el hombre sigma es un lobo solitario, pero con una poderosa cualidad: ...

Su independencia y autoconfianza.

A lo largo de este capítulo, exploraremos lo que hace único a un hombre sigma y por qué esta mentalidad puede ser tan relevante para los hombres de hoy.

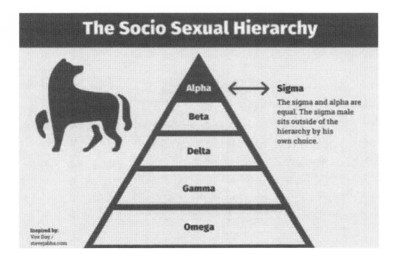

RASGOS DE UN HOMBRE SIGMA

No les importan las expectativas.

Mientras que los alfas buscan estar en la parte superior de la jerarquía, y los betas prefieren seguir a otros, los sigmas no se ajustan a ninguna de esas categorías. Ellos no se preocupan por las expectativas que la sociedad o los alfas imponen. En lugar de seguir la corriente, prefieren forjar su propio camino, ignorando las reglas y creando su propio destino. No buscan la validación externa; se sienten completos por sí mismos, y eso es lo que los hace diferentes.

Les gusta romper las reglas.

Los sigmas no son conformistas. Al igual que los alfas, tienen una naturaleza rebelde que los lleva a desafiar la autoridad. Prefieren trabajar por su cuenta, valoran la flexibilidad y la paz que se obtiene de seguir sus propios ritmos. Para ellos, tener control sobre su tiempo y espacio es crucial, y no les interesa adaptarse a un sistema jerárquico preexistente. La independencia es su bandera.

No buscan validación.

Una de las características más distintivas de un sigma es su total indiferencia hacia la validación de los demás. No están interesados en impresionar a la gente con lo que poseen, como los lujos o el estatus social. Ellos se sienten completos por dentro. La apariencia externa no les define; son conscientes de que la autoestima genuina no proviene de las cosas materiales, sino de la autenticidad con la que viven su vida. No les importa lo que los demás piensen de ellos.

No se abren a todo el mundo.

Los sigmas son muy reservados, prefieren mantener sus pasiones y logros para ellos mismos. No están interesados en compartir cada detalle de su vida en las redes sociales o en conversaciones triviales. Son personas que eligen cuidadosamente a quienes dejan entrar en su círculo. Son cautelosos y no sienten la necesidad de exponer sus sueños o metas, pues lo que importa es actuar, no hablar.

Son líderes, pero son discretos.

Aunque los sigmas no suelen buscar la fama o el protagonismo, su liderazgo es innegable. No necesitan ser el centro de atención para inspirar a otros. En las circunstancias adecuadas, los hombres sigma emergen como líderes poderosos, pero sin necesidad de imponerse. Su influencia es sutil y se basa en su pasión, dedicación y principios. Su liderazgo no busca el aplauso, sino el respeto genuino.

Le dan prioridad a su propio estilo de vida.

Los sigmas son personas muy exigentes con su estilo de vida. Se enfocan en crear rutinas que les permitan crecer y perseguir sus objetivos sin la interferencia de los demás. La flexibilidad es clave para ellos; un sigma no se somete a la rigidez de las expectativas ajenas. Cambian solo cuando lo desean, y esa independencia es fundamental para su bienestar.

Son introvertidos y confiados.

Aunque pueden pasar totalmente desapercibidos por su introversión, los sigmas tienen la misma confianza que los alfas. Prefieren estar en segundo plano, no porque carezcan de autoconfianza, sino porque no necesitan el reconocimiento público para validarse. La introversión de los sigmas no es señal de inseguridad, sino de una profunda paz interna que les permite ser líderes de su propio destino sin necesidad de que todos lo vean.

El espacio personal es vital.

El espacio personal para los sigmas es no negociable. Necesitan tiempo a solas para reflexionar, aprender y alcanzar sus metas. No temen tomar decisiones radicales, como desaparecer temporalmente para enfocarse en su pasión o en el logro de sus objetivos. Los sigmas no permiten que nadie se interponga en su camino, porque entienden que su crecimiento y éxito dependen de su capacidad para actuar libremente, sin presiones externas.

¿POR QUÉ SON TAN POPULARES?

El hombre sigma genera un aura de misterio que no pasa desapercibida. Su independencia y autosuficiencia se destacan, lo que lo convierte en una figura intrigante y atractiva para quienes lo rodean. A menudo, las personas sienten una fascinación natural por él, pues su vida parece no depender de la aprobación de nadie, ni de seguir las normas o expectativas sociales.

Lo que realmente hace destacar a un hombre sigma es su capacidad de vivir al margen de las tendencias y la multitud. No necesita validación externa para sentirse completo, lo cual es un rasgo que atrae. Mientras que la sociedad suele empujar a las personas hacia ciertas formas de pensar y actuar, el sigma se mantiene firme en su individualidad. Él no se ajusta a lo que otros esperan de él ni sigue el curso predeterminado de la vida.

La definición de un hombre sigma ha generado debates en línea, con algunos viéndolo como algo ridículo o pretencioso, mientras que otros buscan activamente emular su forma de vivir.

A pesar de ser una tendencia relativamente reciente, la figura del hombre sigma ha capturado la imaginación de muchos, y es fácil ver por qué.

Su capacidad para ser autónomo, vivir de acuerdo con sus propias reglas y, lo más importante, no buscar validación, lo convierte en un tipo de hombre con el que muchos pueden identificarse o aspirar a ser.

SIGMA VS ALFA

Ya hemos analizado las características tanto del hombre alfa como del hombre sigma. A primera vista, ambas personalidades comparten muchas similitudes, pero existe un factor clave que distingue a estas dos figuras: su relación con lo social, su inclinación hacia la extroversión o la introversión.

El hombre alfa, por lo general, disfruta de la interacción social, le gusta estar rodeado de amigos y ser el centro de atención. Prefiere estar en lugares concurridos y demostrar su liderazgo. En contraste, el hombre sigma se siente más cómodo en la soledad, valora la discreción y prefiere operar en segundo plano, sin la necesidad de una audiencia constante.

Vamos a desglosar algunas diferencias clave entre ambos:

1. El poder del silencio

El hombre alfa, como ya hemos mencionado, se siente en su elemento cuando está rodeado de personas. Le gusta hablar, ser escuchado y, sobre todo, liderar. Es el tipo de persona que asume el mando en cualquier situación y disfruta del protagonismo.

Por otro lado, el hombre sigma se distingue por su capacidad para valorar el silencio y la calma. Prefiere entornos tranquilos y, a menudo, toma decisiones sin la necesidad de la aprobación o el reconocimiento del público. No busca destacar; actúa de acuerdo con lo que considera correcto, sin necesidad de admiración externa.

2. Flexibilidad versus dominio

El hombre alfa, generalmente, está enfocado en la competencia. Le gusta dominar su entorno y ser el número uno. En el ámbito profesional o personal, siempre busca destacarse y ser el líder del grupo. Para él, la jerarquía es importante, y no se siente cómodo en situaciones donde no tiene el control.

En cambio, el hombre sigma no se ve limitado por las estructuras tradicionales. No le interesa someterse a jerarquías preestablecidas. Prefiere actuar de manera independiente, tomando decisiones basadas en sus propios principios y objetivos. Su mentalidad está más orientada hacia la flexibilidad, adaptándose a las circunstancias y trabajando de manera eficiente, ya sea solo o en equipo. Para el sigma, lo importante no es el dominio, sino alcanzar el mejor resultado posible, sin la necesidad de competir directamente con otros.

3. La Validación Social

Los hombres alfa suelen ser percibidos como figuras dominantes y líderes naturales, pero esto solo ocurre dentro de una jerarquía social ya establecida. Para llegar a la cima, los alfas deben jugar el juego social, adaptarse a las reglas y sobresalir para ganar ese respeto y poder. Su autoestima está enraizada en cómo los ven los demás, y su éxito radica en ser reconocidos por su habilidad para liderar y sobresalir.

En contraste, el hombre sigma no busca validación social ni se siente atraído por la jerarquía. Para él, el concepto de encajar en un grupo o de ganar poder dentro de una estructura social es irrelevante. Los sigmas no necesitan la aprobación de los demás porque su autoestima se basa en sus propios valores y principios internos. No buscan la admiración ni el reconocimiento público, ya que obtienen su satisfacción personal desde adentro.

3. Pertenencia

Para el hombre alfa, ser un líder implica estar al frente, ser el referente de su grupo. Los alfas sienten que su identidad está ligada a su posición de liderazgo dentro de la manada o de la sociedad en general. Necesitan estar en control, dirigir y dominar para sentirse completos.

Por el contrario, el hombre sigma no necesita pertenecer a ninguna estructura. Es más independiente y encuentra su satisfacción en la autonomía. Prefiere operar solo, sin depender de nadie, lo que le otorga una libertad personal considerable. Aunque no tiene la necesidad de ser el líder, está dispuesto a asumir esa responsabilidad si las circunstancias lo requieren, pero siempre manteniendo su independencia.

4. Discreción y Humildad

La autoestima de un hombre alfa es tan fuerte que a menudo se ve reflejada en su deseo de ser notado. Los alfas no tienen miedo de mostrar sus logros, su personalidad y todo lo que los convierte en líderes. Este deseo de destacarse es una forma de confirmar su valor ante los demás.

Los hombres sigma, sin embargo, se centran en el trabajo y el resultado. Prefieren la discreción y la humildad. No les importa ser el centro de atención ni recibir elogios. Su motivación radica en hacer lo mejor que pueden, sin necesidad de que el mundo los valide. Su satisfacción viene de saber que están cumpliendo con su deber, sin la necesidad de aprobación externa.

5. Percepción Social

El hombre alfa es una persona activa, competitiva y con una personalidad vibrante. Su presencia en cualquier entorno social es evidente, y muchas veces se le ve como el líder natural, alguien que destaca en cualquier situación.

En cambio, los sigmas suelen ser más difíciles de leer.

Tienen una personalidad reservada, suelen ser solitarios y, a menudo, son percibidos como introvertidos o incluso antisociales. A pesar de su independencia, los sigmas mantienen una fortaleza interior que, aunque menos visible que la de los alfas, es igual de impresionante.

¿CUÁL ES MEJOR: EL HOMBRE ALFA O EL HOMBRE SIGMA?

No se trata de una cuestión de cuál es mejor, ya que ambas personalidades tienen sus propias ventajas y desventajas.

La clave está en determinar qué tipo de hombre eres tú, cuáles son tus rasgos de personalidad y lo que deseas alcanzar en la vida.

En el ámbito laboral y empresarial, puede ser beneficioso tener una naturaleza social más activa. El simple "trabajo duro" no siempre es suficiente para escalar posiciones o mejorar tu salario. La capacidad de relacionarse, negociar y estar presente en las redes sociales es algo que puede marcar la diferencia en muchos casos.

Si te identificas más con la introversión de un sigma y estás en el mundo profesional, mi recomendación es que te esfuerces por ser social en los contextos adecuados. Establecer relaciones con las personas correctas y crear una red de contactos clave puede ser decisivo.

No se trata de que tengas que ser uno u otro, ni de seguir una etiqueta al pie de la letra. La verdad es que las cualidades de un hombre alfa y un hombre sigma pueden coexistir dentro de ti. No existe un único camino o una sola forma de ser un hombre completo, que ese es el objetivo final, no ser un "alfa" o un "sigma", más bien ser un hombre completo, un buen hombre.

Las características de ambas personalidades –la confianza y liderazgo del alfa, junto con la independencia y reserva del sigma– pueden fusionarse de manera natural en un hombre que sabe lo que quiere, se siente cómodo consigo mismo y sabe cuándo aplicar cada rasgo en su vida. Ser un líder no significa ser un alfa a toda hora, igual que ser un hombre introspectivo no significa que no puedas relacionarte de manera efectiva con los demás cuando lo necesites.

Lo importante es no sentirse presionado por la sociedad a encajar en un molde específico. No tienes que caminar por el mundo proclamando que eres un alfa o un sigma, ni mucho menos intentar encajar en una etiqueta predefinida. El verdadero poder radica en conocer estas personalidades, entender sus virtudes y aprender a aplicarlas de manera auténtica en tu vida diaria.

Tu valor no depende de ajustarte a un ideal social o ser un tipo específico de hombre. Se trata de descubrir quién eres, aprender de los modelos que te interesan y usar esos aprendizajes para adaptarlos a tu propio estilo de vida y a tus propios objetivos.

Ser un hombre fuerte, exitoso y equilibrado no tiene que ver con ajustarse estrictamente a un tipo de personalidad, sino con tener la flexibilidad de ser tú mismo, aprovechar lo mejor de cada una de estas cualidades y desarrollarte conforme a tu propio camino.

Al final, lo más importante es trabajar con dedicación en ti mismo para ser tu mejor versión.

Recuerda, no se trata de ser sigma o alfa...

Se trata de ser un mejor hombre.

Las Virtudes de un Hombre

Las virtudes son aquellas cualidades que impulsan a las personas a actuar guiadas por el bien, la justicia y la verdad. Son la fuerza que orienta la voluntad hacia la rectitud y aparta al ser humano de los vicios y las malas decisiones.

Filósofos como Aristóteles y Platón afirmaban que las virtudes son la base sobre la que se edifican las acciones, comportamientos y hábitos positivos de cualquier persona. Estas virtudes son fundamentales para el desarrollo del hombre, tanto en su naturaleza como en su esencia. En otras palabras, son la puerta de acceso al crecimiento personal continuo. Son valores que deben practicarse día a día, con disciplina, para poder madurarlos y perfeccionarlos a lo largo del tiempo.

La educación en virtudes es vital, pues proporciona las herramientas necesarias para que el hombre viva de acuerdo a principios sólidos, propios y profundamente humanos. Así, el hombre puede convertirse en el líder de su vida, guiado por convicciones firmes y bien fundamentadas.

Además, las virtudes te fortalecen no solo mental y espiritualmente, sino también físicamente. Te brindan la capacidad para superar momentos difíciles de frustración, debilidad o tristeza. Gracias a ellas, puedes mantenerte firme y centrado en tus metas, sin desviarte ante los obstáculos.

Por último, las virtudes son esenciales para que puedas ofrecer lo mejor de ti mismo de manera consciente y genuina. Practicar la virtud no solo te permitirá avanzar hacia la felicidad, sino que también contribuirás a hacer del mundo un lugar mejor para ti y para todos los que te rodean.

¿POR QUÉ ES IMPORTANTE EDUCARSE EN VIRTUDES?

Imagina estos tres escenarios:

Escenario uno: Estás trabajando, pero solo porque si no lo haces, no podrás salir de fiesta el fin de semana.

Escenario dos: Estás trabajando o estudiando una carrera porque le prometiste a tus padres que lo harías.

Escenario tres: Estás estudiando porque tu verdadera pasión es convertirte en un gran dentista y quieres ayudar a los demás.

¿Qué podemos aprender de estos ejemplos?

En los dos primeros casos, la motivación es temporal, centrada solo en lo que se obtendrá como resultado inmediato. Es una motivación que se desvanece cuando el objetivo se alcanza. En cambio, en el tercer escenario, la motivación nace de un deseo profundo y personal, que perdura a lo largo del tiempo. Es una meta que te acompaña durante toda la vida.

Esto es exactamente lo que ocurre con la educación en virtudes.

Para que los valores se transformen en virtudes, deben ser vividos de manera consciente y deliberada en cada aspecto de tu vida diaria. Tus decisiones y acciones no pueden basarse únicamente en lo que te conviene en el momento, sino que deben estar guiadas por la certeza interna de que lo que haces es lo correcto, con un propósito más grande.

¿CUÁLES SON LAS PRINCIPALES VIRTUDES?

Prudencia. Es la capacidad de ser humilde, reconocer tanto tus límites como tus fortalezas, y saber escuchar y aplicar los consejos sabios que otros puedan ofrecerte.

Justicia. Es la habilidad de cumplir con tus derechos y deberes, y de otorgar a los demás lo que les corresponde, sin importar si es algo bueno o malo. Es saber equilibrar lo justo en todo momento.

Templanza. La templanza es la habilidad de dominar tus emociones, mantener la mente clara y tener el alma llena de fe, especialmente cuando te enfrentas a desafíos.

Tolerancia. Esta virtud implica ser paciente, saber esperar los momentos adecuados y entender que no siempre podrás obtener lo que deseas al instante. Es aceptar que el proceso de alcanzar tus metas puede llevar tiempo y esfuerzo.

La educación en virtudes es una tarea que nunca termina.

Hay muchas otras virtudes en las que puedes trabajar y mejorar. Un libro importante sobre este tema es *El Camino de los Hombres* de Jack Donovan, que ofrece una visión profunda de las virtudes masculinas. En su obra, Donovan las describe como "virtudes tácticas" y se enfoca en cuatro en particular, las cuales quiero compartir contigo porque son clave para forjar una verdadera masculinidad.

Fuerza, Coraje, Maestría y Honor

La fuerza, el coraje, la maestría y el honor son virtudes esenciales y funcionales. Estas virtudes tácticas no se centran en debates filosóficos sobre el bien o el mal en términos universales. Lo que está bien es lo que gana, lo que prevalece; lo que pierde, es lo que está mal, simple.

Estas virtudes son fundamentales para que los hombres protejan sus intereses, pero también son indispensables para perseguir sus sueños. Son virtudes tanto del defensor como del atacante. *La fuerza, el coraje, la maestría y el honor* no pertenecen a un solo dios, aunque muchos dioses intentan reclamarlas como suyas. Todo por lo que un hombre luche, debe exigir de sí mismo y de los demás estas virtudes para alcanzar la victoria.

Son las bases de la verdadera masculinidad. Puedes añadir otras virtudes y establecer tus propios códigos morales para guiarlas, pero si eliminamos estas virtudes de la ecuación, no solo dejamos de lado lo que define a los hombres, sino que abandonamos las virtudes que permiten que la civilización prospere.

Los hombres fuertes, valientes, competentes y leales serán reconocidos y respetados como elementos valiosos dentro de cualquier comunidad.

Por el contrario, no se puede confiar en hombres débiles o temerosos. Aquellos que carecen de habilidades esenciales deben encontrar una forma de compensar sus debilidades. Si son leales y honorables, pueden contribuir de otras maneras, tal vez ayudando en la caza, la lucha o desempeñando otras labores valiosas para el grupo. Sin embargo, un hombre cuya lealtad está en duda, que no se preocupa por lo que piensen de él los demás hombres de su grupo ni por el honor de su comunidad, será rechazado por estos mismos.

Los hombres que no estén preparados para cumplir con las responsabilidades fundamentales de la masculinidad por alguna de estas razones, serán apartados del grupo de los luchadores y cazadores y relegados a trabajar junto a las mujeres, los niños, los enfermos y los ancianos.

Las virtudes tácticas descritas por Jack Donovan son, sin duda, cualidades que todo hombre debe forjar, no como persona, sino como hombre.

Las virtudes no son solo principios abstractos o ideales distantes, sino herramientas prácticas que forjan el carácter y la vida de un hombre. Al cultivarlas, no solo te conviertes en alguien más fuerte, valiente y capaz, sino que te posicionas como un hombre que aporta valor y coherencia en todo lo que hace. *La verdadera masculinidad no es algo que se impone, sino que se construye a través de decisiones diarias, de actuar con integridad, de aprender a enfrentar la adversidad con determinación y de comprometerse con un propósito más grande que uno mismo.*

En un mundo lleno de distracciones y caminos fáciles, las virtudes son los cimientos sobre los cuales puedes edificar una vida con propósito y significado. **Ser un hombre de virtudes es ser un hombre que se enfrenta a la vida con dignidad y respeto**, no solo hacia sí mismo, sino también hacia los demás. Es este tipo de hombre el que deja un legado duradero, no por lo que obtiene, sino por lo que aporta.

El Dinero & el Hombre

El dinero te puede aportar prestigio y libertad, pero no te convierte en un verdadero hombre. Ser un hombre no depende de tu cuenta bancaria, sino de la confianza que proyectas en cada situación de la vida, sin importar tus recursos.

Muchos hombres, incluso aquellos con enormes fortunas, se han dejado dominar por mujeres que no merecían, simplemente porque su carácter era frágil.

Quiero compartir con ustedes una historia que circula en muchas páginas. Habla sobre Cristian Nodal, un cantante mexicano que, a pesar de su gran riqueza, no supo manejar de manera adecuada una ruptura emocional con su expareja, Belinda. Aunque tenía dinero y fama, su falta de estabilidad emocional y de control sobre su vida personal lo llevó a una situación de vulnerabilidad y como su ejemplo muchos más...

Jeff Bezos y MacKenzie Scott

Aunque Jeff Bezos, el fundador de Amazon, es uno de los hombres más ricos del mundo, su relación con su exesposa, MacKenzie Scott, mostró una dinámica en la que, tras la ruptura, ella ganó una gran parte de su fortuna a través de su acuerdo de divorcio. Aunque no se puede decir que Bezos fue "dominado", su vida personal y la ruptura afectaron su imagen pública.

Prince Harry y Meghan Markle

El príncipe Harry, miembro de la familia real británica, aunque proveniente de una familia rica y poderosa, fue percibido como un hombre que fue dominado por Meghan Markle en muchos aspectos de su vida. Tras su matrimonio, el príncipe Harry se alejó de las obligaciones reales, y la pareja ha sido muy vocal en los medios sobre sus decisiones de vida y el control de su propia narrativa, lo que ha sido visto por algunos como una influencia significativa de Meghan sobre Harry, especialmente en la salida de la familia real.

El caso de Will Smith es otro ejemplo muy relevante de cómo, a pesar de tener fama, fortuna y éxito, un hombre puede ser dominado o vulnerable en su vida personal, mostrando debilidad y falta de estabilidad emocional.

En 2020, durante un episodio de su programa Red Table Talk, su esposa, Jada Pinkett Smith, reveló en vivo que había tenido una relación con un amigo cercano de su hijo. En lugar de responder con firmeza, Will parecía completamente afectado por la revelación, visiblemente dolido y buscando comprender la situación mientras Jada defendía su acción como algo que sucedió en un "momento de separación". Esta conversación en público no solo expuso la infidelidad de su esposa, sino también la falta de control emocional de Will Smith sobre su propia vida y su relación.

El punto culminante de esta dinámica ocurrió en la ceremonia de los Premios Óscar 2022, cuando Chris Rock hizo una broma sobre la cabeza rapada de Jada (debido a su lucha con la alopecia). Will, impulsivamente, se levantó del asiento y golpeó a Rock en el escenario, un acto que dejó atónita a la audiencia y a millones de personas en todo el mundo. Aunque muchos vieron este gesto como una muestra de "protección" hacia su esposa, la verdad es que lo que reflejó fue una falta de control sobre sus emociones y su carácter, algo completamente opuesto al líder y hombre alfa que solemos ver en sus películas, además que su misma mujer no se lo agradeció.

Este comportamiento muestra que, por más que tengas millones en tu cuenta bancaria, eso no te convierte en un hombre fuerte ni en un líder. El dinero y la fama no son garantía de estabilidad emocional, ni de un carácter sólido. Will Smith, a pesar de su fortuna, mostró en esos momentos cómo, a veces, los hombres pueden ser sumisos, emocionalmente débiles o fácilmente manipulables por sus parejas, incluso cuando tienen el mundo a sus pies.

Estos ejemplos muestran cómo, incluso los hombres más ricos y famosos, pueden ser dominados por sus parejas, ya sea a través de la influencia emocional, decisiones en sus carreras, o incluso cambios de vida importantes. También nos hacen ver que tener dinero o ser millonario no significa que automáticamente te conviertes en un gran líder o en un gran hombre de mente fuerte, ser un hombre conlleva más que solo tener dinero.

LA SOCIEDAD Y EL DINERO

La realidad es que actualmente la sociedad ha hecho creer que la mujer debe ser el centro de la vida de un hombre, *ya sea para elevarlo en la vida o para arrastrarlo hacia la degradación*. Lo más preocupante es que muchos todavía siguen atrapados en esa falsa creencia, pero la realidad no podría estar más lejos de esto.

El hombre es su propia misión y no depende de una mujer para lograr sus sueños, y una mujer nunca podrá moldear a un hombre, pues su visión de la vida es completamente distinta a la del hombre. Lo único que ella puede hacer es manipularlo a su conveniencia y gusto, mientras él, engañado, cree erróneamente que eso lo convierte en un mejor hombre.

Un hombre debe ser el arquitecto de su propia vida, luchar por sus ideales, perseguir sus ambiciones y forjar sabiduría. Si logra todo esto, como un resultado natural, atraerá mujeres. Sin embargo, en ese momento, será él quien decida si vale la pena establecer una conexión o no. Ya no se dejará llevar por sus impulsos, ya que ahora en él gobierna un nuevo hombre, un hombre real.

Y con esto, no quiero que se malinterprete mi mensaje.

Las mujeres son importantes, claro que sí, pero no deben ser el centro de tu vida y que te hagan perder de vista tu propósito. No permitas que su presencia te desvíe de lo que verdaderamente importa: **tu propio camino.**

En algo si tiene razón el texto que te compartimos al principio de este tema de "la sociedad y el dinero" ...

Una mujer puede enriquecer o arruinar tu vida, pero solo si tú se lo permites. Nunca una mujer podrá hacerte el hombre que eres. El verdadero poder está en ti, en tu fortaleza interior, en tu capacidad aguantar y tomar decisiones difíciles en tu vida.

Volvamos al tema central de este capítulo: el dinero.

Te compartimos estas historias de famosos y millonarios porque, aunque tenían millones en su cuenta bancaria, fama, carros, casas y lujos, no pudieron gestionar sus emociones; y en el caso de Cristian Nodal el cantante mexicano semanas después de su ruptura, inició otra relación, lo que revela una clara dependencia emocional. En esa nueva relación tuvo una hija, pero después 2 años se divorció y pocos días después, hizo pública su relación con la cantante Ángela Aguilar. Sin duda, un hombre que no puede aceptar estar solo.

Al final, cada hombre es libre de elegir cómo quiere vivir su vida, pero quiero que elimines de tu mente la idea de que el dinero te convertirá en un hombre de valor.

El verdadero valor está en la sabiduría que puedes adquirir al equilibrar tus recursos con tu crecimiento personal.

Esa es la clave para forjarte como un verdadero hombre.

EL DINERO EN LA VIDA DE UN HOMBRE

Existen personas que creen que el dinero no es importante y que no puede brindar felicidad. Sin embargo, la realidad es que lo necesitamos para cubrir nuestras necesidades más básicas: comer, vestirnos, transportarnos.

Esta idea, aunque suene bien en teoría, es romántica e idealista. **El dinero es esencial para lograr cosas en la vida, y no podemos ignorar su importancia.** El dinero no es solo para tener lujos o acumular riquezas, sino para satisfacer nuestras necesidades inmediatas y futuras.

Cuando nos falta, las consecuencias son graves. La falta de dinero genera uno de los mayores niveles de estrés en la vida de las personas. Esa sensación de no tener lo suficiente para llegar a fin de mes, de no poder cubrir lo que necesitan nuestros hijos o incluso de no saber si podremos comer al día siguiente es, sin duda, una de las experiencias más angustiosas.

Es crucial aprender a manejar bien el dinero. No se trata solo de ganarlo, sino de cuidarlo y hacerlo crecer. Esto implica también aprender a asignarlo de acuerdo con nuestras prioridades en la vida, siempre con la mirada puesta en lo que realmente es importante para nosotros.

Lo que no se debe perder de vista es que el dinero nunca debe ser el fin último. Nunca persigas el dinero como si fuera la clave para una vida plena y satisfactoria. Esto sería un grave error, pues podría distraerte de lo que realmente te trae felicidad y satisfacción. *El dinero debe ser una herramienta, no un objetivo.*

¿Te has detenido a pensar cuánto gastas en cosas que realmente no aportan valor a tu vida? Piensa en esos intereses que pagas por las deudas acumuladas en tarjetas de crédito o préstamos que usaste para adquirir cosas que deberías haber podido cubrir con tu salario. ¿Por qué pospones metas importantes, como tu retiro, por satisfacer necesidades inmediatas?

Es cierto que la vida es impredecible, pero algún día no podrás trabajar, y llegará un momento en que lamentarás no haber tomado decisiones más sabias con tu dinero.

La mayoría de las personas prefiere ir con la corriente, esperar que el tiempo o el dinero las resuelva por sí solo. Este enfoque es erróneo. El dinero cuesta esfuerzo, por lo que debe ser valorado, y, sobre todo, bien administrado. No puedes permitirte desperdiciarlo en cosas que no te aportan valor.

A menudo escuchamos la frase:

"Vive hoy, que mañana vamos a morir".

Esta es otra mentalidad errónea. Si bien es cierto que la vida es incierta, lo más probable es que vivas mañana. Esa frase se usa como excusa para gastar sin pensar en las consecuencias, como si el disfrute momentáneo fuera más importante que la estabilidad futura. La realidad es que este enfoque irresponsable solo te lleva a un futuro donde, cuando surja un problema o una necesidad, estarás sin recursos para afrontarlo. Si gastas sin pensar en el mañana, el mañana podría sorprenderte de la peor manera posible.

El retiro llegará, es inevitable. Es tu responsabilidad como hombre prepararte para ese momento y recuerda también que hay incertidumbres en la vida, como accidentes o enfermedades, que podrían afectar tu bienestar y el de tu familia. No dejes que estos riesgos te tomen por sorpresa.

Es cierto que en la vida siempre existen riesgos, como en el caso de las inversiones. Yo personalmente tengo un portafolio agresivo, pero son riesgos calculados, alineados con mi horizonte de inversión. Tomar riesgos es parte de crecer, pero siempre deben ser decisiones informadas.

El dinero es un elemento fundamental de la vida, no solo para satisfacer nuestras necesidades básicas, sino también para alcanzar lo que realmente importa: el bienestar de nuestra familia, las experiencias que nos enriquecen y, sobre todo, para poder hacer lo que amamos. Aprender a usarlo sabiamente es una de las claves para forjar tu camino como un hombre.

EL PODER DE LAS PALABRAS

Si hablaras mal de un amigo, ¿crees que querría estar cerca de ti? Pues lo mismo ocurre con el dinero. La mayoría de las personas no se da cuenta de lo mucho que las palabras influyen en los resultados que obtenemos.

Imagina que estás compartiendo algo importante con un grupo de amigos. Todos te miran atentos, se interesan por lo que estás diciendo y prestan atención. De repente, un extraño cercano, que parece un hombre sabio, serio y culto, te interrumpe y, con tono firme, te dice: *"Lo que estás diciendo son puras tonterías y demuestran lo ignorante que eres."* ¿Cómo te afectarían esas palabras?

Algunas personas responderían: *"¿Cómo se atreve a decirme eso si ni siquiera me conoce y me escuchó solo dos minutos? ¡No soy ningún ignorante!"*

Pero otros podrían pensar: *"¿Cómo se dio cuenta en solo dos minutos que soy un ignorante en este tema? ¿Será un experto en esto? ¡Me ha avergonzado frente a todos!"*

Fíjate en lo que pasa aquí: podrías reaccionar de dos formas completamente diferentes. Una de ellas te empodera, defiendes tu dignidad. La otra te derrumba, te hace sentir pequeño e inseguro.

¡Este es el poder de las palabras!

Unas pocas palabras destructivas pueden marcar tu vida o al menos arruinarte el día. Unas pocas palabras de reconocimiento o gratitud pueden levantar tu espíritu y darte una sensación de bienestar. Todo depende de la autoridad que le des a quien las diga. Si esas palabras provienen de alguien a quien respetas o admiras, las aceptarás de una manera mucho más profunda, ya sea positiva o negativamente.

Ahora, cuando se trata de dinero, ¿quién es ese extraño sabio que te dice cosas? ¡Eres tú mismo! Es tu voz interior, esa que siempre está escuchando lo que dices y que constantemente opina sobre ti. Y lo peor de todo es que, con el tiempo, le crees.

Esas palabras que te dices a ti mismo, las adoptas. Las repites una y otra vez, hasta que se convierten en creencias firmemente arraigadas. Y es en base a esas creencias que actúas.

Si te dices constantemente que no mereces ser rico o que el dinero no es para ti, esas palabras se reflejarán en tus acciones y resultados. De igual manera, si te repites que el dinero es para ti y que mereces abundancia, empezarás a actuar de manera diferente, abriendo puertas para recibirlo.

¿Te suenan familiares algunas de estas frases?

- *"Para ganar dinero tienes que matarte trabajando"*
- *"El dinero no da la felicidad"*
- *"Hay cosas que el dinero no compra"*
- *"Los bienes se pagan con males"*
- *"Demasiado bueno para ser verdad"*
- *"El dinero no crece en los árboles"*
- *"El que no transa, no avanza"*
- *"El dinero tiene muchos amigos, pero el dueño del dinero no"*

En algunos casos extremos, escuchamos cosas como: *"El dinero es la raíz de todos los males"*, *"Prefiero tener amor y ser feliz que tener dinero"*, *"El dinero corrompe"*, *"El dinero solo trae problemas"*.

Déjame preguntarte algo importante: si hablaras de uno de tus amigos o familiares de esta manera, ¿realmente esperarías que esa persona quisiera seguir cerca de ti?

Ahora, si tenemos estos conceptos negativos y destructivos acerca del dinero, es posible que, sin darnos cuenta, estemos repeliéndolo. Las palabras tienen un poder inmenso y generan efectos, tanto positivos como negativos.

Las palabras son causas, son fuerzas invisibles que afectan nuestra realidad.

Lo que sucede es que estas ideas se han integrado en nuestro vocabulario y en nuestra cultura de tal forma que, inconscientemente, creamos una asociación entre el dinero y lo malo, lo sucio o lo problemático. Estas creencias limitantes nos mantienen atrapados, nos condicionan a ver el dinero como algo negativo o dañino.

Pero lo cierto es que, cuanto más negativamente hablemos del dinero, más difícil será para nosotros atraerlo o gestionarlo de manera adecuada. *Las palabras no solo reflejan lo que pensamos, sino que también crean nuestra realidad.* Si las usas para atraer prosperidad, el universo entero se alineará para hacerte llegar lo que deseas. Pero, si las usas para alejarte de él, no te sorprenderá encontrarte en un ciclo de escasez y frustración.

Por ejemplo, ¿qué le decimos a alguien cuando está sufriendo o experimentando mucho dolor? Usualmente decimos "pobrecito", ¿cierto? Pero, ¿por qué lo llamamos "pobre"? O, ¿cuántas veces has escuchado eso de "pobre pero honrado", como si "no ser pobre" fuera sinónimo de ser deshonesto? Y ni hablar de frases como: "Bienvenido a tu humilde casa", "Estoy ahorcado" o "No hay dinero que alcance".

¿Te das cuenta? La mayoría de las personas no tiene idea de cuán poderosas son las palabras y cómo influyen directamente en nuestros resultados.

Yo te propongo un ejercicio muy sencillo, pero que tendrá un impacto increíblemente positivo en tu vida:

Primer paso: ¡Cáchate a ti mismo y a los demás!

Sorpréndete cuando digas o escuches alguna frase relacionada con el dinero que no sea positiva. Date cuenta y, en lugar de reaccionar negativamente, sonríe interiormente. Al principio te será difícil, pero poco a poco empezarás a notar más y más frases destructivas que, sin darnos cuenta, impactan nuestra realidad. No las rechaces, solo observa y sonríe con simpatía. Rechazar lo que no te gusta solo hace que se refuerce, pues lo que resistes, persiste.

Segundo paso (solo cuando ya tengas la habilidad de detectar estas frases con facilidad):

Comienza a sustituir esas frases negativas por otras poderosas, frases que te eleven, que te motiven y, lo más importante, que abran las puertas al dinero. Cuida tu vocabulario y el poder de las palabras que usas. Si decides hablar en positivo, empezarás a atraer lo que de verdad quieres.

Hay un autor que maravillosamente escribe:

"Cuando me preguntan: *'¿Qué es más importante: el dinero o la felicidad?'*

Yo les respondo: *'¿Qué es más importante: tu brazo o tu pierna?'*

Y cuando insisten con la pregunta:

'Pero, ¿qué prefieres: tener dinero o ser feliz?'

Yo les contesto: *'¿Y por qué no las dos?'"*

Para mí, ¡esa es una forma de pensar increíble!

Porque no hay razón para que el dinero y la felicidad no puedan ir de la mano.

¡Inténtalo tú también!

No te límites a pensar que solo una de estas dos opciones puede ser tu realidad.

¡La verdadera abundancia viene cuando aprendes a equilibrar ambas!

FINANZAS PERSONALES

Cuando hablamos de finanzas, lo primero que debemos entender es qué son y cómo podemos gestionarlas correctamente. La organización de tus finanzas no es algo que se logre de la noche a la mañana. Es un proceso que requiere tiempo, método y mucha paciencia. Es fundamental seguir pasos sistemáticos para tener un control de tus recursos, y así evitar cometer errores que afecten tu economía personal.

Las finanzas personales son, en esencia, la gestión de tus ingresos y patrimonio. Es cómo administras el dinero que entra a tu vida, asegurándote de cubrir tus necesidades esenciales, tanto personales como familiares. Esto incluye no solo los gastos del día a día, sino también momentos de ocio, el ahorro, y lo más importante, el cuidado de tu salud. Además, debes tener en cuenta los imprevistos que puedan surgir, y cómo manejarlos sin desestabilizar tu situación económica.

Aunque recibir consejos sobre finanzas puede parecer complicado, con la terminología adecuada y algunos conceptos claros, es más fácil de lo que parece. Por eso, aquí te presento una lista de claves simples para que puedas manejar tu dinero de forma efectiva, sin caer en trampas comunes que te desvíen de tu camino hacia una economía personal estable.

Claves para una buena gestión de tus finanzas personales

Define metas financieras. Es difícil llegar si no sabes a dónde vas. El primer paso para dar un buen manejo a tu dinero es saber qué quieres lograr con él. Establece metas a corto, mediano y largo plazo para tener claridad sobre el destino de tu dinero.

Identifica la totalidad de tus ingresos. Saber de dónde provienen tus ingresos te permitirá valorar mejor tu tiempo. Dedica especial atención a las actividades que generan dinero, ya que de ellas depende tu estabilidad económica.

Haz una lista con todos tus gastos. Conocer en qué estás gastando tu dinero es crucial. Anotar todos tus gastos te ayuda a visualizar cuánto gastas y en qué áreas podrías mejorar. Usa aplicaciones como "Mobills" para organizar tus gastos o hacer un Excel.

Divide tus gastos en fijos y variables. Los gastos fijos son aquellos esenciales para sobrevivir (alquiler, servicios básicos, alimentos), mientras que los gastos variables son los relacionados con tu estilo de vida. Este enfoque te ayudará a identificar áreas donde podrías ahorrar.

Reduce tus gastos fijos cuando sea posible. Revisa tu uso de los gastos fijos y busca áreas donde puedas reducirlos. A menudo, pequeños cambios en el consumo pueden hacer una gran diferencia.

Elimina gastos variables innecesarios. Los gastos variables no son esenciales para tu supervivencia, así que identifica cuáles no aportan valor a tu vida y elimínalos.

Analiza si tienes un balance positivo al final del mes. Resta tus gastos totales (fijos y variables) de tus ingresos. Si tus ingresos son mayores que tus gastos, estás en un balance positivo, lo que te permitirá ahorrar o invertir. Si no, ajusta tus finanzas.

Prioriza tus gastos. Debes jerarquizar tus gastos. Los fijos siempre deben ser prioridad, y de los gastos variables, concéntrate en los que son realmente importantes.

Haz un presupuesto mensual alineado con tus metas. Un presupuesto es la guía para manejar tu dinero. Si lo alineas con tus metas financieras, te será más fácil alcanzar tus objetivos y vivir dentro de tus posibilidades.

Establece límites y aprende a decir "no es el momento". Saber decir "no es el momento" te permite evitar gastos que no están dentro de tu presupuesto. No tener miedo de rechazar gastos innecesarios es clave para mantener tu salud financiera.

Crea un fondo de emergencias y prepárate para imprevistos. Los imprevistos pueden arruinar tus finanzas si no estás preparado. Establece un fondo de emergencia para hacer frente a situaciones inesperadas. Para este punto puedes ahorrar una parte de tu sueldo y meterlo a cuentas que te den un interés por tu dinero como: Cetes, Nubank, Mercado Pago, etc. (Investiga sobre ello ya que a la fecha del libro son buenas opciones, pero en un futuro tu debes tomar tus deciones).

Identifica tus deudas. Las deudas son una parte natural de las finanzas, pero debes conocerlas. Haz una lista detallada de tus deudas para estar preparado y saber cómo gestionarlas.

Prioriza tus deudas. Al priorizar tus deudas, toma en cuenta las fechas de vencimiento y las consecuencias de no pagar a tiempo. Primero paga las más urgentes o las que podrían generar mayores intereses.

Adquiere deudas que trabajen a tu favor. Considera endeudarte solo si te va a generar algún retorno. Las inversiones que te traen ganancias son deudas que pueden ser beneficiosas.

Evita endeudarte para pagar otras deudas. No adquieras deudas adicionales para pagar las existentes, a menos que sea una opción estratégica bien pensada, como en los casos de consolidación de deuda.

No te sobreendeudes. Mantén el control de tus deudas. No te sobreendeudes pensando que podrás pagar todo más adelante. Establece límites claros.

Aprovecha los meses sin intereses. Los meses sin intereses son una excelente oportunidad para financiar compras sin pagar más, pero ten cuidado de no sobrecargar tu crédito.

Evita los excesos. Los excesos en cualquier aspecto de la vida, incluida la financiera, nunca son buenos. Busca siempre el equilibrio y evita caer en comportamientos impulsivos.

Cuidado con los gastos "hormiga". Los gastos pequeños que parecen insignificantes, como un café o un snack diario, suman rápidamente. Identifica y controla estos pequeños gastos que a largo plazo pueden afectar tu presupuesto.

Evita las compras por impulso. Las compras por impulso son una de las formas más comunes de perder dinero. Antes de comprar algo, asegúrate de que realmente lo necesitas.

Distingue entre caprichos y necesidades. Haz una distinción clara entre lo que necesitas y lo que es solo un capricho. Esto te ayudará a evitar gastos innecesarios.

Compra solo lo necesario. Para no excederte en tu presupuesto, es fundamental que compres solo lo que realmente necesites, y planifiques tus compras con anticipación.

Hazlo tú mismo cuando sea posible. Si tienes habilidades para hacer reparaciones o tareas básicas, ahorrarás dinero. Claro, en casos especializados, es mejor contratar a un profesional.

Comparte tus estrategias financieras y escucha las de otros. Intercambiar ideas sobre finanzas puede enriquecer tu perspectiva. Escuchar las estrategias de otras personas puede ayudarte a encontrar mejores formas de manejar tu dinero.

Paga tus impuestos a tiempo. Mantente al día con el pago de impuestos. Reservar dinero para este fin te evitará sanciones y te ayudará a mantener tu estabilidad financiera.

Ahorra constantemente. El ahorro es la base de una buena salud financiera. Ahorrar regularmente te permitirá alcanzar tus metas y te dará seguridad a largo plazo.

Invierte para hacer crecer tu dinero. Ahorrar es solo el primer paso. Invertir tu dinero sabiamente te permitirá que crezca, ayudándote a alcanzar tus objetivos más rápido. Puedes empezar investigando con algún profesional en Youtube para aprender desde 0.

Cultiva tus talentos. Aprovecha tus habilidades para generar ingresos adicionales. Desarrollar tus talentos y convertirlos en una fuente de dinero es una excelente forma de aumentar tus ingresos. Te recomiendo investigar sobre el IKAGAI que es una filosofía japonesa que te ayudará en este punto.

Aprende constantemente sobre educación financiera. La educación financiera es un proceso continuo. Mantente informado sobre nuevas tendencias y mejores prácticas para seguir optimizando tu dinero. Usa las redes sociales de buena forma, deja de seguir mujeres y modelos para comenzar a seguir a referentes en finanzas, inversiones, negocios y páginas que te motiven a desarrollarte en todos los aspectos como hombre no solo financieramente.

Que tus redes sociales se vuelvan una fuente de conocimiento y no solo de entretenimiento.

El Poder & el Estatus

Como bien decía Aristóteles: *"Somos un animal social"*, el más social de todos. Y es que, en toda sociedad, la jerarquía es fundamental. Algunas especies, como las hormigas o las abejas, tienen su lugar predestinado desde el momento de su nacimiento. Pero los humanos, al igual que otros primates, gozamos de la libertad de ascender o descender en la escala social según nuestras decisiones, habilidades y determinación.

Este concepto de encontrar tu lugar en la sociedad es fascinante. La verdad es que, a lo largo de la historia, nuestras posibilidades de sobrevivir y prosperar han estado directamente relacionadas con el estatus social que conseguimos alcanzar. Y, seamos claros, esto es especialmente cierto para los hombres.

El poder y el estatus son el motor que impulsa a los hombres desde tiempos inmemoriales. No estamos aquí solo para existir, sino para destacar, para dominar, para dejar nuestra huella en el mundo. Cuanto más alto subes en la jerarquía, más control tienes sobre tu vida, sobre tu destino y sobre las oportunidades que se te presentan. El poder no es solo una cuestión de riqueza o posición; es una cuestión de actitud, de mentalidad, de cómo te posicionas frente a los desafíos, cómo te enfrentas a la adversidad, cómo te tomas la vida.

Este capítulo no es solo una invitación a entender el poder y el estatus. Es una llamada de atención, un desafío a dejar de ser uno más, a dejar de ser parte del montón y comenzar a ascender, a tomar las riendas de tu vida con confianza y determinación. No estás aquí para ser un espectador, estás aquí para ser el protagonista.

DEFINIENDO ESTATUS

El estatus no es un concepto abstracto ni lejano, es algo que influye en nuestras vidas todos los días, aunque a menudo no lo notemos. Como lo define la psicóloga Denise Cummins, el estatus es el lugar que ocupa un individuo dentro de una jerarquía social. Este lugar define, en muchas ocasiones, qué tan fácil o difícil será acceder a lo que queremos: comida, territorio, dinero, pareja, oportunidades. Es el lugar que te otorgan, pero que, también, tú debes ganarte constantemente.

En palabras más simples, quien tiene más estatus tiene el poder. El que tiene más estatus es el que recibe la última tajada de la tarta, el que marca la pauta. Y aquí está la primera gran lección: **el estatus no se regala, se gana**. Este poder no es algo que te caiga del cielo; es algo que tienes que conquistar, dominar y mantener.

Ahora, el estatus no es único ni uniforme. Existen dos formas fundamentales de obtenerlo: *la dominación y el prestigio.*

La **dominación** es la forma en la que se toma lo que se quiere, a menudo mediante la fuerza, la coerción o la manipulación. Aquí no importa si te quieren o no, lo que cuenta es el poder que ejerces sobre los demás para obtener lo que deseas. Sin duda, la dominación es una de las maneras más directas de ganar estatus, pero viene con un precio. *No se obtiene amor ni respeto genuino a través de la dominación, pero sí se obtiene el control.*

Por otro lado, el **prestigio** es una forma de estatus que no se impone, sino que se gana. Aquí no se trata de forzar a otros a hacer lo que tú quieras, sino de ganarte su respeto y admiración por las cosas que aportas, por la forma en que enriqueces sus vidas o contribuyes a su bienestar. El prestigio se basa en tu capacidad para ayudar, enseñar, inspirar y liderar de manera honrosa. Es un estatus que se construye con el tiempo y que, aunque no te otorga el poder inmediato de la dominación, crea un respeto mucho más profundo y duradero.

Sin embargo, el prestigio tiene una característica fundamental: suele estar limitado a ciertos dominios. Un hombre puede ser el mejor ajedrecista del mundo y tener un gran estatus entre sus pares, pero ese estatus no necesariamente se traduce en respeto o poder en otros ámbitos de su vida, como en su familia o en su trabajo. El prestigio se gana en áreas específicas y puede que no tenga el mismo peso en todas partes.

Entonces, ¿cómo construyes tu estatus? ¿Qué camino seguirás: el de la dominación, con su poder inmediato pero costoso, o el de prestigio, que aunque más lento, te da un respeto genuino y un impacto duradero? La clave está en comprender que el estatus es algo que tienes que ganar todos los días, ya sea con fuerza o con sabiduría.

Elige tu camino y prepárate para ganar por lo que luchas.

ORIGEN DE LAS JERARQUÍAS DE ESTATUS

Las jerarquías de estatus están en todas partes. No importa dónde miremos, en todas las culturas y sociedades existe un sistema que clasifica a las personas según su posición en la jerarquía. Y lo más impactante es que este sistema no solo tiene su origen en la cultura, sino que puede estar profundamente arraigado en la evolución humana.

Las jerarquías, desde tiempos prehistóricos, han sido una herramienta para la supervivencia. El lugar que ocupas en esa jerarquía determina tus recursos, tu acceso al poder, e incluso tu oportunidad de dejar una huella en el mundo. La lucha por el estatus no es solo una batalla por el reconocimiento social, es una batalla que se ha librado durante siglos por la oportunidad de sobrevivir y prosperar.

El estatus no es algo superficial. No es solo una cuestión de prestigio; tiene que ver con los recursos fundamentales: la comida, la pareja, el territorio, la seguridad. El acceso a estos recursos determina quién vive bien y quién apenas sobrevive.

El origen de estas jerarquías podría ser el resultado de la selección natural. Si analizamos las sociedades humanas más antiguas, como las tribus de cazadores-recolectores, veremos que la jerarquía de estatus es un mecanismo fundamental para la organización social. ¿Por qué? Porque aquellos en la parte más alta de la jerarquía tienen acceso a más recursos y a mejores oportunidades. Si tu posición social es elevada, la vida es más fácil. Y no solo se trata de comodidad, se trata de poder.

Tomemos como ejemplo la tribu de los Achés, que habita en las selvas de Paraguay. En esta tribu, la carne es uno de los bienes más valiosos porque no pueden conservarla. Los cazadores, al obtener grandes piezas de carne, tienen un estatus más elevado. Y, como ocurre en muchas sociedades, ese estatus no solo les garantiza mejores recursos materiales, sino también una mayor reproducción. Los cazadores más exitosos tienen más mujeres y, por tanto, una mayor oportunidad de propagar su linaje.

Este patrón no es exclusivo de los Achés. A lo largo de la historia humana, la relación entre el estatus social y las ventajas reproductivas ha sido clara. Los hombres con mayor poder y recursos tienen más oportunidades de perpetuar su genética. Y no lo digo solo como una observación moderna, esto está documentado en muchas culturas de la antigüedad.

Laura Betzig, una reconocida investigadora, documentó este fenómeno en su estudio de 1993 sobre las grandes civilizaciones. En sus investigaciones sobre imperios como el Egipto Antiguo, Mesopotamia y la China Imperial, encontró que los emperadores y los hombres más poderosos tenían acceso a cientos e incluso miles de mujeres. En contraste, los hombres comunes apenas lograban tener una pareja estable, y en muchos casos, ni eso. Es decir, en las grandes civilizaciones, el poder no solo te brindaba riquezas y prestigio, sino también acceso casi ilimitado a lo que más deseaba la humanidad en ese tiempo: la reproducción.

¿Por qué esto es importante para ti hoy?

Porque entender el origen de estas jerarquías de estatus es clave para comprender cómo funciona la sociedad actual. Durante siglos, los hombres con mayor estatus y poder tuvieron la capacidad de reproducirse y perpetuar su linaje, mientras que los que no alcanzaban ese estatus eran relegados a las sombras de la sociedad. Esa es la verdad cruda, y aún hoy, el estatus sigue jugando un papel crucial en la vida de los hombres.

Entonces, ¿qué significa esto para ti? El estatus sigue siendo una de las fuerzas más poderosas en la vida de un hombre. *Tener poder no solo significa tener dinero o riquezas materiales, sino también influencia, respeto, y la capacidad de atraer lo que deseas*. Si deseas prosperar en la vida, si quieres dejar una marca en el mundo, debes entender que todo está relacionado con tu estatus social.

Este no es solo un juego de poder, es una cuestión de supervivencia y éxito. La historia de la humanidad está llena de hombres que, gracias a su estatus, lograron grandes cosas, mientras que los hombres que no comprendieron este principio se quedaron atrás.

Ahora es tu turno de decidir:

¿Vas a ser uno de esos hombres que aprovecha el poder del estatus para forjar su destino?

MUERTE POR DESHONOR

El estatus y la reputación son fuerzas tan poderosas que pueden llevar a las personas a tomar decisiones extremas. Para entender la magnitud de lo que estamos hablando, miremos los resultados de un estudio realizado por cuatro investigadores, que analizaron el impacto psicológico del **deshonor**.

Imagina que te presentan una situación, algo tan crudo como esto:

Se te da la opción de pasar un año en prisión, pero tu nombre saldrá limpio de todo crimen. O, por el contrario, puedes evitar la cárcel, pero quedarás marcado como un criminal para el resto de tu vida, para siempre, ante los ojos de todos los que te rodean.

¿Qué eliges?

Sorprendentemente, el 70% de los participantes eligieron pasar un año tras las rejas con tal de preservar su honor.

Ahora, plantea otra situación aún más radical:

Te ofrecen morir en este momento, pero ser recordado para siempre de manera honorable y afectuosa por tu comunidad. O, por el contrario, podrías vivir hasta los 90 años, pero ser conocido por todos como un pedófilo, condenado por la sociedad.

¿Te sorprendería saber que el 53% de las personas elegirían morir, a pesar de que la vida les ofrece tantos años más por delante, solo para conservar su reputación limpia?

Aunque estos estudios se basan en elecciones hipotéticas, la conclusión es clara: la necesidad de mantener el estatus, el honor y la reputación en nuestra comunidad es tan vital que, en ocasiones, estaríamos dispuestos a sacrificar nuestras vidas por ello.

Este fenómeno demuestra algo esencial y es la importancia que el ser humano le da a su estatus no es una cuestión superficial. No es solo una preocupación egoica o vana, es algo profundamente arraigado en nuestra naturaleza, vinculado a la forma en que nos perciben los demás y a nuestra capacidad de pertenecer, de ser valorados, de ser vistos como individuos valiosos.

El estatus no solo es cuestión de poder o dinero, es una cuestión de identidad, de cómo nos vemos a nosotros mismos a través de los ojos de los demás. Y cuando ese estatus se ve amenazado, incluso nuestra propia vida pierde peso frente al honor y la dignidad que nos otorgan los demás.

Es por eso que el poder y el estatus, en su forma más primitiva, son cuestiones de vida o muerte para los hombres. Un hombre que pierde su honor puede llegar a sentir que ha perdido todo. En este mundo competitivo, donde las jerarquías sociales juegan un papel crucial, tu estatus es la base sobre la cual construyes tu realidad.

Recuerda, tu estatus no es solo lo que los demás ven de ti, sino también lo que tú eres capaz de sostener con firmeza frente a los desafíos de la vida.

Si lo pierdes, pierdes parte de ti mismo.

¿CÓMO SE FORMAN LAS JERARQUÍAS?

El estatus proporciona ventajas claras para los hombres, pero no todos queremos estar en la jerarquía social ya que muchos tienen esa personalidad sigma, pero de igual forma debemos aprender sobre este tema y utilizar toda la información para nuestra ventaja, ya que, independientemente de nuestra personalidad vivimos en sociedad y la mayoría tiene un empleo normal donde la jerarquía es la base lo queramos o no.

Para entender cómo se forman las jerarquías, primero debemos alejarnos un momento del mundo humano y observar el reino animal. En particular, un simple vistazo a los perros en un parque puede darnos una lección invaluable sobre cómo funciona el poder y el estatus. Después de varias interacciones, como juegos, persecuciones y gruñidos, verás cómo uno de los perros adopta una postura sumisa: se pega al suelo, baja la cabeza, y acepta la dominancia del otro. Este es un comportamiento natural que define su lugar en la jerarquía.

De forma instintiva, todos los animales sociales, desde los lobos hasta los primates, muestran comportamientos similares. Ellos, en su mayoría, no están interesados en acabar con el más débil, sino en establecer un orden donde el dominio de los más fuertes no sea cuestionado innecesariamente. Aquí no hay lugar para el caos: al igual que en el mundo de los perros, el animal más débil sabe cuándo no atacar. Al hacerlo, evita conflictos fatales y garantiza su supervivencia, pues desafiar al más fuerte en ese momento, aunque parezca una lucha por el estatus, generalmente lleva a la destrucción.

Ahora bien, ¿por qué mencionamos todo esto? Porque el comportamiento de los animales sociales es un reflejo de una regla universal que todos, incluso los hombres, debemos reconocer: saber cuándo no vale la pena luchar por el dominio es tan vital como saber cuándo pelear por él. Si el animal más débil siguiese desafiando al más fuerte lo más seguro es que acabase herido o muerto. En términos humanos, esto se traduce en la capacidad de elegir cuándo avanzar y cuándo esperar.

Sí, la lucha por el estatus sigue existiendo en la vida adulta, pero, a diferencia de los animales, ya no se resuelve a través de una pelea física en la mayoría de los casos. Los seres humanos hemos transformado esa lucha en una competencia más sutil: estatus social, poder, influencias. Sin embargo, sigue existiendo la misma regla fundamental: cuando no tienes la fuerza para desafiar a alguien en una posición más alta, lo mejor es tener calma, pensar con mente fría y vivir para luchar otro día.

En muchos momentos de tu vida, tener calma y esperar el momento preciso para actuar, puede ser una estrategia mucho más inteligente que una lucha directa. Imagina que estas en la calle y alguien te insulta, pero esta persona tiene un cuchillo en mano... tu no saldrías a insultarlo y atacarlo directamente ¿verdad? Eso sería lo más tonto porque estas poniendo tu vida en riesgo, lo mejor sería tener calma, no darle importancia y alejarte.

De igual manera en el ámbito de jerarquías. Es un juego mental. La jerarquía no siempre se gana a base de lucha, sino de astucia. Y para ser un hombre de verdadero poder, debes comprender que saber cuándo no luchar, saber cuándo esperar, también es una forma de victoria.

"Los guerreros superiores son aquellos que ganan sin pelear."

Así que, no olvides lo más importante: no siempre es necesario ser el líder inmediato, pero sí siempre es necesario saber cuándo moverse, cuándo esperar y cuándo dominar. La jerarquía está en constante cambio, y tú, como hombre, debes aprender a jugar ese juego con sabiduría, no solo con fuerza.

Te dejo las siguientes reflexiones:

"Cuando tus fuerzas son grandes, aparenta debilidad"

"Conoce a tu enemigo y conócete a ti mismo, y en cien batallas nunca estarás en peligro."

Estas reflexiones son principios básicos de *El Arte de la Guerra de Sun Tzu.* El enemigo o tu competencia no debe saber nunca tu verdadero poder. *Es más fácil lograr tus objetivos si piensan que eres más débil de lo que eres realmente* usando tu astucia e inteligencia.

ESTRATEGIAS PARA GANAR ESTATUS

Es claro que el estatus es la clave para acceder a los recursos que deseas, ya sea en el dominio o en el prestigio. Como mencionamos, hay dos caminos para ascender en la jerarquía social, y no todos requieren de fuerza bruta. La violencia, aunque efectiva para establecer dominio, no es suficiente cuando lo que buscas es prestigio.

Un policía. un general o un presidente pueden tener dominio, pero eso no significa que gozan del respeto y admiración que proviene del prestigio. El dominio es útil, sí, pero no basta para ser recordado o admirado de manera duradera. Grandes personas como Albert Einstein o Melinda Gates lo demuestran: tienen prestigio, pero no necesitan recurrir a la fuerza para obtenerlo. Ellos han hecho historia con su ingenio y contribuciones, no con el músculo o el miedo.

Ahora, quiero centrarme en las estrategias más comunes para ganar prestigio:

Engaño y Manipulación

A corto plazo, el engaño y la manipulación pueden parecer atajos hacia el estatus. Es tentador inflar tu currículum, exagerar historias o hacerle creer a otros que eres algo que no eres. Pero cuidado: ese tipo de tácticas solo te llevan a la cima de una pirámide que, en cuanto alguien te descubra, se desmoronará bajo tus pies. El prestigio basado en mentiras es frágil, y lo perderás en un abrir y cerrar de ojos.

Exagerar sobre tus logros, pretender que eres un héroe sin serlo, solo te pondrá en la mira de la desconfianza. En este juego, si te descubren, el precio es caro.

Lo mismo ocurre cuando decides hablar mal de los demás para elevarte a ti mismo. Es fácil, lo sé. Si eres mediocre en lo que haces y, en lugar de mejorar, decides hacer que otros se vean mal para quedar como el más brillante, te conviertes en el *"tuerto en el país de los ciegos"*. Tal vez ganes algo de atención, pero esa atención nunca será verdadera ni respetuosa.

No caigas en la trampa del camino fácil. Sé auténtico, sé un hombre de honor, un hombre que se gana el prestigio sin recurrir a trampas. **El verdadero prestigio proviene de las acciones genuinas, de ser excelente en lo que haces, no de manipular a otros para que te vean como alguien grande.**

*(**Nota:** Te mencionamos esta estrategia de manipulación para que tú puedas observa cómo otros manipulan para ganar estatus, pero no para que sigas su ejemplo. Lo que puedes hacer es ver si otros intentan usar esta estrategia contigo y no dejarte manipular.)*

Una película que te recomiendo para entender cómo el engaño puede usarse para obtener estatus es *"Atrápame si puedes"* con Leonardo DiCaprio. Una muestra perfecta de cómo el juego de la manipulación puede ser tentador y muy poderosos, pero al mismo tiempo peligroso. En la vida real, no tomes ese camino.

Potenciar tus Relaciones Sociales

Las relaciones sociales son clave. Es imposible ganar prestigio si no sabes rodearte de las personas correctas.

El simple hecho de asistir a eventos de networking ya es un claro indicador de cuán importante es para nosotros el estatus. Estas reuniones no son solo para hacer negocios, son una oportunidad para crear conexiones con personas influyentes, con aquellos que tienen el poder de abrirte puertas que, de otro modo, no podrías ni imaginar.

¿Sabes por qué? Porque las relaciones son una de las señales de estatus más poderosas que puedes mostrar. Si logras conectar con las personas adecuadas, quienes están al mando o tienen poder, eso mismo elevará tu estatus sin que siquiera lo intentes. Lo que los demás ven es que estás bien conectado, y eso da un mensaje claro: si estás rodeado de gente importante, es porque también lo eres.

Pero no se trata solo de estar en la sala correcta. Tener buenos amigos, apoyarles, ayudarles a crecer y ver su éxito como tuyo, es otra forma de incrementar tu propio estatus. El hombre que tiene relaciones fuertes, que no solo se limita a lo superficial, sino que invierte en sus conexiones, gana mucho más que quien se aísla. La calidad de tus relaciones refleja el nivel de respeto y prestigio que recibes a cambio.

Imagina perder tu empleo o que tu negocio vaya mal... ¿Qué tanto te puede ayudar tener relaciones con personas importantes? Te podrían ofrecer un nuevo empleo o podrían asociarse para un nuevo negocio. No subestimes el poder de las relaciones sociales y las conexiones.

Porque crees que muchos universitarios salen al mundo laboral y no consiguen ningún empleo, fácil, porque no tienen ninguna conexión, así es la sociedad, aprende y usa todo a tu favor.

Conocimiento y Competencias

Ahora vamos al verdadero núcleo del estatus: la *competencia*. No importa cuántas relaciones tengas, ni cuántos trucos uses, si no eres competente, todo lo demás se desmoronará como un castillo de naipes.

La competencia es la verdadera piedra angular de todo. *El conocimiento, la cultura, la inteligencia, el liderazgo, y la capacidad de trabajo* son competencias clave que te permitirán acceder a los recursos más valiosos y obtener respeto.

La teoría de Servicios-por-Prestigio, desarrollada por Price y Van Vugt, lo explica claramente: los líderes ofrecen algo de valor, ya sea conocimiento, sabiduría o capacidad para coordinar grupos, a cambio de recibir prestigio. Es una relación de dar y recibir, pero, a diferencia de los simples favores, los servicios prestados deben ser valiosos y tangibles.

Aquí hay algo importante que debes recordar y es que aquellos con mayor estatus suelen ser más generosos con su ayuda. No es coincidencia. *Las personas de mayor estatus tienden a ser más amigables y a ayudar a los demás*, porque su confianza en sí mismos y en lo que aportan les permite elevar a los demás sin temor a perder terreno.

Ser generoso, sabio, y competente en lo que haces te hace un imán de respeto y admiración.

SEÑALIZACIÓN: TOGAS Y CADENAS DE ORO

Ya hemos hablado sobre cómo escalar en la jerarquía social, pero hay algo igual de importante: que los demás sepan exactamente dónde te encuentras. Es decir, no solo se trata de ganar estatus, sino de demostrarlo, señalizarlo, ponerlo sobre la mesa. Los humanos somos maestros en identificar el estatus de los demás, en menos de unos minutos puedes hacerte una idea bastante precisa de la jerarquía de un grupo simplemente observando detalles como la vestimenta, la postura, el tono de voz, cómo interactúan, quién interrumpe a quién... Son detalles pequeños, pero enormemente poderosos.

Así como los perros saben quién manda en la manada con solo un intercambio de miradas, los humanos no necesitamos una pelea física para entender nuestro lugar en la jerarquía social.

En la antigua Roma, el estatus de una persona estaba marcado por la toga que vestía. No era solo una prenda, era un símbolo visible de poder y posición. Hoy, en el mundo moderno, muchos recurren a sus propios "símbolos" de estatus. Para algunos, esto podría ser el coche deportivo, para otros las cadenas de oro. Mira el mundo del rap, donde los kilos de oro colgando de sus cuellos son una afirmación clara: "Miren lo que soy. Miren lo que tengo."

¿Qué pasa si te digo que eso mismo lo hacemos todos? Tal vez no con oro, pero todos nos encargamos de proyectar nuestras victorias: una foto en las redes sociales de un viaje a un destino exclusivo, hablar sobre tu nuevo ascenso en el trabajo, compartir lo bien que te va en los negocios. Estas son formas de señalizar tu estatus, de mostrarle al mundo que tienes lo que otros desean.

Te sorprendería saber cuán conscientes somos, a veces sin saberlo, de que hacer que los demás nos vean en la cima nos hace sentir bien. Piensa en como personas en redes ayudan a alguien y lo hacen público. Ese tipo de comportamientos están en nuestra naturaleza, enraizados en lo más profundo de nuestro ser. La evolución premia esas acciones, y por eso sentimos satisfacción cuando nos vemos admirados, cuando nos reconocen por lo que somos.

Y si crees que esto es superficial o frívolo, déjame decirte que no lo es. Es natural. Es humano. Es parte de la lucha por el estatus. No es solo un juego de apariencias, es un reflejo de cómo se estructuran las relaciones y cómo se distribuyen los recursos en cualquier sociedad.

El dinero, las donaciones, las fotos en redes sociales, las grandes decisiones: todo esto señaliza tu lugar en el sistema social. La forma en que te vistes, cómo te comportas, lo que compartes con los demás, las personas con las que te rodeas. Todo eso habla de ti.

Si te sientes un poco incómodo con esto es porque es un tema tabú. Quizás hasta ahora ni siquiera fueses consciente de este tipo de comportamientos. Puede que incluso sigas convencido de que tú no eres como los demás. Socialmente no está bien visto reconocer que hacemos cosas por ganar estatus y por mostrarle al mundo dónde estamos en el escalafón social. Parece propio de personas maquiavélicas y superficiales. Sin embargo, es algo propio del ser humano...

Ahora bien, déjame darte una última reflexión sobre esto...

CONCLUSIONES

El estatus, aunque a veces subestimado, es una de las fuerzas que rige nuestras vidas. No podemos ignorarlo, porque tiene un impacto directo en prácticamente todos los aspectos de nuestra existencia. Un mayor estatus te abre puertas: te ayuda a reducir el estrés, a tener más opciones profesionales, te otorga relaciones sociales más amplias y, si eres hombre, incrementa tus posibilidades de encontrar una buena pareja y tener hijos.

Aunque nacemos con ciertas habilidades innatas para adaptarnos y movernos en las jerarquías sociales, hay quienes lo hacen con mayor destreza. Sin embargo, eso no significa que no puedas mejorar. Durante tu vida, puedes perfeccionar tus habilidades y competencias para escalar más alto en la jerarquía social. Puedes trabajar en tu capacidad de relacionarte con otros, ser un buen oyente, un apoyo para los demás, lo cual, a su vez, fortalece tu estatus.

También puedes adquirir nuevos conocimientos que te hagan más valioso y útil para la sociedad, lo que, por supuesto, incrementará tu valor en la jerarquía social.

Sin embargo, en medio de todo esto, hay una lección crucial que no debes olvidar:

No caigas en la trampa de pensar que la imagen o las apariencias lo son todo. Son importantes, claro, pero no lo son todo.

No vivas obsesionado por lo que los demás piensen de ti o por seguir ciegamente lo que la sociedad dicta como el "éxito". No permitas que el estatus se convierta en tu única medida de valía. La verdadera fortaleza está en equilibrar esa necesidad de reconocimiento con la autenticidad, con la seguridad en ti mismo y, sobre todo, en el valor genuino que aportas al mundo.

Para aquellos hombres que se identifican como tipo sigma, que prefieren mantenerse al margen de las ostentaciones, quiero que reflexionen sobre algo importante. El simple hecho de que no busques ser el centro de atención o de sobresalir públicamente no significa que debas ignorar el impacto de las jerarquías sociales en tu vida. Vivimos en una sociedad que, aunque no siempre lo reconozcamos abiertamente, está estructurada sobre ellas.

La clave no está en mostrar lo que eres, sino en serlo realmente. La verdadera fortaleza radica en la sabiduría que posees, en las relaciones valiosas que construyes y en las competencias que aportas al mundo. Ser generoso, aprender de los demás, y compartir lo que sabes, te coloca naturalmente en una posición de respeto y admiración.

El conocimiento y las relaciones son la base sobre la que se construye el verdadero poder. No es necesario gritarlo al mundo ni ostentarlo, porque cuando eres genuino, competente y sabio, las personas lo notan, y el respeto que generas es mucho más sólido y perdurable que cualquier imagen superficial.

Recuerda que *el camino de un hombre* no es buscar validación externa, sino construir una vida que hable por sí misma, una vida que inspire y que atraiga lo que realmente importa es el respeto auténtico y el reconocimiento genuino.

La Fuerza & el Coraje

Vivimos en una era marcada por la incertidumbre y los constantes cambios. Muchos hombres, se sienten perdidos y no saben cómo encontrar su lugar en diversos aspectos de la vida, ya sea en lo profesional, en la familia o en el rol que desempeñan como hombres dentro de la sociedad. Esta falta de dirección nos hace cuestionar cómo podemos establecer un camino claro hacia nuestros objetivos y asumir nuestra identidad como hombres en este mundo cambiante.

Es aquí donde cobra gran relevancia la fuerza, el coraje y la valentía. Son estas cualidades las que nos permiten dar el primer paso, enfrentarnos a lo desconocido y comenzar algo nuevo con determinación y confianza.

Como decía Georges Benjamin Clemenceau:

"Es preciso saber lo que se quiere; y cuando se quiere, hay que tener el valor de decirlo, y cuando se dice, tener el coraje de realizarlo."

Vincent Van Gogh, un hombre que conoció el rechazo y la incomprensión por su estilo único, también entendió esta necesidad de coraje. En sus propias palabras: ***"¿Qué sería de la vida, si no tuviéramos el valor de intentar algo nuevo?"*** Van Gogh se arriesgó, y aunque su arte fue inicialmente rechazado, hoy conmueve a millones de personas en todo el mundo. A pesar de ser conocido como "el loco del pelo rojo", su valentía lo llevó a hacer algo único, sin temor a las críticas o a la falta de reconocimiento en su tiempo.

En el ámbito empresarial, Thomas Alva Edison, conocido

por su incansable perseverancia, se enfrentó a miles de intentos fallidos en su proceso creativo. Sin embargo, su actitud ante cada error era positiva: *cada fracaso representaba un paso más hacia el éxito.* Si bien Edison es considerado un gran inventor, su enfoque práctico basado en ensayo y error contrastaba con el de Nikola Tesla, quien era más científico y reflexivo en su método.

La rivalidad entre ambos dio lugar a lo que se conoce como la "guerra de las corrientes", donde Edison defendió la corriente continua mientras que Tesla se inclinó por la corriente alterna. Edison, al ser un hombre de negocios, no dudó en recurrir a métodos cuestionables, como la electrocutación de animales, para demostrar los peligros del sistema propuesto por Tesla. Sin embargo, la corriente alterna se impuso y, en la actualidad, es el sistema utilizado en todos los hogares.

A pesar de que Tesla ganó la batalla técnica, su falta de habilidades para hacer negocios lo llevó al olvido, mientras que Edison, mucho más astuto en el terreno empresarial y de relaciones públicas, gozó de mayor reconocimiento. Edison se enfocaba en inventos comercializables, y si algo no tenía valor comercial, lo dejaba de lado. Tesla, por su parte, tenía una visión de cambiar el mundo, pero carecía de una estrategia para atraer inversores, lo que resultó en que muchos de sus proyectos no fueran materializados

(Aquí vemos otro ejemplo de una batalla de sigma vs alfa en cierto sentido).

Tesla, en ocasiones, fue su peor enemigo. Regaló patentes a Westinghouse y cedió el 51% de sus patentes futuras a JP Morgan, cuando este solo había solicitado el 50%. Esta falta de visión empresarial fue uno de los factores que le impidió consolidar su legado. Además, su último gran proyecto —un sistema global para transmitir electricidad sin cables— fracasó estrepitosamente, lo que contribuyó aún más a que no fuera recordado en su tiempo, y *los "perdedores" no suelen ser recordados.*

En contraste, Edison dejó un legado duradero con la creación de General Electric y, gracias a discípulos como Henry Ford, el nombre de Edison perduró. Tesla, por su parte, nunca formó una empresa que asegurara su legado. No dejó herederos, y con el paso de los años, sus problemas mentales se agravaron, lo que lo convirtió en una figura cada vez más excéntrica y alejada de la realidad, con fijaciones extrañas como su obsesión con el número 3 y su afecto por las palomas.

En la historia de Tesla, sus excentricidades y su falta de una estrategia empresarial efectiva lo relegaron a la sombra de personajes más astutos como Edison. A pesar de sus logros, la falta de una red de apoyo o de una empresa sólida que pudiera mantener vivo su legado contribuyó a su olvido. Aunque Tesla fue un genio en el campo de la ciencia, la forma en que manejó sus patentes, y su incapacidad para proteger su trabajo desde un punto de vista comercial, fue uno de los factores clave que limitaron su reconocimiento. Su obsesión por lo técnico y su falta de pragmatismo le jugaron en contra.

Por otro lado, Edison, a pesar de sus métodos cuestionables y su falta de ética, logró algo que Tesla no: *construyó un imperio.* Edison entendió que ***el mundo no solo premia la genialidad, sino también la capacidad para atraer inversores y manejar relaciones públicas.***

Y puedes llegar a pensar que Edison no es un alfa, es más bien un hombre de poca moral y un ladrón. Si piensas así estas en lo cierto, pero no podemos negar que también tenía cualidades alfa a pesar de que hizo cosas malas. A veces, los hombres con cualidades de un alfa no son necesariamente aquellos que hacen lo correcto, sino los que saben jugar con las reglas del juego, incluso si estas reglas implican sacrificios éticos.

Es importante recordar que los hombres con cualidades alfa no siempre son modelos de virtud o buenas personas que ayudan a la sociedad. Hay quienes viven bajo la filosofía de *"el fin justifica los medios" de Maquiavelo,* un pensamiento que a menudo guía a aquellos que buscan el poder y el reconocimiento sin importar el costo.

Un ejemplo de este tipo de personalidad alfa es Ray Kroc, el hombre detrás del dominio global de McDonald's. Si bien los hermanos McDonald fundaron la empresa, Kroc supo apoderarse del control y expandirla de manera impresionante, aunque no de la forma más ética.

Su historia fue tan impactante que inspiró una película llamada Hambre de Poder que te recomiendo ver.

En los deportes, también encontramos ejemplos inspiradores de coraje y fuerza, como el de Dick Fosbury, quien revolucionó la técnica del salto de altura con el famoso "salto Fosbury". Esta técnica consistía en correr en diagonal hacia la barra, curvarse y saltar de espaldas, rompiendo con las tradicionales técnicas de salto en tijera o rodillo ventral.

Fosbury, a pesar de no ser el atleta más alto, fuerte o rápido, fue un hombre insatisfecho con las técnicas convencionales, lo que lo llevó a experimentar con su propio estilo desde los 16 años. Durante su tiempo en la Universidad Estatal de Oregón, ganó el título de la NCAA y clasificó para las Olimpiadas. En los Juegos Olímpicos de México de 1968, alcanzó la medalla de oro y estableció un nuevo récord olímpico al saltar 2,24 metros, demostrando el potencial de su innovadora técnica. A pesar de que su entrenador le advirtió que saltar de espaldas podría ser peligroso, Fosbury se arriesgó y demostró que, con coraje y determinación, los límites pueden ser superados.

Este ejemplo muestra que no siempre es necesario ser el más fuerte o el más rápido para alcanzar el éxito. La valentía de romper con lo tradicional y arriesgarse a probar algo nuevo puede llevar a logros extraordinarios.

Es curioso cómo el diccionario define "*riesgo*" solo en términos negativos: como la posibilidad de pérdida o fracaso. No se menciona el éxito, la realización o la satisfacción que pueden surgir al enfrentarnos al riesgo. Esta visión de riesgo como algo exclusivamente peligroso o dañino y relacionada al fracaso nos lleva a pensar que solo estamos expuestos a perder o fallar.

Según el diccionario, el riesgo es simplemente "contingencia o proximidad de un daño, o estar expuesto a perderse, entre otras desgracias". Es decir, nos pinta el riesgo como un camino hacia el daño o el fracaso. Ante esta visión, ¿quién se arriesga?

Sin embargo, **es precisamente el miedo a perder lo que nos paraliza y nos impide avanzar**. Al evitar el riesgo, evitamos la posibilidad de innovación, de crecimiento personal y de mejorar nuestras circunstancias. En lugar de quedarnos atrapados por el miedo al fracaso, **debemos recordar que el riesgo también puede ser el camino hacia grandes logros**, nuevos descubrimientos y, sobre todo, hacia el cumplimiento de nuestros sueños.

EL RIESGO ES NO ARRIESGARSE

En muchas ocasiones, quienes se atreven a tomar riesgos y a apostar por un cambio radical en su vida son catalogados como "locos". Sin embargo, *el verdadero coraje no reside en la ausencia de miedo, sino en reconocer que lo que está en juego merece la pena.*

El coraje no se trata simplemente de ignorar el temor,

sino de ser conscientes de que algo en nuestra vida tiene el poder de transformarnos. Este coraje se convierte en la fuerza que nos impulsa a movernos hacia adelante, motivados por un propósito profundo, el cual podría ser una visión de cambio, crecimiento personal o la creación de nuevas realidades.

Cuando actuamos con coraje, nos enfrentamos a miedos internos y externos, nos arriesgamos a lo desconocido, pero, independientemente del resultado, el verdadero valor está en el proceso. Al final, el coraje nos lleva a una transformación. Incluso si no alcanzamos el éxito inmediato o si el camino resulta ser doloroso, *cada experiencia se convierte en una lección invaluable*, que nos da una nueva perspectiva de la vida y nos permite evolucionar como personas.

La verdadera pérdida no radica en arriesgarse, sino en permanecer paralizados por el miedo. La ausencia de acción, el no tomar esos pasos hacia lo incierto, es lo que realmente nos limita. Porque, aunque el camino pueda ser difícil o lleno de incertidumbres, el verdadero riesgo es no haberse arriesgado en primer lugar.

Nuestros anhelos y el coraje siempre van de la mano. El anhelo es el inicio, la semilla, la potencialidad; mientras que el coraje es la acción, la transformación y la materialización de esas ideas. En este proceso, el coraje no solo da forma a nuestros sueños, sino que también nos lleva a un desarrollo tanto espiritual como real. Este desarrollo alimenta nuevos anhelos, creando una espiral de crecimiento que, con el tiempo, se vuelve más sutil y menos densa.

La interacción entre anhelo y coraje es lo que realmente transforma nuestras vidas y las de quienes nos rodean.

Esta danza es la base sobre la que se construye una vida plena y significativa. Gracias a ella, lo que alguna vez fue una utopía en el pasado, se convierte en una realidad tangible en el presente. Y, con suerte, nuestras utopías de hoy, quizás, se convertirán en las realidades de mañana.

LA AUSENCIA DEL CORAJE CREA LA DIFICULTAD

Como dijo Lucio Séneca, *"No es que no hagamos las cosas porque sean difíciles, más bien las hacemos difíciles porque no nos atrevemos".*

La ausencia de coraje genera una falsa dificultad en nuestra vida. A menudo nos enfrentamos a retos y situaciones que parecen inalcanzables solo porque el miedo nos paraliza.

Este simple pero profundo pensamiento nos invita a reflexionar sobre cómo nuestra falta de valentía, muchas veces, es la que crea barreras que, en realidad, no existen. En nuestra mente, las situaciones se magnifican, se vuelven montañas imponentes, cuando, en realidad, son solo pequeños obstáculos que podemos superar si nos damos la oportunidad de actuar.

Elisabeth Kübler-Ross, reconocida por su trabajo con pacientes terminales realizó una serie de entrevistas a personas al final de su vida, preguntándoles:

"¿Qué harían diferente si tuvieran otra oportunidad?"

La respuesta común de casi todos los pacientes fue clara:

"Me hubiera arriesgado más".

Este es un claro testimonio de cómo, cuando nos acercamos al final de nuestros días, lo que más nos pesa no son los fracasos o los errores, sino las oportunidades que no tomamos por miedo o inseguridad.

El razonamiento detrás de esta respuesta es revelador.

Muchos se arrepienten de no haber dicho lo que pensaban, de no haber mostrado su afecto, de no haberse lanzado a vivir su vida sin las ataduras del miedo. Estas pequeñas decisiones no tomadas parecen insignificantes cuando se enfrentan a la realidad de la muerte.

"La muerte es algo que no decido yo, la vida me empuja a ello; y ahora, frente a ella, me doy cuenta que todas esas circunstancias que antes me parecían un reto terrible, son una nimiedad comparada con el hecho de que me muero y ya no hay vuelta atrás."

Este testimonio, tan común entre las personas que están en sus últimos días, nos invita a reflexionar sobre lo que estamos eligiendo no hacer hoy por miedo, por falta de coraje. Nos demuestra que los temores y barreras que nos hemos creado a lo largo de la vida son, en su mayoría, ilusiones.

La vida es una gran oportunidad de arriesgarnos, de aprender, de crecer, de compartir y de amar.

La falta de coraje nos mantiene estancados, mientras que el simple acto de atrevernos nos libera, nos permite avanzar y transformar nuestras circunstancias.

El coraje es el puente que nos permite atravesar nuestras dificultades. Si no nos arriesgamos, lo que tememos se magnifica en nuestra mente, convirtiéndose en un monstruo difícil de vencer. Sin embargo, cuando nos enfrentamos a esos miedos, descubrimos que no son tan grandes como pensábamos, y el paso que temíamos dar resulta ser el más significativo.

A menudo, lo que creemos que es inalcanzable se convierte en una simple oportunidad de crecimiento una vez que nos decidimos a actuar. El coraje, fundamentado en el amor por lo que hacemos, nos permite superar obstáculos.

¿Y si no lo logramos?...

Pues, si no logramos el resultado que esperábamos, el proceso de intentarlo siempre nos dejará enseñanzas valiosas y, tal vez, ese mismo proceso de intentarlo abrirá nuevas puertas inesperadas en nuestro camino de vida que ni siquiera nosotros habríamos imaginado.

Al final, es más importante preguntarse:

¿Y si sí? ¿Y si lo logras?

Recuerda:

"El verdadero coraje no reside solo en alcanzar la meta, sino en atrevernos a dar el primer paso. Porque, al final, lo que realmente importa no es el resultado, sino la transformación que experimentamos al atrevernos a enfrentar lo imposible."

LA FUERZA FISICA

Los hombres, por naturaleza, somos más fuertes que las mujeres, y tenemos el potencial de desarrollar más masa muscular. No es un tema de superioridad, sino de biología, y es una ventaja que debemos reconocer y aprovechar.

En un entorno hostil, la fuerza física es crucial. No creas que en la sociedad moderna esta deja de tener valor. Aunque el concepto de "fuerza" se haya vuelto más abstracto y metafórico, sigue siendo una herramienta poderosa y esencial. La fuerza no solo se mide en los músculos, sino también en lo que eres capaz de lograr.

No podemos ir en contra de nuestra naturaleza. Un hombre fuerte, tanto física como mentalmente, siempre tendrá un atractivo superior al de un hombre débil. La fuerza te da esa confianza inquebrantable, esa sensación de que has conquistado algo grande. Ser fuerte no solo es una cuestión de apariencia, es sentirte seguro de ti mismo, de tu cuerpo y de tu capacidad para afrontar lo que venga.

Y esa energía no pasa desapercibida. La fuerza se nota. No solo atraerás la mirada de las mujeres, sino que las puertas en tu vida se abrirán. El hombre fuerte, disciplinado y decidido tiene una ventaja en el mundo profesional. Las personas en forma tienen mayores posibilidades de destacar en una entrevista de trabajo, de negociar un contrato importante o de expandir su negocio. Aunque algunos digan que hoy la fuerza ya no importa, la realidad es que sigue siendo un pilar fundamental de lo masculino.

"Como eres por dentro, serás por fuera". Y no podría estar más de acuerdo. Un hombre fuerte físicamente suele ser igualmente fuerte mentalmente. ***La fuerza no es solo músculo, es disciplina. Es autocontrol.*** Es la capacidad de mantener la cabeza en alto cuando la vida te golpea, de seguir adelante a pesar de las adversidades. Eso es lo que realmente significa ser fuerte de mente y espíritu.

¿CÓMO CULTIVAR LA FUERZA?

En la sociedad moderna, parece que el camino hacia la fuerza se ha vuelto más difuso. Ya no necesitamos salir a cazar para sobrevivir ni cargar con el peso de un mamut para ganarnos el pan. Sin embargo, esa misma comodidad nos ha alejado de una de las virtudes masculinas más fundamentales: **la fuerza**.

Hoy en día, la mayoría de los hombres jóvenes están fuera de forma, perdiéndose de una de las cualidades que deberían ser su sello de identidad.

Es hora de cambiar eso. Es hora de retomar lo que nunca debimos haber dejado atrás.

Así que, ¿cómo cultivamos esa fuerza en los tiempos actuales?

La **calistenia** es una de las formas más accesibles y eficaces de construir no solo fuerza, sino también un cuerpo que refleje esa disciplina. ¿Lo mejor? No necesitas mucho equipo. Solo el peso de tu propio cuerpo. Un parque con barras para dominadas es más que suficiente para empezar.

Si no tienes tiempo para salir o prefieres entrenar en casa, no te preocupes. Una barra para dominadas es todo lo que necesitas para comenzar a darle con todo.

Los ejercicios clásicos son los pilares: **dominadas, lagartijas, sentadillas y fondos.** Estos movimientos fundamentales tienen infinidad de variantes que harán el entrenamiento aún más desafiante y, por supuesto, más divertido.

Si eres constante y **entrenas entre 3 y 5 veces a la semana**, en poco tiempo verás resultados sorprendentes. Te sorprenderá lo lejos que puedes llegar si dejas de ponerte excusas.

Así que no lo pienses más y deja de poner excusas. Ponte a entrenar, el momento de empezar es ahora.

Levantamiento de pesas.

Levantar pesas no es solo una forma de ganar músculo; es una manera de forjar tu carácter. El proceso de levantar objetos pesados tiene el poder de transformarte, dándote no solo fuerza, sino una resistencia mental que pocos desarrollan.

Hay muchas maneras de levantar pesas. Desde disciplinas como el powerlifting, la halterofilia y el strongman, cada una de ellas tiene su enfoque, pero aquí nos vamos a concentrar en cómo desarrollar fuerza y músculo, algo que ya estás empezando a comprender con lo que hemos hablado antes.

El gimnasio, las pesas, pueden darte un físico impresionante. Sin embargo, este tema es vasto, y no podemos profundizar en todo lo que involucra. Pero te dejaré con algunas pautas fundamentales para que empieces a esculpir el cuerpo de un verdadero hombre.

Aunque el equipo es necesario, lo bueno es que hay muchas opciones y no necesitas complicarte. Nos enfocaremos en ejercicios básicos con barra libre y mancuernas.

Si eres principiante, con 3 o 4 entrenamientos a la semana haciendo rutinas de cuerpo completo puedes desarrollar una base sólida y un cuerpo que hable por sí mismo. Pero ¿cómo estructuramos los ejercicios? Simple. Haz ejercicios de empuje, tracción y para piernas.

Empuje: Press de banca y press militar. Puedes hacerlos con barra o mancuernas, y te van a ayudar a desarrollar un pecho fuerte y unos hombros anchos, esenciales para cualquier hombre.

Tracción: Remos. Al igual que los ejercicios de empuje, puedes hacerlo con barra o mancuernas. Este ejercicio fortalecerá tu espalda, algo vital para tu postura y presencia.

Piernas: Sentadillas, desplantes y hip thrust para los glúteos. Estas son las bases para unas piernas poderosas que te dan estabilidad y control sobre tu cuerpo. Además, en los puedes pedir ayuda a algún entrenador, ver videos de Youtube y empezar con poco peso, se trata más de técnica que de peso, mejora tu técnica y luego aumenta el peso progresivamente de esta manera evitarás lesiones.

Incorpora estos movimientos en tus rutinas. Un ejemplo sería combinar un ejercicio de empuje, otro de tracción y uno de piernas en una sesión si estas comenzando. Esto es básico, pero funciona. Y, recuerda, este libro no es sobre rutinas de fitness, sino sobre **El Camino de un**

Hombre. El enfoque aquí es más profundo que simples ejercicios. Es sobre lo que construyes dentro de ti.

Una recomendación personal: mezcla la calistenia con los ejercicios con pesas. Me gusta incorporar dominadas y fondos con lastre, lo que añade un extra de dificultad y potencia a tu entrenamiento. Combinando fuerza con resistencia, te aseguras de desarrollar tanto el cuerpo como la mente.

Ser fuerte físicamente es uno de los pilares de la masculinidad. Forjar tu cuerpo es una de las primeras decisiones que debes tomar para transformar tu vida y tu masculinidad.

"Un hombre fuerte no solo es más masculino, sino que, además, es más valioso para la manada."

Coraje y Fuerza... Son las virtudes que debes forjar en tu vida como hombre.

Hazlo con determinación.

TODO HOMBRE DEBERÍA LEVANTAR PESAS

A menos que haya circunstancias excepcionales, creo firmemente que *todo hombre debería levantar pesas.* Las razones son muchas, pero todas giran en torno a un solo concepto fundamental: fortalecimiento.

La grandeza se basa en dos pilares esenciales: fuerza y excelencia. Y no hay mejor hábito que el entrenamiento de fuerza para desarrollar ambos. Levantar pesas no es solo un ejercicio físico; es el camino directo hacia la verdadera grandeza. Es la razón principal por la que todo hombre debería incorporar las pesas en su vida, aunque no sea la única.

Un hombre débil no puede considerarse a sí mismo como un ser excelente, pleno, ni mucho menos como un líder. Ser fuerte es un requisito indispensable para aspirar a esos roles de gran impacto, aquellos que todo hombre orgulloso de sí mismo desea alcanzar. La verdadera felicidad viene de ser capaz de liderar, de ser fuerte, respetado y de ser completo en todas las áreas de la vida.

Es imperativo que el fortalecimiento, comenzando por lo físico, sea una de tus prioridades más altas. Y no solo porque esto te transformará de muchas maneras, tanto física como mentalmente. *Levantar pesas no solo te hará más fuerte, también te hará más sano, más resistente y más atractivo.* Optimizar tu cuerpo no es solo un acto de superación personal, es un paso hacia un estilo de vida más saludable y dominante.

Recomposición corporal

La razón más obvia por la que todo hombre debería levantar pesas es la recomposición corporal. Esta es, sin duda, una de las mayores ventajas de incorporar el levantamiento de pesas a tu rutina. De hecho, junto con la calidad del sueño, considero que este tipo de ejercicio es uno de los determinantes más importantes para la salud y la composición corporal de un hombre.

Claro, una dieta saludable es crucial, pero por más perfecta que sea, no cambiará drásticamente tu composición corporal si no la complementas con ejercicio. La única forma de lograr una transformación real en tu cuerpo es a través del entrenamiento de fuerza bien estructurado.

Cuando te comprometes a levantar pesas de manera regular, puedes estar seguro de que estás optimizando tu cuerpo, sin importar cuán estricta sea tu dieta o qué tan perfecto sea tu estilo de vida. La regla es sencilla: no hay manera de fallar. Si estás en déficit calórico, mantendrás (o incluso ganarás) músculo. Si estás en un balance o superávit calórico, ganarás músculo con casi total seguridad. Incluso si vives una vida desordenada, con fiestas y malas decisiones (lo cual, por supuesto, no recomiendo), al menos podrás mantener la mayor cantidad de músculo posible.

Levantar pesas siempre será un ganar-ganar. No importa tu dieta, estilo de vida o edad. De hecho, uno de tus objetivos principales debería ser nunca dejar de hacerlo, hasta que, por cuestiones físicas, que solo sucederían después de los 80 años, se vuelva físicamente imposible. Y, en ese caso, la relevancia de todo esto ya perderá importancia.

Irónicamente, levantar pesas con regularidad es una de las mejores formas de asegurarte de que llegarás a esa edad con buena salud. La conclusión es clara: *todo hombre debe levantar pesas porque no existe mejor hábito para garantizar que maximices la calidad de tu composición corporal.*

Por supuesto, si sigues una dieta perfecta, duermes bien y te cuidas de las toxinas, potenciarás aún más los efectos del entrenamiento. Pero sin levantar pesas, tus esfuerzos en masa muscular, incluso si consumes proteína adecuada, no se verán reflejados. Cuando se trata de optimización corporal, el entrenamiento de fuerza es la base fundamental.

Fortalecimiento mental

La segunda razón crucial por la que todo hombre debería levantar pesas tiene que ver con algo fundamental: el fortalecimiento mental. Cada vez que te enfrentas al peso, no solo trabajas tu cuerpo, sino también tu mente.

Claro, el entrenamiento de fuerza no es la única forma de fortalecer la mente, pero es la más directa, accesible y efectiva.

Lo he dicho muchas veces, y lo repetiré:

"Todo hombre que ha forjado su cuerpo con esfuerzo y disciplina recibe mi respeto, no por el físico en sí, sino porque entiendo la disciplina y la mentalidad que requiere llegar allí".

Aunque algunos puedan encontrar más fácil que otros alcanzar el cuerpo ideal, lo que realmente se valora es la ética de trabajo constante que se aplica, ya sea en el gimnasio o en la cocina.

Cuando sientes que ya no puedes más, cuando las ganas de abandonar te invaden, pero aun así sigues empujando, estás entrenando tu mente tanto como tu cuerpo. Estás practicando lo que en filosofía se llama *"mente sobre materia"*, lo cual es la esencia de la grandeza.

El entrenamiento físico a menudo se categoriza, especialmente en círculos "intelectuales" o "espirituales", como algo superficial o trivial. Nada podría estar más lejos de la realidad. En lo personal, no he encontrado ninguna práctica más profunda y "espiritual" que un entrenamiento de fuerza intenso. Solo las largas caminatas podrían competir con esta sensación de meditación activa.

El entrenamiento de fuerza es una batalla contigo mismo, donde solo tu determinación y tu capacidad de superar el dolor, entendiendo el propósito detrás de cada repetición, te permitirán superar la serie. Y, como verás, son las últimas repeticiones, las que te acercan al fallo, las que realmente cuentan. Las primeras son solo para llegar allí. Si no puedes llegar a este punto, mejor ni lo intentes. De lo contrario, cada serie será una pérdida de tiempo.

Cuando entrenas con esta mentalidad, te das cuenta de que el entrenamiento físico no tiene nada de superficial. Tu objetivo no debe ser un intelectual escuálido ni un hombre fuerte pero vacío de pensamiento.

Tu meta debe ser ambos. *¡Fuerte e intelectual!*

Un hombre del intelecto y la guerra. Un rey filósofo, un guerrero moderno.

Y es por esto que el fortalecimiento físico es, sin duda, la razón más poderosa por la que todo hombre debe levantar pesas.

Fortalecimiento físico

He dejado el fortalecimiento físico al final porque, aunque es indudablemente importante, considero que es el aspecto menos relevante en comparación con otras razones por las que todo hombre debe levantar pesas. En la era que se avecina, donde la tecnología avanza a pasos agigantados, la fuerza física dejará de ser tan crucial en la sociedad, al menos en términos prácticos, fuera del atractivo sexual.

Claro, en tiempos pasados, la regla de *"la supervivencia del más fuerte"* era más que válida, porque nuestra supervivencia dependía directamente de nuestra capacidad de ser físicamente fuertes. Hoy en día, el conflicto cuerpo a cuerpo o la caza de animales no son cosas que formen parte de nuestra vida cotidiana, y, por tanto, la fuerza física ya no es tan indispensable.

Además, las tareas que antes requerían fuerza física, como levantar objetos pesados, pronto podrán ser realizadas por máquinas, robots o tecnologías que harán desaparecer el riesgo y el esfuerzo físico que solían implicar. Esto nos lleva a la conclusión de que, en el futuro, la necesidad de fuerza física disminuirá considerablemente. Sin embargo, y a pesar de todo esto, **la fuerza física nunca estará de más.** La razón por la que seguir levantando pesas es crucial, incluso en este nuevo contexto, es que el entrenamiento de fuerza no solo desarrolla músculo, sino que también fortalece todo el sistema corporal.

Más allá de lo que es puramente muscular, el entrenamiento de fuerza tiene beneficios profundos en múltiples áreas de nuestra fisiología. *Levantar pesas fortalece el sistema inmunológico, mejora la salud cardiovascular, optimiza el metabolismo y favorece la longevidad.* También *aumenta nuestra capacidad para resistir el estrés, mantiene un equilibrio hormonal saludable y mejora nuestro bienestar general.*

Por todo esto, el entrenamiento de fuerza sigue siendo vital, incluso en una era donde la necesidad de fuerza física en su forma más básica se ha reducido. El levantamiento de pesas no solo transforma tu cuerpo, sino que también asegura que tu mente y tu salud general estén preparadas para lo que venga.

Con esto claro, ahora pasemos a cómo ejecutar este entrenamiento de manera eficaz.

CÓMO HACERLO MEJOR

"Si vas a hacer algo, hazlo bien o no lo hagas en absoluto".

Este principio es aún más crucial cuando hablamos de levantamiento de pesas. Cada vez que te enfrentas a los pesos, estás yendo a la guerra contigo mismo, eligiendo la satisfacción a largo plazo sobre la gratificación momentánea. Estás poniendo tu mente por encima de la materia, y esa filosofía es la que te llevará al siguiente nivel.

Entrenar intensamente es la única forma de hacerlo bien. Si no lo haces con la suficiente intensidad, estás desperdiciando tu tiempo. No solo estás perdiendo una oportunidad para progresar, sino que no estás aprovechando al máximo lo que el levantamiento de pesas puede ofrecerte.

Ahora, ¿cómo asegurarte de que estás entrenando correctamente? La clave está en seguir 4 reglas simples, pero poderosas, que guiarán tu entrenamiento hacia la efectividad y eficiencia:

1 Basado en ejercicios compuestos: Estos movimientos trabajan varios músculos a la vez y son la base de cualquier entrenamiento efectivo. Son los ejercicios que realmente te harán ganar fuerza y masa muscular.

2 Entrena hasta el fallo muscular: Cada serie debe llevarte al límite, al menos una o dos repeticiones antes del fallo completo. Esto es lo que realmente desafía a tu cuerpo y genera crecimiento.

3 No entrenes el mismo grupo muscular dos días seguidos: El músculo crece mientras descansa. Si no le das tiempo para recuperarse, simplemente no avanzarás.

4 Entrena cada grupo muscular al menos una vez a la semana: No se trata de entrenar todos los días, pero sí de asegurarte de que cada grupo muscular tenga al menos una sesión dedicada a la semana para maximizar su desarrollo.

En cuanto al primer punto, la solución es simple: selecciona 2 a 4 ejercicios compuestos enfocados en el grupo muscular que quieres trabajar. Estos movimientos son los que realmente te harán crecer y aumentar tu fuerza.

Para el segundo punto, debes entender que solo las

últimas 1 o 2 repeticiones cercanas al fallo son las que realmente cuentan. Si no llegas a ese punto, no estás enviando el estímulo necesario a tus músculos. En otras palabras, el verdadero trabajo comienza cuando ya sientes que no puedes más, porque solo entonces estás activando el crecimiento muscular que buscas. Un entrenamiento bien diseñado siempre está basado en la intensidad y en esos ejercicios compuestos que realmente desafían tu cuerpo.

Finalmente, los otros dos puntos se enfocan en algo crucial: proporción entre estímulo y recuperación.

La masa muscular crece en el proceso de recuperación, no durante la sesión de entrenamiento. Durante el levantamiento de pesas, lo que sucede es que los músculos se dañan. El verdadero trabajo ocurre después, cuando tu cuerpo tiene el tiempo necesario para repararlos y adaptarse al daño causado. Por eso, dormir bien es esencial; es durante el sueño cuando tu cuerpo realiza la mayor parte de su recuperación y reparación, lo que juega un papel clave en la recomposición corporal.

Por otro lado, el estímulo muscular necesita una cierta periodicidad. Si entrenas cada grupo muscular cada 2 o 4 semanas, por ejemplo, perderás la adaptación adquirida entre entrenamientos. El resultado será un ciclo constante de ganar y perder músculo, lo cual te impedirá avanzar de manera sólida. El viejo dicho *"si no lo usas, lo pierdes"* aplica perfectamente aquí: sin entrenamiento constante, los músculos se desadaptan y no progresan.

Si sigues estos 4 principios, puedes estar tranquilo sabiendo que estás maximizando cada sesión de entrenamiento, haciendo el mayor trabajo en el menor tiempo posible. Estás aplicando la proporción adecuada de estímulo para ganar masa muscular, sin sobrepasar los límites de recuperación de tu cuerpo.

Mi recomendación es encontrar un equilibrio, no caer en los extremos. Esto te permitirá mantener una rutina constante y efectiva durante todo el proceso de recomposición corporal, sin tener que hacer ajustes drásticos en cada fase.

En cuanto a los números, la clave está en entrenar de 3 a 4 veces por semana, trabajando cada grupo muscular 1 o 2 veces a la semana. Lo ideal es entrenar dos veces por semana cada grupo muscular, pero no es estrictamente necesario. Cada sesión debe incluir de 2 a 4 ejercicios compuestos, con 1 o 2 ejercicios adicionales de aislamiento, aunque estos son opcionales.

Donde caigas dentro de estos rangos dependerá de tu preferencia personal y la cantidad de tiempo que tengas disponible para entrenar. En cuanto al número de repeticiones, 4 a 12 repeticiones es el rango más efectivo. En los ejercicios compuestos, opta por el extremo inferior (4-8 repeticiones), y en los ejercicios auxiliares o de aislamiento, busca el rango superior (8-12 repeticiones).

Sin embargo, lo más importante es la calidad de la ejecución. Puedes usar cualquier rango de repeticiones, siempre y cuando sigas la regla número dos: realiza 1-2 repeticiones hasta el fallo muscular. Sin esto, no estarás estimulando adecuadamente el crecimiento muscular.

Recuerda, la técnica es crucial. Pocos ejercicios son peligrosos por sí mismos, pero todos pueden convertirse en una amenaza si no se ejecutan correctamente, especialmente si tu postura, respiración o forma son malas. Si tienes dudas sobre cómo realizar un ejercicio, hay toneladas de tutoriales disponibles en línea. Nunca sacrifiques la forma por levantar más peso.

En resumen, todo hombre debería levantar pesas porque, si lo haces bien, te garantiza grandes beneficios y nada que perder. Es el primer paso sencillo hacia **una mejor salud, mayor rendimiento y, sobre todo, gran confianza.**

Recuerda que ser un hombre fuerte no solo se trata de levantar pesas, sino de elevarte a ti mismo en todos los aspectos de tu vida.

La verdadera fuerza nace del sacrificio, la disciplina y la capacidad de superar los momentos difíciles. Cada repetición, cada esfuerzo, es una oportunidad para demostrarle al mundo y a ti mismo que eres capaz de más.

Este viaje hacia la grandeza no es fácil, pero es precisamente lo que *te forjará como el **hombre** que estás destinado a ser*.

Elige la fuerza, elige la acción, y recuerda: **el verdadero poder reside en quienes no se rinden**.

¡Levántate, lucha y forja tu camino como hombre!

Liderazgo & Maestría

Ser un líder no se reduce simplemente a dar órdenes, tener carisma o persuadir a los demás. Aunque esas cualidades pueden jugar un papel en el liderazgo, ser un verdadero líder va mucho más allá de las percepciones superficiales. Si realizamos una encuesta sobre lo que significa ser un líder, probablemente escucharíamos respuestas como:

- Una persona que manda sobre los demás.
- Una persona con mucha influencia o carisma.
- Alguien capaz de convencer a otros para que lo sigan.
- Una figura reverenciada por su posición.

Pero ser un líder real no es solo tener estas características. Un líder genuino es mucho más que la imagen que proyecta. Para nosotros, un líder verdadero es aquel que se convierte en referente para su equipo, un hombre que lidera, por ejemplo, que dirige con propósito y que ha logrado el respeto de quienes lo siguen por sus acciones y decisiones.

¿Y por qué creemos que la clave está en ser un "*referente*"? Porque un líder no solo dirige, sino que muestra el camino a seguir. La palabra "*referente*" implica respeto ganado, no por la fuerza o el miedo, sino por la integridad de su carácter y sus resultados.

El buen líder no es solo aquel que tiene conocimientos. Es quien sabe comunicar esos conocimientos con claridad, quien sabe cuándo hablar y cuándo escuchar. El líder no es solo un tomador de decisiones, es el que sabe tomar decisiones difíciles cuando más se necesita. El líder es el que maneja una crisis con calma y valentía, demostrando que está en control de la situación, y apoyando siempre a su equipo con empatía y entendimiento.

Un buen líder nunca se siente superior a los demás, ni busca ser un ejemplo inalcanzable. Su maestría radica en su capacidad de inspirar a otros a seguir su camino, de guiarlos hacia el éxito y de hacer crecer a los miembros de su equipo, ayudándoles a alcanzar su propio potencial.

Ser un líder implica más que tener la capacidad de comandar. Es ser el pilar en el que los demás se apoyan cuando todo parece difícil, es el hombre que toma la iniciativa y demuestra con hechos que puede ser confiable y fuerte en los momentos más críticos.

LAS CARACTERÍSTICAS QUE DEFINEN A UN BUEN LÍDER

Ser un buen líder no significa simplemente mandar, ni ser el más carismático. Un verdadero líder debe reunir una serie de características que lo conviertan en un referente para su grupo. No se trata solo de tomar decisiones, sino de cómo esas decisiones se reflejan en la vida del equipo y cómo se lleva a cabo el proceso para lograr el objetivo común.

Aquí te dejamos las 13 características esenciales que un líder debe poseer:

Confianza en sí mismo: La autoconfianza es esencial. Un líder debe ser capaz de tomar decisiones difíciles y asumir la responsabilidad de esas decisiones, sin titubear ni dudar de su capacidad para guiarlas.

Capacidad para tomar decisiones: Un líder debe tomar

decisiones con criterio, no de manera impulsiva o arbitraria. Estas deben ser pensadas y respetadas por el grupo, reflejando la madurez de quien las toma.

Comunicativo: Un buen líder nunca se aísla. Debe ser capaz de escuchar a su equipo, entender sus necesidades y comunicar sus ideas claramente para mantener la motivación y el rumbo en todo momento.

Autocontrol emocional: La capacidad de mantener la calma bajo presión es crucial. Los momentos de crisis requieren de un líder que no pierda el control y que sea capaz de tomar las riendas con estabilidad y serenidad.

Trabajar más que los demás: Un líder debe predicar con el ejemplo. No debe ser el que da órdenes desde un pedestal, sino el primero en trabajar, el que está dispuesto a sumarse al esfuerzo de su equipo.

Planificación y organización: La capacidad de organizar un plan efectivo y coordinar el trabajo del equipo es fundamental. Un buen líder debe tener una visión global de lo que está sucediendo en su grupo y saber cómo gestionar cada parte de ese proceso.

Carisma: Aunque no es lo único, el carisma juega un papel importante. La capacidad de inspirar y motivar a los demás mediante una actitud positiva y atractiva es algo que un líder debe cultivar.

Agradable y educado: Un líder debe ser capaz de relacionarse con todos los miembros de su grupo de manera fluida, mostrando siempre cortesía y empatía. No solo se trata de ser una figura autoritaria, sino también de ser accesible y cálido, capaz de generar un ambiente de respeto y confianza. Un líder agradable inspira un sentido de pertenencia, motivando a su equipo a seguir su ejemplo.

Empático: La empatía es crucial para que un líder pueda conectarse verdaderamente con las personas que lo rodean. Al comprender los pensamientos y sentimientos de su equipo, el líder puede identificar cómo motivar a cada miembro de manera individual, generar confianza y apoyarlos en sus necesidades y desafíos. La empatía permite sacar lo mejor de cada integrante del grupo.

Cooperativo: Un líder nunca debe alejarse de su equipo, sino estar dispuesto a colaborar y contribuir de la misma manera que lo haría cualquiera en el grupo. Un líder cooperativo demuestra que está dispuesto a hacer su parte y liderar con el ejemplo, participando activamente en las tareas, enfrentando los mismos desafíos y trabajando junto a los demás en cualquier momento.

Justo: La justicia es fundamental para que un líder sea respetado. Las decisiones del líder deben estar basadas en el sentido común, la equidad y el buen juicio. La capacidad de ser imparcial, evaluar las situaciones objetivamente y asegurarse de que todos tengan las mismas oportunidades y trato es esencial para crear un ambiente donde todos se sientan valorados.

Responsable: Un líder se distingue por asumir la responsabilidad de sus decisiones y las consecuencias que puedan derivarse de ellas. Esto implica que el líder se haga cargo de los errores y también de los éxitos, sin desviar la responsabilidad hacia otros.

Optimista: La actitud positiva es el motor que mantiene en movimiento a un equipo. Un líder optimista, que sabe mantener la moral alta en tiempos difíciles, tiene el poder de inspirar esperanza y motivación en su equipo. La habilidad de un líder para mantener una visión positiva y contagiarla es clave para mantener la productividad y la cohesión del grupo, incluso frente a la adversidad.

En resumen, un buen líder no es solo quien da órdenes o toma decisiones; *es alguien capaz de generar relaciones profundas, mantener un ambiente justo y equilibrado, y saber cómo motivar y guiar a su equipo hacia el éxito.*

EJEMPLOS DE CÓMO SER UN BUEN LÍDER

A través de la historia y la sociedad actual, han emergido figuras de liderazgo que han cambiado el curso de eventos importantes. Estas personas no solo lideraron con visión y acción, sino también con un profundo sentido de empatía, ética y compromiso. A continuación, exploramos algunos ejemplos notables que sirven como modelos de cómo ser un buen líder:

Nelson Mandela. Un líder que se distinguió por su perseverancia y su capacidad para perdonar. A pesar de haber estado encarcelado durante 27 años, Mandela emergió como el primer presidente negro de Sudáfrica y se convirtió en un símbolo mundial de lucha por los derechos humanos. Su capacidad para perdonar a quienes lo encarcelaron y su lucha pacífica contra el Apartheid son una prueba de su excepcional liderazgo.

Mahatma Gandhi. Un líder cuya mayor fortaleza radicaba en su firme creencia en la no violencia. Gandhi llevó a cabo una revolución pacífica contra la colonización británica en la India, demostrando que el poder de la resistencia pacífica puede superar incluso los regímenes más opresivos. Su habilidad para movilizar a millones de personas a través de la calma y la determinación sigue siendo un ejemplo para todos los líderes hoy en día.

Martin Luther King. El sueño de Martin Luther King sigue vivo en la lucha por la igualdad de derechos en el mundo. Su capacidad para movilizar y unir a la gente a través de la palabra, en lugar de la violencia, le permitió generar una profunda influencia en la sociedad estadounidense y mundial. Su famoso discurso *"Tengo un sueño"* sigue siendo un ejemplo de liderazgo transformador que desafió las normas y luchó por la justicia.

Steve Jobs. Aunque conocido principalmente por sus logros en el mundo empresarial, Steve Jobs encarnó un tipo diferente de liderazgo: *el visionario*. Su enfoque audaz, su incansable dedicación al detalle y su capacidad para imaginar un futuro en el que la tecnología podía mejorar la vida humana lo hicieron un líder influyente. A través de su enfoque radical en la innovación, Jobs no solo creó productos que cambiaron el mundo, sino que inspiró a miles de emprendedores a pensar diferente.

Estos ejemplos muestran que el liderazgo no tiene una única forma, pero siempre involucra cualidades como *la perseverancia, la empatía, la toma de decisiones difíciles y la capacidad para inspirar a otros*.

Un buen líder tiene la capacidad de influir, no solo con acciones, sino también a través de sus valores, principios y visión.

CÓMO SER UN BUEN LÍDER
EMPRESARIAL Y SOCIAL

Este subtema se centra en los pasos prácticos para convertirte en un buen líder, tanto en el ámbito empresarial como en el social.

Para alcanzar la maestría en el liderazgo, hay ciertos principios y acciones que deben seguirse para lograr el respeto y la confianza de los demás. Aquí hay un resumen de los puntos clave para ser un líder ejemplar:

Empieza desde abajo: Gana el respeto y la comprensión de todos los niveles dentro de la empresa o el grupo. La experiencia directa de cada puesto fortalece tu capacidad para liderar y demuestra que has trabajado por lo que has conseguido.

Observa a quién te rodea: Aprender de los líderes a tu alrededor es esencial. Estudia a aquellos que destacan y toma lo mejor de ellos para aplicarlo a tu propio estilo de liderazgo.

Comparte tiempo con tus compañeros: Un líder no es solo alguien que dicta órdenes desde lejos. Es alguien que entiende a su equipo y se involucra en su desarrollo, tanto en el ámbito profesional como personal. Conocer a fondo a las personas que forman parte de tu equipo es vital.

Esfuérzate por ser mejor cada día: El liderazgo no es algo que se logra de la noche a la mañana, se forja con dedicación constante. El camino hacia ser un gran líder es un proceso de mejora continua.

No finjas ser quién no eres: La autenticidad es clave. El

liderazgo genuino se basa en ser tú mismo, sin tratar de emular a otros. Las personas valoran a los líderes que son auténticos y fieles a su propia esencia.

En resumen, un líder empresarial y social exitoso no nace, sino que se forma con esfuerzo y dedicación. Al adoptar estos cinco pasos, puedes forjarte como un líder que inspira y motiva a otros, ganando su respeto y confianza.

¡GANAR RESPETO!

Lo primero que debo decirte, y seguramente lo intuyes, es que *para que los demás te respeten, primero debes respetarte a ti mismo*. No puedes esperar que te traten con respeto si tú mismo no te lo das. Así que quiero proponerte algunas acciones que, sin duda, te ayudarán a ganar respeto de ti mismo y, como consecuencia, de los demás.

Para que los demás te respeten, también es fundamental que tú los respetes a ellos. *No podemos esperar que nos traten con respeto si nosotros no somos capaces de practicarlo con los demás*.

Un aspecto clave para ganar respeto es tener la capacidad de poner límites de manera adecuada, es decir, comunicar de forma clara y respetuosa cuando algo te molesta. Esto se llama asertividad.

La **asertividad** te permite expresar lo que te incomoda de manera clara, sin ofender a la otra persona. Si no lo haces de esta manera, puedes caer en dos extremos:

- Ser agresivo, lo que puede generar miedo, pero nunca respeto.

- Ser sumiso, cediendo siempre, lo cual puede hacer que los demás no te tomen en serio.

Para poder poner límites de manera efectiva, primero debes tener claro qué cosas no estás dispuesto a tolerar. Saber cuáles son tus principios y qué situaciones no estás dispuesto a permitir es el primer paso para hacerlo saber a los demás de una forma firme y respetuosa.

Aprende a decir NO.

Decir "no" es una habilidad importante para mantener el respeto hacia uno mismo. Cuando constantemente decimos "sí" a todo, incluso cuando no nos beneficia, estamos dando el mensaje de que nuestras necesidades y límites no son importantes. Es esencial aprender a poner límites claros para preservar nuestro tiempo y energía. Si no establecemos estas fronteras, las personas pueden aprovecharse de nuestra amabilidad, lo que disminuye el respeto hacia nosotros.

Habla bien de ti mismo.

Hablar positivamente de uno mismo es crucial para generar respeto. Esto no implica arrogancia o presumir, sino más bien tener seguridad en nuestras capacidades y logros. Cuando hablamos de nuestras cualidades, fortalezas y experiencias, proyectamos confianza. En una entrevista o cualquier situación, es mucho más efectivo decir, por ejemplo, *"Tengo experiencia en..."* o *"Me considero una persona competente en..."*, en lugar de mostrar dudas como *"No sé si soy capaz..."* Esta actitud demuestra autoconfianza y respeto propio, lo que inevitablemente se refleja en cómo los demás nos perciben y respetan.

No intentes complacer a todo el mundo.

Es fundamental ser amable y educado con los demás, y agradecer cuando corresponda, pero *ser amable no significa que tengas que complacer a todos en todo momento*. Si pasas tu tiempo tratando de agradar a todo el mundo, inevitablemente comenzarás a descuidarte a ti mismo, y estarás dejando de respetarte. Recuerda que el respeto propio es la base para que los demás también te respeten.

Cumple tus promesas.

La coherencia es clave en el camino hacia el respeto. *Si dices que vas a hacer algo, asegúrate de hacerlo.* No se trata de nunca cambiar de opinión (eso es imposible y es normal), sino de ser una persona coherente con tus palabras y tus acciones. Es importante que seas auténtico, independientemente del entorno o las personas con las que te encuentres. *Cumplir tus promesas y compromisos es una de las formas más efectivas de ganar respeto.*

Y si alguna vez no puedes cumplir con lo que has prometido, sé honesto. En lugar de inventar excusas, di la verdad. La sinceridad es siempre un valor que inspira respeto.

No te disculpes por todo.

Existen personas que están constantemente pidiendo perdón por todo, incluso por cosas que no son de su responsabilidad. Si deseas ganarte el respeto de los demás, es importante que evites este comportamiento.

Las disculpas deben ser sinceras y empleadas solo cuando realmente hayas cometido un error.

Cuando te disculpes, hazlo con la intención de asumir tu error de manera honesta, y esto, de hecho, te ayudará a ganar respeto. *No tengas miedo de admitir tus fallos cuando sea necesario*, ya que esa autenticidad es valiosa y se respeta.

Respeta tu tiempo.

Tu tiempo es valioso y es fundamental que lo respetes. Si quieres dedicar tiempo a lo que te gusta o a actividades que te benefician, asegúrate de protegerlo. *No pongas tu tiempo constantemente a disposición de los demás* sin una razón justa. Si haces saber a los demás que tu tiempo tiene valor y debe ser respetado, ellos lo harán también.

No te quedes callado.

Si alguna vez sientes que se te está tratando de manera injusta, no dudes en expresarlo. Guardarte lo que sientes solo hará que el respeto hacia ti disminuya. Hablar en el momento adecuado sobre lo que no te parece correcto es una excelente forma de mantener tu dignidad y de mostrar que te respetas a ti mismo.

Practica la escucha activa.

Es fundamental escuchar realmente lo que los demás dicen. A menudo estamos más enfocados en nuestras respuestas que en lo que nos están comunicando.

Practicar la escucha activa no solo te permite comprender mejor a los demás, sino que también muestra que valoras su opinión. Esto te hará ganar respeto y convertirte en alguien con quien la gente disfrute hablar.

Atrévete a opinar.

Expresar tu opinión es importante, pero hacerlo de manera respetuosa. *No necesitas estar de acuerdo con todo el mundo, y eso está bien.* Lo esencial es que tu opinión sea escuchada, pero también respetuosa con los demás. Esto te ayudará a fortalecer tu posición y a ser más auténtico.

Acepta los elogios con un simple "gracias".

Muchas veces tendemos a restar valor a los elogios, diciendo algo como *"No es para tanto"*, pero esto puede hacer que los demás piensen que no valoras tu propio trabajo. Recibe los elogios con humildad y agradecimiento. El simple *"gracias"* refleja confianza y respeto por ti mismo, y este comportamiento también será respetado por los demás.

Mantén la compostura.

Cuando las cosas se ponen tensas, no te dejes llevar por la impulsividad. La gente que actúa sin pensar se suele meter en problemas y pierde el respeto rápidamente. El control sobre tus reacciones es esencial; cada vez que cedes a la impulsividad, pierdes un poco de la imagen que has construido.

Y recuerda, tu postura dice más de ti que mil palabras. *El modo en que te paras, cómo te mueves, cómo te presentas ante los demás, tiene un impacto inmediato.* Si caminas con seguridad, erguido, firme y tranquilo, no solo te sentirás más poderoso, sino que los demás te verán como una persona a la que se respeta.

Todo lo que acabamos de mencionar tiene que ver con

algo fundamental: *el respeto hacia ti mismo.* Porque cuando te respetas, es cuando realmente empiezas a ganar el respeto de los demás.

Pero hay más. Si te mantienes humilde, en lugar de arrogante, reconoces que no lo sabes todo y que siempre hay algo que aprender de los demás. Si valoras el tiempo y esfuerzo de las personas que te rodean, si cumples con lo que prometes, eres puntual y, lo más importante, evitas el chisme, entonces serás un hombre digno de respeto en cualquier círculo.

MAESTRÍA

La maestría es el dominio total de una habilidad o conjunto de habilidades que son esenciales para tu grupo o tribu. Esta habilidad, combinada con el liderazgo, se convierte en una virtud indispensable para un hombre que busca ejercer un liderazgo real y respetado.

Aunque las mujeres también pueden alcanzar la maestría en muchas áreas y ser excelentes en su campo, lo que diferencia a los hombres es el motor que los impulsa. Para nosotros, el deseo de dominar una habilidad va más allá del perfeccionamiento personal; está ligado a un ascenso dentro de la jerarquía de la tribu o la sociedad. El hombre competitivo, impulsado por la testosterona, busca constantemente el liderazgo a través de su capacidad y destreza.

Es la competencia la que forja nuestra habilidad para sobresalir. Los hombres no solo competimos para ganar, sino para destacarnos y establecer nuestra posición. Esta competencia nos impulsa a convertirnos en expertos en un campo, algo que eleva nuestro estatus dentro del grupo y nos convierte en individuos más respetados.

La maestría, por ejemplo, no es solo para aquellos que tienen fuerza física. En el caso de un hombre que carezca de fuerza, la maestría puede ser su forma de compensar esa falta, otorgándole respeto y relevancia en su comunidad.

Demostrar tu habilidad no solo reafirma tu conocimiento, sino que también infunde respeto y credibilidad a lo que dices. *Un hombre que es realmente bueno en algo no solo gana admiración*; también inspira a otros a seguir su ejemplo, a aprender de él y a crecer bajo su guía.

En resumen, la maestría es una herramienta poderosa. No solo te posiciona como un experto en tu campo, sino que te da el poder de influir, enseñar y comandar respeto.

Porque un hombre que sabe lo que hace no necesita hablar demasiado; sus resultados hablarán por él.

Un ejemplo claro de cómo la maestría genera respeto lo podemos ver en el personaje de *Maverick*, de la película Top Gun: Maverick. Este hombre es reconocido como uno de los aviadores más destacados de la Armada.

En la película, Maverick se enfrenta a un reto impresionante: entrenar a un grupo de jóvenes pilotos para una misión que parece casi imposible. Las pruebas eran brutales, y muchos de los pilotos no lograban superarlas. Algunos se desmotivaban, mientras que otros cuestionaban sus órdenes. Uno de los ejercicios consistía en llegar a un objetivo en solo 2 minutos y 30 segundos, a una altísima velocidad y a una altitud peligrosamente baja. Ninguno de los pilotos logró completarlo con éxito, y la mayoría de ellos creía que era una misión irrealizable.

Pero entonces, Maverick decidió dar un paso al frente y demostrar lo que era capaz de hacer. En su prueba personal, alcanzó el objetivo en 2 minutos y 15 segundos, un tiempo impresionante. Con ese solo gesto, no solo mostró una destreza y experiencia sobresalientes, sino que también cambió la perspectiva de todos los demás, desde los pilotos hasta los almirantes. Demostró que lo imposible era alcanzable, y con ello, ganó el respeto absoluto de su equipo. *Su demostración de maestría encendió una chispa de motivación en todos, impulsándolos a superar sus propios límites.*

Este es un ejemplo claro de cómo dominar una habilidad y demostrar tu capacidad no solo te pone en una posición de respeto, sino que inspira a otros a seguir tu ejemplo.

La maestría, como vimos, es la clave para ganarte la admiración y el respeto de los demás.

CÓMO SER ABSOLUTAMENTE BUENO EN ALGO

Durante años, nos han vendido la idea de que el talento es lo único que separa a los verdaderos campeones del resto. Pero esa creencia está lejos de la verdad. La suerte y los logros previos no tienen nada que ver con alcanzar un nivel de rendimiento excepcional.

La ciencia nos da una perspectiva completamente diferente. A través de décadas de investigación y miles de estudios, se han identificado principios claros que explican por qué algunos alcanzan el éxito y otros no.

Estos principios son la clave para entender cómo puedes sobresalir en cualquier área que te propongas.

Lo más impactante de todo esto es que no hay ningún secreto oculto. Cualquiera puede llegar a ser excelente en lo que se proponga si sigue los principios adecuados. Estos estudios nos demuestran que, con la mentalidad correcta y la dedicación necesaria, cualquier hombre puede dominar una habilidad:

La Práctica: La Clave del Dominio Absoluto.

Es hora de desterrar el mito del talento innato. La excelencia no es algo con lo que se nace; se construye. La verdadera diferencia entre los que destacan y los que se quedan atrás es la forma en la que se entrenan y se dedican a perfeccionar sus habilidades. La clave está en lo que se conoce como "práctica profunda" – un tipo de entrenamiento riguroso y constante que te llevará más allá de los límites de tu capacidad natural.

¿Por qué no mejoras? La respuesta es simple: *si no estás obteniendo los resultados que deseas, probablemente no estés entrenando correctamente.*

Estos son los principios fundamentales para mejorar de manera impresionante en cualquier área de tu vida:

1. ***Divide las tareas:*** Divide la información o habilidad que estás aprendiendo en pequeños fragmentos. De este modo, podrás dominar cada parte antes de integrarla en su totalidad.

2. ***Repite constantemente***: La repetición es la madre de la habilidad. No hay atajos. La práctica constante es la que te llevará de ser novato a experto.

3. ***No te estanques***: La complacencia es tu peor enemigo. Si no sigues empujando tus límites, te estancarás. El progreso es constante o no es progreso en absoluto.

4. ***Resuelve problemas***: Cada reto es una oportunidad. Enfréntate a los obstáculos con una mentalidad de solución. Cada problema resuelto te acerca a tu siguiente nivel.

Desde el exterior, los expertos parecen ser inalcanzables, pero la única diferencia entre ellos y los principiantes es una acumulación de pequeñas victorias. La superestructura de habilidades desarrollada con el tiempo es lo que los distingue. Por ejemplo, en ajedrez, incluso si un jugador aficionado tiene el tiempo para analizar una jugada y encontrar la mejor opción, un maestro puede reconocer el patrón en segundos y reaccionar al instante.

En promedio, un jugador amateur tiene que elegir entre unos 1,000 movimientos posibles para recordar. Un maestro, en cambio, tiene entre 1,000 y 10,000 jugadas almacenadas en su memoria. Esa capacidad de reconocer patrones en fracciones de segundo es lo que les permite jugar contra cientos de oponentes simultáneamente, mientras que un novato no podría ni siquiera mantener la concentración durante una sola partida.

La clave del éxito no está en el talento, sino en la habilidad de mejorar constantemente a través de la práctica profunda. Lo que te convierte en un experto no es lo que sabes al principio, sino lo que eres capaz de aprender a través del trabajo duro, la repetición y la constante superación.

Pasión y Objetivos: La Fuerza que Impulsa el Éxito.

Todos conocemos a personas cuya energía parece inagotable, como ese cirujano que nunca deja de aprender nuevas técnicas para salvar vidas, o el chef que se entrega con pasión en la búsqueda de una nueva receta, o el músico que se consume por crear la pieza perfecta. La pasión es algo que nos inspira, nos mueve, y, al verla en los demás, nos incita a despertar la nuestra propia.

Cuando la pasión se combina con objetivos claros, se genera una fuerza imparable. La pasión es lo que te lanza a la acción, te da esa chispa inicial que te hace levantarte del sofá, te empuja a empezar. Nace del interés, de una atracción natural hacia algo. Sin embargo, los objetivos son los que mantienen esa energía a largo plazo. Si la pasión es el sprint, los objetivos son la maratón. Los objetivos nos proporcionan propósito, nos dan sentido, nos alinean con un camino.

Mientras que la pasión enciende el fuego, los objetivos lo mantienen ardiendo. Son estos los que le dan un propósito duradero a nuestra energía. Los hombres exitosos no son exitosos solo por su pasión; son exitosos porque su pasión está dirigida hacia un objetivo claro y alcanzable. Tienen un propósito, y ese propósito es lo que los mantiene en el camino, incluso cuando los desafíos parecen insuperables.

El error más grande que cometemos es pensar que la pasión es algo que simplemente sucede. Que nos viene de afuera, o que podemos simplemente encenderla con un clic. No es así. La verdadera pasión se cultiva, se trabaja, se alimenta con tiempo, esfuerzo y sobre todo con interés genuino.

Si quieres ser un hombre apasionado, primero debes crear un interés genuino por aquello que quieres lograr. Sin ese interés, la pasión será solo un destello efímero, pero cuando te concentras en un objetivo concreto, la pasión se convierte en tu mejor aliada para alcanzar el éxito.

Fortalecer la Resistencia Mental.

La resistencia no es algo con lo que simplemente nacemos, es una habilidad que podemos forjar. No es algo que esté fijado en nuestra naturaleza, sino algo que podemos entrenar y desarrollar.

Todos hemos visto a ese tipo de personas que, *cuando la vida les da un golpe duro, no solo sobreviven, sino que se levantan más fuertes.* Esas personas no se dejan vencer por el fracaso; lo enfrentan, lo procesan y, lo más importante, lo usan como trampolín para avanzar. La resiliencia no es solo una característica, es una mentalidad clave que define los logros tanto en la vida profesional como personal.

Ser resiliente significa aprender a transformar el dolor y los fracasos en impulso para seguir adelante, en vez de ser víctimas de ellos. Es esta capacidad la que nos permite alcanzar nuevas alturas, formar relaciones duraderas y, sobre todo, criar generaciones fuertes y capaces.

Las personas resilientes *no ven el fracaso como el final, lo ven como parte del proceso.* Cada caída se convierte en una oportunidad de crecimiento.

Este tipo de mentalidad es la que nos impulsa hacia el éxito y la satisfacción. **La resiliencia no es un talento; es una elección** que se practica una y otra vez, hasta que se convierte en nuestra segunda naturaleza.

Aprovecha esos Impulsos.

No dejes pasar esos momentos de inspiración. Esos impulsos, a veces conocidos como *"el estado de flujo"* o simplemente *"estar en el lugar adecuado en el momento correcto"*, son momentos en los que nuestras habilidades se alinean perfectamente con los desafíos que tenemos por delante.

Este estado mental nos inyecta energía, mientras que la "práctica profunda" la drena. La clave está en equilibrar ambas: el esfuerzo constante con esos picos de energía que nos da el flujo. Si no aprendemos a equilibrarlos, rápidamente agotaremos nuestra motivación y dejaremos de progresar.

Recuerda, la excelencia no es algo reservado solo a unos pocos. No es un regalo que nos llega por azar, está al alcance de cualquiera de nosotros, solo necesitamos la determinación y el enfoque para alcanzarlo.

Así que sal ahí fuera, persigue tus sueños con todo lo que tienes y descubre tu verdadero potencial.

Forjar Masculinidad en la Era Actual

Tú, como hombre, tienes una misión: ser fuerte, masculino, campeón, dominante, calmado, observador y despierto. La sociedad de hoy te quiere débil, te quiere feminizado, te quiere fracasado, te quiere manipulable, te quiere desesperado, pero, sobre todo, te quiere dormido.

Estamos en una sociedad que incentiva a la pasividad y la conformidad, que te dice que no importan tus logros ni tus fortalezas, sino que lo importante es que encajes en los moldes que se te imponen. Pero, *¿te vas a dejar moldear por una corriente que va contra lo que realmente eres?*

La fuerza no solo se mide por el músculo, sino por la capacidad de controlar tus impulsos, de ser dueño de tu vida y no estar sometido a lo que otros esperan de ti. Si no tienes estas cualidades, ¿qué esperas? Como dijo Séneca alguna vez: *"No es que tengamos poco tiempo, sino que perdemos mucho"*. Cada día que dejas de ser quien realmente eres, dejas escapar una oportunidad para ser mejor, para forjar tu verdadero destino.

La conquista del feminismo radical en la sociedad moderna ha colocado a los hombres en lugares donde nunca estuvieron, generándoles grandes dudas e incertidumbres sobre su verdadera identidad. Muchos se sienten perdidos, confundidos sobre qué significa ser hombre hoy en día.

La influencia de un sistema que promueve la debilidad y la dependencia ha afectado gravemente la percepción que los hombres tienen de sí mismos.

Se les dice a los hombres y especialmente a los jóvenes que su fortaleza natural, su carácter decidido, su impulso de proteger y construir, todo eso está mal, está anticuado o incluso que es tóxico. ¿Te suena? Si eres un hombre decidido, que tiene estándares, que no se deja dominar fácilmente te van a decir que tienes una "*masculinidad tóxica*" o "*que eres un inseguro*" ... puras estupideces.

El Hombre Débil Es Fácil de Controlar.

La sociedad actual está diseñada para feminizar al hombre, despojarlo de sus características masculinas naturales y convertirlo en alguien débil, vulnerable y fácilmente manipulable. Los hombres débiles y desnaturalizados son fáciles de mantener sometidos. No tienen la capacidad de pensar por sí mismos, de luchar por lo que creen, de exigir respeto. Son piezas dentro de un sistema que los usa como peones, sin iniciativa, sin fuerza. Es aquí donde entran los pensamientos de Jordan B. Peterson, quien ha sido una voz crucial para ayudar a muchos hombres a entender su propósito en este mundo moderno. Peterson habla de la importancia de ser hombres duros, pero no duros en un sentido destructivo o violento, sino duros en el sentido de control sobre sí mismos.

En su obra, Peterson dice:

"Y si crees que los hombres duros son peligrosos, espera a ver de qué son capaces los hombres débiles".

Esta frase resuena poderosamente hoy en día, en una sociedad donde la debilidad y la falta de carácter se han normalizado. La verdadera peligrosidad no está en el hombre que es firme, capaz de defender sus principios y controlar sus impulsos. La verdadera amenaza está en el hombre débil, en el hombre que ha renunciado a su fuerza interior, que no tiene un propósito claro ni un rumbo definido.

Este hombre es peligroso porque es fácilmente manipulable, es el primero en ceder a sus impulsos, el primero en doblegarse ante las dificultades. Un hombre débil no tiene la capacidad de resistir la adversidad, y su falta de control lo lleva a cometer errores impulsivos que lo perjudican a él y a los demás.

La masculinidad, entonces, no se trata solo de la fuerza física, sino de la capacidad de dominarte a ti mismo. Ser un hombre fuerte hoy en día no significa cumplir con estereotipos obsoletos de violencia o agresividad sin control. Se trata de aprender a dominar tus emociones, de ser capaz de gestionar tus impulsos, de tener la fuerza para tomar decisiones difíciles cuando es necesario y de ser un ejemplo de calma en medio del caos.

Forjar una masculinidad sólida en esta era moderna es desafiante, pero absolutamente necesario. *Vivimos en tiempos donde el hombre debe saber quién es y qué representa*, porque la sociedad de hoy quiere que los hombres se olviden de eso, que se pierdan en la confusión de los roles y las expectativas impuestas. Sin embargo, es precisamente cuando un hombre toma el control de su vida, cuando se pone en marcha para ser mejor, cuando forja su carácter, que puede encontrar su propósito verdadero.

No cedas ante la presión. No te dejes influenciar por una cultura que quiere destruir tu identidad. Sé el hombre que eres capaz de ser: *fuerte, controlado, disciplinado y consciente de tu poder*. El mundo necesita hombres como tú, hombres que no se doblegan, hombres que forjan su camino con una determinación inquebrantable.

La realidad de la sociedad actual es cada vez más evidente: se está promoviendo una visión distorsionada de lo que significa ser hombre. Un claro ejemplo de esto es una encuesta reciente, donde se preguntaba al público quién era el hombre más guapo del mundo. El primer lugar lo obtuvo una estrella de Corea del Sur, seguida por Henry Cavill. Al investigar más a fondo, quedó claro que la mayoría de los votos provenían de jóvenes fanáticas que admiraban al cantante, lo que refleja cómo las percepciones actuales están influenciadas por el fandom y las tendencias modernas.

Este fenómeno nos muestra una tendencia en nuestra

cultura a valorar una versión más "femenina" de la masculinidad, esa que se aleja de los ideales tradicionales y promueve una imagen de los hombres como seres más emocionales, vulnerables, o sumisos. El concepto de la "nueva masculinidad" o "masculinidad frágil" ha calado hondo en muchas generaciones, pero especialmente en las más jóvenes. En muchos casos, las empresas también se suman a este movimiento, no por convicción, sino por los beneficios económicos que genera esta narrativa.

Hoy en día, la sociedad te impulsa a ser más emocional, a abrazar la vulnerabilidad, a ser sumiso, incluso a derramar más lágrimas. Nos dicen que no hay nada de malo en eso, que es natural. Pero la verdad cruda es que, aunque la vulnerabilidad tiene su lugar, la realidad del mundo en que vivimos es que muy pocas personas respetan a los débiles. La sociedad moderna, con todas sus ideologías, lo que realmente busca es debilitarte, despojarte de tus características naturales y convertirte en una víctima fácil de manipular.

Los hombres no procesamos nuestras emociones de la misma manera que las mujeres. Nuestra naturaleza nos lleva a liberar la tensión y la frustración de maneras más físicas y productivas: entrenamientos en el gimnasio, golpear un costal, hacer sparring, o incluso actividades solitarias como caminar por la naturaleza o conducir. Este tipo de actividades no solo nos permiten manejar nuestros sentimientos, sino que también nos refuerzan, nos hacen más fuertes y nos permiten mantener nuestro respeto propio.

Es fundamental entender que la verdadera masculinidad no se trata de ser frágil, ni de someterse a las tendencias modernas que buscan cambiar la esencia de lo que somos como hombres. En lugar de caer en la trampa de las ideologías que nos debilitan, debemos abrazar lo que nos hace fuertes: disciplina, autocontrol, resiliencia, y la capacidad de superar nuestros propios límites. Esa es la masculinidad que debe ser celebrada y cultivada, no la que la sociedad quiere imponernos.

Pero no te engañes, como hombre, está bien sentir y enfrentar tus emociones, incluso si eso significa dejar salir algunas lágrimas. No somos máquinas, somos humanos. Sin embargo, si vas a llorar, hazlo de forma auténtica, no para complacer a nadie ni buscar lástima.

Hazlo en privado, con alguien que realmente te apoye, como tu madre, padre o un amigo cercano que pueda brindarte un consejo valioso. Pero lo más importante, y lo que debes recordar siempre, es que tú eres tu mejor compañía. A veces, llorar puede ser el primer paso hacia la sanación, pero no dejes que te defina. Aprende a superar las dificultades por ti mismo, a encontrar consuelo en tu propia fuerza.

La verdadera fortaleza de un hombre no radica solo en su capacidad de ser duro, sino en su habilidad para adaptarse y aprender de la adversidad. La vida siempre pondrá obstáculos en tu camino, pero tú eres más grande que cualquier desafío que se cruce en tu ruta. La forma en que respondes ante las dificultades es lo que forjará tu carácter.

Recuerda, los problemas no son tu enemigo, son el hierro que templará tu espíritu.

Como hombre, no huyas de tus dificultades. Afróntalas. El sufrimiento y los desafíos no te destruyen, te transforman. Cada prueba, cada momento de dolor, es una oportunidad para fortalecerte. No eres el mismo después de haber superado una lucha; eres más grande, más capaz, más completo.

Así que, cuando la vida te golpee, recuerda que los verdaderos hombres no son aquellos que evitan el dolor o las dificultades. Son aquellos que, a pesar de todo, se levantan, se ajustan la espalda, y siguen adelante con una determinación inquebrantable. *Esa es la verdadera masculinidad: la capacidad de atravesar el fuego y salir del otro lado más fuerte que antes.*

CRISIS DE LA MASCULINIDAD

La llamada "*crisis de la masculinidad*" está afectando profundamente a los hombres, sumergiéndolos en un mar de confusión, dudas e incertidumbres sobre su rol en la sociedad.

Este fenómeno ha dado paso a una complejidad que atraviesa distintas generaciones de hombres: por un lado, tenemos a aquellos que se aferran a los valores tradicionales de la masculinidad hegemónica, reclamando el modelo de los hombres del pasado como referencia de su identidad; por otro lado, existen aquellos jóvenes que, buscando respuestas en un mundo moderno que se les escapa, exploran opciones trans y se sumergen en una "masculinidad" híbrida, influenciada por los modelos digitales que llenan las redes sociales.

El panorama se hace aún más desconcertante cuando observamos cómo la tecnología y los medios de comunicación han permitido que estos jóvenes encuentren modelos a seguir, aunque a veces estos modelos no son los más adecuados ni bien fundamentados. El fácil acceso a vídeos sobre experiencias trans y contenidos de masculinidades alternativas crea una confusión más profunda sobre qué significa ser hombre en el siglo XXI. Muchos adolescentes, al encontrarse con la perplejidad sobre su identidad, se sienten atraídos por la idea de reinventarse constantemente, dejando de lado las raíces tradicionales de lo que es la masculinidad auténtica.

Pero no son solo los adolescentes quienes navegan por este mar de incertidumbre. Los hombres que rondan los treinta y los cuarenta años, atrapados en medio de las exigencias sociales contemporáneas de igualdad, se sienten presionados a adaptarse a un modelo de masculinidad que muchas veces choca con lo que sienten en su interior. En muchos casos, el hombre moderno sigue siendo un hombre del siglo XIX, en su núcleo, luchando por ajustarse a las expectativas de un mundo que parece haber olvidado la importancia de la fortaleza y el autocontrol.

En este contexto, es fundamental que los hombres no abandonemos nuestro lugar en la sociedad. En lugar de seguir la corriente de aquellos que desprecian nuestra esencia masculina, debemos aprender a reivindicarla con orgullo y sin temor. Vivimos en una época en la que se celebra que las mujeres asuman roles tradicionalmente masculinos, pero también es esencial que los hombres sigamos luchando por no perder nuestra identidad en este torbellino de cambios. La realidad es que ser hombre hoy no significa ser débil ni sumiso ante las nuevas corrientes ideológicas, sino entender que debemos ser fuertes, proteger y liderar.

Es necesario que, como hombres, forjemos una masculinidad auténtica, que no se base en los estereotipos dañinos del machismo, sino en principios sólidos de integridad, responsabilidad y fortaleza emocional. La "*masculinidad tóxica*" que muchos predican no es, de ninguna manera, un modelo de masculinidad genuina. Es una distorsión, una caricatura de lo que verdaderamente significa ser hombre, y a menudo es confundida por quienes no logran diferenciarla de lo que es la masculinidad verdadera.

La **masculinidad** y el **machismo** son dos conceptos completamente diferentes, aunque en muchas ocasiones se hayan mezclado de manera errónea. El machismo es el desprecio hacia los demás, el abuso del poder y la opresión, mientras que la masculinidad verdadera se basa en el respeto, el autocontrol y la fortaleza interior.

La confusión de estos conceptos es un problema real y, si no somos capaces de diferenciar entre ambos, corremos el riesgo de perder lo que significa ser hombres en el sentido más profundo y auténtico.

El verdadero problema hoy en día es que muchos hombres han dejado de forjar su verdadera masculinidad. En lugar de abrazar su identidad como hombres, se ven atrapados por las expectativas sociales que los obligan a adaptarse a un molde que no les corresponde. La masculinidad verdadera no es algo que debamos esconder ni abandonar, sino algo que debemos fortalecer y vivir con orgullo.

Hoy el verdadero problema es que a los hombres les falta forjar verdadera masculinidad.

La sociedad actual, saturada de discursos feministas y políticas que abogan por la igualdad de género, ha llevado a muchos hombres a perder el rumbo sobre lo que significa ser verdaderamente masculinos. Se les ha dicho durante años que deben parecerse más a las mujeres, que deben ser tan emotivos, sensibles y vulnerables como ellas, pero este enfoque está llevando a muchos a perder el control sobre sus emociones, sus impulsos y su identidad.

Muchos hombres de todas las edades hoy se ven atrapados en la confusión: son tímidos, excesivamente emocionales, carecen de paciencia y no tienen control sobre su lujuria, su ira o su agresividad. Esta falta de control no es el resultado de su naturaleza, sino de la presión constante de ser "*más suaves*", de evitar lo que nos hace hombres, como la fuerza, el coraje, y la capacidad de liderar.

El problema radica en que, desde niños, se les ha enseñado que sus instintos y características masculinas naturales son algo malo. Se les ha hecho creer que deben ser inofensivos, que deben reprimir su energía y sus deseos de ser firmes, y que esa es la única forma de ser felices y pacíficos. Como resultado, muchos hombres crecen frustrados y confundidos, al ver cómo la sociedad aplaude y celebra a las mujeres que asumen roles tradicionalmente masculinos, mientras a ellos se les señala por sus comportamientos naturales.

La narrativa actual genera una división peligrosa. Muchos hombres se sienten señalados por ser auténticamente masculinos, mientras ellos mimos observan cómo el "*empoderamiento*" femenino ocupa la agenda social, alimentando una sociedad débil y fragmentada. Sin embargo, hay algo que debemos recordar: la masculinidad no es tóxica por sí misma. La verdadera masculinidad, aquella que se forja a través del autocontrol, la disciplina y el desarrollo personal, es fundamental para una sociedad sana y equilibrada.

Lo que sí es tóxico son los hombres que no han aprendido a canalizar sus emociones y a controlar sus impulsos. Hombres que no han sabido forjar una masculinidad verdadera, que se sienten perdidos y sin propósito, lo que a veces lleva a comportamientos destructivos tanto para ellos mismos como para los demás.

No permitas que la manipulación de las ideologías te haga renunciar a tu esencia como hombre. No caigas en el juego de cambiar lo que eres por agradar a otros o por cumplir con una narrativa impuesta. La clave para una sociedad fuerte y armoniosa radica en la aceptación de las diferencias naturales entre hombres y mujeres, y en la capacidad de cada uno de nosotros para abrazar nuestra verdadera naturaleza, sin miedo a ser juzgados.

Estamos en tiempos donde las mujeres prácticamente odian a los hombres por el simple hecho de ser hombres y los hombres prefieren evitar las relaciones con ellas; todo esto nos lleva a un fracaso social.

No dejes que los miles de discursos feministas y las manipulaciones de la sociedad te convenzan de cambiar tu masculinidad.

LA GENERACIÓN ACTUAL

Esta generación se ha vuelto emocionalmente débil, y esto tiene una raíz profunda en la sociedad actual. *Cada vez más adultos varones se han convertido en niños atrapados en cuerpos de hombres.* Pueden tener un trabajo, una pareja e incluso ser prósperos, pero, en el fondo, siguen siendo niños que son emocionalmente dependientes de alguien más.

La mayoría de los jóvenes adultos tienen **el cuerpo de un hombre, pero la mente de un niño**, *porque nunca han sido realmente desafiados por los problemas de la vida.* La razón detrás de esto es la sobreprotección de los padres, quienes, en su intento de brindarles todo lo necesario, terminan resolviendo todos sus problemas de manera material y económica.

A veces es comprensible querer proteger a nuestros hijos, pero el exceso de protección y el deseo de hacerles la vida más fácil no les permite desarrollar las habilidades necesarias para enfrentar los desafíos y dificultades por sí mismos. Este exceso de protección crea una generación débil, dependiente y poco preparada para afrontar las adversidades de la vida.

A lo largo de la historia, el hombre, o incluso el joven, siempre ha tenido que salir al mundo y enfrentarse a todo tipo de adversidades para alcanzar la madurez. Los grandes hombres de la historia no nacieron con todo resuelto; fueron forjados en la lucha, en la superación de dificultades y en la capacidad de enfrentar el dolor y el fracaso.

Cuando un hombre se enfrenta a sus demonios, a la soledad, a los problemas reales de la vida, es entonces cuando se activa su impulso de supervivencia y afloran todas las características masculinas que lo convierten de niño a hombre. Es en esos momentos de dificultad cuando el verdadero carácter de un hombre se revela: la resiliencia, la fuerza emocional, la disciplina y la capacidad de no rendirse ante la adversidad.

La sociedad actual ha olvidado la importancia de que los hombres enfrenten sus propios problemas, sin la constante intervención de figuras protectoras. El crecimiento personal no llega de la mano de la comodidad, sino a través de la lucha, de la auto-superación y de la toma de responsabilidad por nuestras propias vidas.

La verdadera fortaleza emocional no se construye protegiéndonos de cada pequeña dificultad, sino enfrentando los retos con valentía y perseverancia.

EDUCACIÓN ESPARTANA

Esparta forjó una educación rigurosa orientada a crear hombres fuertes, capaces y resistentes. Según Plutarco, al nacer, cada niño era sometido a una evaluación por un consejo de ancianos en la Lesjé, quienes decidían si el niño tenía la fortaleza física necesaria para ser parte de la sociedad espartana. Si no lo cumplía, el niño era llevado al Apóthetas, una zona escarpada al pie del monte Taigeto, donde era abandonado, condenándolo a una muerte temprana.

El objetivo era claro: eliminar cualquier vida que no aportara al colectivo. Si el niño pasaba esta prueba inicial, pasaba a la familia, pero con un propósito muy diferente al que muchos podrían imaginar.

En la crianza, no se permitían debilidades. Las nodrizas recibían instrucciones de no usar pañales que pudieran restringir su libertad de movimiento o debilitar su capacidad de adaptación al frío y calor. Desde temprana edad, los niños espartanos eran enseñados a no ser dependientes, a rechazar el confort y acostumbrarse a la soledad y la oscuridad, sin temores ni caprichos. Se les formaba bajo la premisa de que solo lo fuerte sobrevive.

A diferencia de otros lugares, en Esparta no existía

espacio para la suavidad. Los niños eran bañados con vino, ya que se creía que esto fortalecía su cuerpo y hacía que solo los más resistentes sobrevivieran, mientras que los débiles sucumbían.

Una vez cumplidos los siete años, los niños eran apartados de sus hogares y enviados a vivir bajo la estricta disciplina de un paidónomo, un magistrado encargado de su educación. En estos cuarteles, comenzaban a recibir una formación más militarizada, bajo el liderazgo de un joven llamado irén, quien supervisaba a los más pequeños. Su educación no solo se limitaba a la lectura y escritura, sino a un endurecimiento físico constante, a través de ejercicios de lucha, atletismo y tácticas de combate.

Además de las habilidades físicas, los espartanos eran entrenados para marchar en formación, manejar armas y, lo más importante, obedecer sin cuestionar a sus superiores. La idea central de la educación espartana no solo era formar guerreros, sino individuos completamente entregados al bienestar colectivo, dispuestos a sacrificarse por el bien común y siempre buscando el honor de la ciudad.

Este enfoque tan radical en la educación no solo formaba soldados, sino hombres forjados en la adversidad, hombres preparados para resistir y superar cualquier desafío que la vida les pusiera enfrente.

En Esparta, la educación no era algo para los que se conforman con la mediocridad. Desde su primer aliento, los niños eran evaluados para asegurar que fueran dignos de la sociedad espartana. El Estado asumía su educación hasta los veinte años, con el propósito de moldear no solo su cuerpo, sino también su carácter.

Los pequeños espartanos vivían en un ambiente de severidad, sin lugar para la debilidad. A diferencia de la sobreprotección moderna, aquí no se les ofrecían lujos ni comodidades. Desde temprana edad, los niños eran entrenados para resistir, para no depender de lo superfluo, y aprender a sacar provecho de la escasez. La disciplina era el núcleo de todo el proceso, no solo la física, sino también la mental.

A los doce años, se les despojaba de las ropas cómodas. Solo se les entregaba lo indispensable, lo que les enseñaba a sobrevivir con lo mínimo. No había espacio para quejarse o buscar excusas, ya que la adversidad se consideraba una oportunidad de crecimiento. Dormían en camas simples, sin lujo, cortadas a mano por ellos mismos, y sus raciones de comida eran limitadas. Pero este ambiente forjaba en ellos una gran resiliencia, donde el hambre no era un enemigo, sino una lección.

Los espartanos aprendían que la debilidad no tenía cabida. Si la comida escaseaba, debían aprender a valerse por sí mismos, y si recurrían al robo, lo hacían con astucia y habilidad. Si fracasaban, no eran castigados por robar, sino por su falta de destreza al hacerlo. La vida les enseñaba que los errores eran oportunidades de aprendizaje, no excusas para rendirse.

Cuando alcanzaban los quince años y se convertían en efebos, ya habían superado muchas pruebas. Su físico era esculpido a través del deporte, la lucha y el entrenamiento militar. Pero no solo se entrenaba el cuerpo, sino también la mente. La educación era rigurosa, pero también formaba su carácter, su capacidad para pensar y actuar con determinación. Un hombre espartano no solo tenía que ser fuerte, sino también sabio, capaz de expresarse con claridad, pero siempre con sabiduría y prudencia.

Toda la ciudad espartana estaba implicada en la formación de estos jóvenes guerreros. Los mayores no dudaban en corregir a los niños y castigarlos si no seguían el camino de la disciplina, incluso con castigos físicos. La dureza era necesaria para garantizar que la próxima generación de hombres fuese capaz de resistir cualquier desafío. Esta disciplina extrema, que algunos podrían ver como brutal, era esencial para la supervivencia de Esparta.

Durante la etapa de la adolescencia, se pone un gran énfasis en el aidós ("pudor", "decoro"), un concepto fundamental que forma la base de la conducta espartana. En la transición a la adultez, se pone especial atención en el emulatio y la competencia, con el objetivo de que los jóvenes alcancen el estatus de los "Hippeis", la élite de los guerreros espartanos. A partir de los veinte años, los jóvenes espartanos continúan viviendo bajo el régimen estricto de cuartel, participando también en actividades grupales como los sfareis (jugadores de pelota). Este exhaustivo entrenamiento físico y mental forja a los espartanos en los soldados más formidables de Grecia, consolidándolos, sin duda, como algunos de los guerreros más sobresalientes de la Antigüedad.

¿Tienes que hacer tú lo mismo? Claro que no. La educación espartana es un claro ejemplo de la crianza de los guerreros más temidos de Grecia.

Pero, ¿cómo podemos aplicar algo de esa mentalidad en nuestra vida moderna?

Si tienes más de 25-30 años y todavía vives con tus padres, es hora de cambiar eso. No es solo cuestión de independencia financiera, sino de experimentar la verdadera vida adulta. No hablamos solo de asumir responsabilidades, sino también de aprender a estar solo.

Si en este momento estás apoyando a tus padres porque no pueden pagar la luz o la renta, es entendible. Pero, debes tener claro algo: No puedes quedarte ahí para siempre. El hombre que no afronta su vida por miedo a lo que pueda venir, está condenándose a vivir en una jaula de comodidad y conformismo.

La vida adulta es dura, sí, pero también es real. No te sigas aferrando a la falsa seguridad que te ofrecen tus padres. Aprende a gestionar tu vida, tus gastos, tu tiempo, tu espacio. Solo enfrentando los desafíos crecerás como hombre.

No estamos promoviendo la violencia con esta filosofía espartana. En absoluto. El enojo es solo una señal de debilidad en tu carácter. Pelear no significa solo enfrentarse a alguien a golpes. Significa defender tus principios, plantarte ante aquellos que intenten humillarte, proteger a los tuyos cuando sea necesario.

Claro, si tienes la oportunidad de entrenar un arte marcial o algún sistema de combate, aprovéchala. No solo te ayudará a perder el miedo al contacto físico, sino que te acercará a esa esencia de la masculinidad antigua, esa que se forja en el sudor, la disciplina y la autodefinición.

Es difícil aceptar que en algún momento tal vez necesites usar la fuerza para protegerte, o incluso para defender a tu familia. Pero esa es una realidad que muchos ignoran, y es más común de lo que piensas.

En algún momento de tu vida, habrá alguien que intente usar la violencia contra ti o contra tus seres queridos. Es ahí donde necesitas estar listo, no esperando que alguien más venga a salvarte. Es bueno ir al gimnasio para ganar fuerza, pero no olvides que lo mejor sería complementarlo con entrenamiento en boxeo, judo, jiu-jitsu o MMA. La fuerza física es esencial, pero la habilidad para defenderte lo es aún más. Además, ejercicios de resistencia como correr o hacer entrenamientos de intervalos mejorarán tu resistencia y velocidad cuando más lo necesites.

Y sí, aprender a usar armas. Esperemos que nunca llegues a esa situación, pero recuerda esta frase cada vez que pienses que todo esto es innecesario:

"Es mejor ser un guerrero en un jardín, que un jardinero en una guerra".

Es preferible estar preparado para enfrentar cualquier desafío, incluso en un ambiente seguro, que encontrarse indefenso cuando la crisis golpea. Tener habilidades de combate en tiempos de paz es una ventaja estratégica. Ser un jardinero en medio de una guerra significa no estar listo, estar vulnerable. Cuando todo se complica, la falta de preparación es lo que te llevará a la derrota.

Conviértete en un hombre que sepa defenderse, pero

controla esa habilidad. Usa el conocimiento de la violencia solo como último recurso. ***No seas el primero en buscar confrontación, pero nunca seas el último en defenderte.***

Hoy, como hombre, solo tienes dos opciones: ser un hombre fuerte y decidido, o ser débil y sumiso.

Asume tu naturaleza masculina. Desafíate a ti mismo, conquista lo que te propongas, protege lo que amas, supérate constantemente.

Rechaza el adoctrinamiento que te quiere blando, feminizado, débil. ***El mundo necesita más hombres, no menos.*** Necesita más fortaleza, no más sumisión. La sociedad quiere que caigas, te quiere débil y controlado, porque mientras te mantenga así, serás fácil de manejar.

Mira a tu alrededor, y empieza a comprender por qué todo es tan fácil de obtener: la pornografía es gratuita, la comida rápida está al alcance de todos, las drogas son accesibles. <u>Quieren que seas un perdedor.</u> Ese es el verdadero problema de la falsa masculinidad que está hoy en día.

Las mujeres han comenzado a "reconstruir" lo que consideran masculinidad a su punto de vista, pero ellas piensan que un hombre masculino es un hombre machista, el que piensa que su mujer debe hacerlo todo mientras él se queda sentado, el que recurre a la violencia o al grito cuando las cosas no salen como espera, el que no tiene control sobre sí mismo y es esclavo de sus deseos. Pero esos hombres no son verdaderos hombres. Son aquellos que nunca tuvieron una figura paternal sólida, los que fueron sobreprotegidos, los que crecieron en la comodidad y la indulgencia sin aprender lo que es el esfuerzo real. Son hombres perdidos, resentidos, que piensan que el mundo les debe algo.

Los verdaderos hombres masculinos: protegen a su gente, saben dominar su ira y sus deseos, enfrentan los problemas con serenidad y buscan soluciones. No se rinden ante el primer rechazo, ni se quiebran ante la primera piedra que se les pone en el camino. El hombre verdadero sigue adelante, sin importar cuán duras se pongan las cosas.

El mundo moderno está en una crisis de masculinidad. Necesita hombres que conquisten, que asuman responsabilidades, que inspiren a otros, que luchen por lo que vale la pena y defiendan lo que les pertenece.

Es tu momento de actuar.

"Ya basta de vivir como un niño. Es hora de que te conviertas en un hombre real, en un hombre que refleje tu verdadera masculinidad."

CONSEJOS PARA AUMENTAR TU VIRILIDAD

¿Cómo puedo ser más masculino? Para responder a esta pregunta, es clave reflexionar sobre por qué al ver fotos de nuestros antepasados, especialmente de soldados, sentimos esa poderosa energía masculina en su mirada.

La respuesta está en dos conceptos fundamentales: influencia y conexión.

La influencia masculina, sobre todo la del padre hacia su hijo, es vital. Un niño criado solo por su madre, sin la guía de una figura paterna, enfrenta un desafío. Una madre, por amorosa que sea, no puede ofrecerle la perspectiva completa sobre la experiencia masculina.

Algunos dirán que, aunque crecieron sin su padre y fueron criados por su madre, no se sienten menos masculinos. Tal vez sea cierto, pero lo más probable es que hayan recibido alguna forma de influencia masculina en su vida, ya sea de un abuelo, un tío, o incluso de un mentor.

Yo creo firmemente que un hijo debe pasar más tiempo con su padre que con su madre.

Entonces, ¿cómo puedes volverte más masculino?

Primero, rodéate de hombres maduros que te ofrezcan consejos reales. Como dice el refrán: *"La gloria de los jóvenes es su fuerza, y la honra de los ancianos, sus canas."* Aprovecha la sabiduría de aquellos que han caminado antes que tú.

En segundo lugar, haz ejercicio. Tu cuerpo necesita actividad para mantenerse fuerte y saludable. No es solo para lucir bien, sino para sentirte bien. Invierte tiempo en tu físico, porque tu cuerpo te lo agradecerá.

Además, nunca dejes de aprender. El conocimiento es poder, y la mente necesita crecer tanto como el cuerpo.

Medita cada día y enfrenta los problemas de frente. Las dificultades son el combustible que forjan un alma fuerte. Presta atención a tu alimentación, porque lo que comes también moldea tu virilidad. Evita que las distracciones te desvíen de tus objetivos. La disciplina es lo que te separa de los demás.

El Dr. Andrés Arriaga, psicólogo, habla de una masculinidad primigenia que viene desde nuestros orígenes como Homo sapiens. Esta masculinidad se encuentra en lo más profundo de nuestro cerebro, en el mesencéfalo, la zona que regula la seguridad, la protección, el instinto del hombre que provee y cuida a su hogar. Esos impulsos, esenciales para nuestra supervivencia, siguen siendo la base de lo que significa ser un hombre real.

Consejos básicos que todo hombre debe saber o aprender.

Algunos de estos consejos pueden parecer simples o incluso algo absurdos, pero ten en cuenta que, ya sea de manera consciente o no, cada uno de ellos te ayudará a aumentar tu virilidad.

Aprende a manejar. Saber conducir no es solo una habilidad útil, es una muestra de independencia. El hombre que sabe manejar no depende de nadie para desplazarse, y eso te da poder sobre tu propio destino. Además, no te limites a saber solo manejar un automóvil automático. Aprende a conducir un coche estándar. Te sorprenderá lo útil que puede ser en situaciones inesperadas. También, invierte tiempo en aprender lo básico de la mecánica: cambiar una llanta, verificar el aceite, hacer una revisión rápida. La autosuficiencia es parte de la masculinidad.

No seas esclavo de las redes sociales. Las redes sociales son una distracción masiva. Estar subiendo fotos o memes cada rato solo demuestra que no tienes un propósito claro en tu vida. Un hombre enfocado usa su tiempo para construir su vida, no para vivir en la superficialidad de las redes. No se trata de abandonar las redes por completo, pero usa tu tiempo sabiamente. De vez en cuando, sube algo relevante, pero que no se convierta en tu principal fuente de validación.

Habla bien, sin necesidad de groserías. Las groserías suelen ser el vocabulario de un joven inmaduro. Si ya eres un hombre, tu lenguaje debe reflejar tu madurez. Hablar con groserías de manera habitual solo te hace parecer inmaduro. Sé consciente de tus palabras y elige expresarte de manera clara, firme y respetuosa. Claro, habrá momentos en los que puedas soltarlas, pero que no sea la base de tu forma de hablar. Hablar con propiedad es una muestra de control y autoridad.

Aprende a cocinar. Saber preparar tus propios alimentos no es solo una habilidad útil, es una muestra de autosuficiencia. Un hombre que sabe cocinar tiene control sobre su vida. No dependes de nadie para alimentarte, y, además, entiendes lo que pones en tu cuerpo. Esto es fundamental para tu salud y desarrollo personal. Haz de la cocina un acto de independencia.

Aprende a beber. El problema no es beber, el problema es perder el control. Muchos hombres se dejan llevar por el alcohol para divertirse, para escapar o para encajar con los demás. No seas esclavo del alcohol. Aprende a decir "NO" cuando sea necesario. La masculinidad real no se mide por cuántas copas puedes aguantar. Se mide por tu capacidad de mantener la compostura y el control en cualquier situación.

Habla lento y claro. La forma en que hablas refleja tu estado interior. Hablar rápido te hace parecer impaciente o inseguro. Habla con calma, con voz firme y clara. Una voz grave y profunda genera más presencia, más respeto. No es solo lo que dices, sino cómo lo dices. La forma en que hablas puede influir directamente en cómo te perciben los demás.

Ten liderazgo y maestría en algún deporte o actividad. El verdadero hombre no teme a la competencia, ni a ser retado. Busca destacarte en algún deporte o actividad. No importa cuál, lo importante es la disciplina, el compromiso y el esfuerzo que pones para ser el mejor. La maestría genera respeto.

Ten un cuerpo tonificado y musculoso. Tu cuerpo es tu herramienta más valiosa. Un cuerpo fuerte y bien trabajado no solo refleja poder físico, sino también disciplina y autocontrol. Un hombre que cuida su cuerpo demuestra respeto por sí mismo. No es solo por estética, sino por la sensación de poder que te da estar en tu mejor forma.

Habla menos, escucha más. La sabiduría no está en cuántas palabras puedas decir, sino en cuánto puedes aprender de los demás. Por algo tienes dos oídos y una boca. Aprende a escuchar, porque solo escuchando puedes aprender, entender y tomar decisiones más sabias. Habla solo cuando realmente tengas algo importante que aportar.

Ten un buen aseo personal. Estar limpio y oler bien es esencial. Tu higiene personal refleja respeto hacia ti mismo y hacia los demás. Ahora bien, no necesitas convertirte en un metrosexual que cuida su apariencia más que una mujer. La clave está en el equilibrio. Un hombre que dedica más tiempo que una mujer a su físico no está mostrando virilidad, sino una falta de propósito. Mantén la higiene, pero no pierdas tu esencia.

Deja que crezca la barba. La barba siempre ha sido un símbolo de masculinidad. Lo recomendable es tener una barba de días o semanas, pero si optas por dejarte una barba larga debes mantenerla limpia y recortada.

Sé alguien que domina otro idioma. Aprender un idioma, y en particular el inglés, es una poderosa herramienta de expansión. Cuando hablas otro idioma, no solo demuestras que eres culto, sino que también te abres a nuevas oportunidades. El inglés, siendo uno de los idiomas más hablados en el mundo, puede abrirte puertas tanto en el ámbito personal como profesional. Es una muestra de tu deseo por crecer y aprender, cualidades de un hombre que busca superarse constantemente.

Evita las peleas innecesarias. Un hombre maduro sabe controlar su ira. La violencia es el último recurso, no el primero. Ser capaz de resolver los conflictos hablando, de manera firme pero respetuosa, demuestra que tienes control sobre ti mismo. Evita las peleas innecesarias, pero no dudes en defenderte si es necesario. La verdadera fuerza no está en el primer golpe, sino en la capacidad de mantener la calma y manejar la situación con inteligencia.

Aprende reparaciones básicas. No hay nada más masculino que ser un hombre autosuficiente. Aprender a hacer reparaciones en el hogar, saber de carpintería, fontanería o electricidad te convierte en un hombre hábil. No necesitas ser un experto, pero tener conocimientos básicos sobre estas áreas demuestra que no dependes de nadie. Tu habilidad para resolver problemas prácticos te otorga una confianza que te distingue.

Estos solo son algunos aspectos clave sobre la virilidad y tu desarrollo como hombre, tu madurez e independencia.

Ser un hombre verdadero implica mucho más, y de eso se trata este libro: **forjar tu masculinidad**. Desde el primer capítulo hasta el último, cada lección está diseñada para fortalecer tu carácter y ayudarte a convertirte en el hombre que debes ser.

El Camino de un Hombre no se da por una revolución, ni por el apoyo del gobierno, ni por las mujeres, ni por las grandes corporaciones. El verdadero camino se forja a través de tus propias decisiones y las de los que te rodean. Viene de tu grupo, de tus amigos, de tu "tribu".

¿Y es realmente importante tener un buen grupo de amigos? La respuesta es clara: sí.

Tener un círculo de hombres aliados, unidos por los mismos valores y objetivos, es esencial. Un grupo que te impulse, que te ayude a hacer valer tus intereses frente a las adversidades, que te desafíe y te mantenga en el camino correcto, es fundamental.

"Eres el promedio de las 5 personas que te rodean."

Lo que significa que las personas con las que te rodeas tienen un impacto directo en quién eres y en lo que te conviertes. Tener un buen grupo de hombres a tu alrededor, con hábitos de disciplina, crecimiento y enfoque, te ayudará a forjar tu masculinidad de manera mucho más efectiva.

Más adelante profundizaremos en cómo formar ese grupo sólido que te ayudará a ser mejor cada día.

LA CABALLEROSIDAD: UNA ARMADURA OXIDADA

Este tema no es exclusivamente sobre masculinidad, pero la caballerosidad sigue siendo una pieza clave en el código de conducta de un hombre verdadero.

Hoy en día, muchos hombres se sienten confundidos sobre cómo actuar. Algunos dicen que ser un caballero ya no es necesario, que las mujeres rechazan los gestos de cortesía como abrir una puerta o ceder el paso. Otros, en cambio, exigen ser tratadas como damas, pero solo cuando les conviene, esperando que el hombre pague la cuenta y tome la iniciativa en todo.

Entonces, ¿cómo se debe entender la caballerosidad hoy en día? La respuesta es simple: *la caballerosidad no es una herramienta para complacer a los demás, sino un reflejo del carácter y la dignidad de un hombre.* No se trata de buscar aprobación, sino de actuar con honor y principios.

Históricamente, la caballerosidad nació como un código

de conducta entre caballeros. No era solo rescatar princesas o matar dragones. Los caballeros medievales usaban su fuerza e inteligencia para proteger y ayudar a quienes lo necesitaran, desde el rey hasta los campesinos.

Ser caballeroso no significa ser débil o servil; significa ser un hombre de valor, con autocontrol y respeto por los demás. En un mundo donde los valores se debilitan, la verdadera caballerosidad es un signo de poder y autodominio. No importa si otros lo valoran o no; lo importante es que tú mantengas tu propio estándar.

Vista desde esta perspectiva, la caballerosidad es una virtud, algo bueno y necesario, pero no debe ser una obligación exclusiva del hombre.

En un mundo donde la amabilidad se ha vuelto un recurso escaso, ejercerla no solo es un acto de carácter, sino también de distinción. Sin embargo, hoy en día hay mujeres "*extremistas*" que interpretan cualquier acción masculina como "*machismo*" o "*acoso*". No permitas que este tipo de mentalidad te haga cambiar quién eres. Sé un caballero con quien lo merece: ancianos, niños, mujeres y otros hombres.

Si te encuentras con una mujer que desprecia la amabilidad que le ofreces, simplemente no lo repitas con ella. No desperdicies tu energía en quienes no la valoran, pero tampoco cambies tu esencia solo porque la sociedad está llena de personas que no saben reconocer el respeto cuando lo ven.

Una mujer verdaderamente *femenina* apreciará tu gesto.

De hecho, la caballerosidad funciona como un filtro natural: ahuyenta a las mujeres masculinizadas y atrae a aquellas que aún valoran lo que significa ser un hombre de verdad. Por eso, vale la pena seguir siéndolo.

TESTOSTERONA: LA CRISIS DE LA MASCULINIDAD

Los hombres de hoy tienen menos testosterona que las generaciones pasadas, lo que nos lleva a una pregunta crucial: ¿Está la masculinidad en crisis?

Este tema ha generado intensos debates en la última década. Los roles masculinos han cambiado, las ideologías modernas han intentado redefinir lo que significa ser hombre y, mientras tanto, los niveles de testosterona han caído drásticamente.

Esto no es solo una teoría. La evidencia científica respalda esta alarmante tendencia. Un estudio publicado en The Journal of Sexual Medicine analizó los niveles hormonales de más de 4,000 jóvenes estadounidenses entre 1999 y 2016. Los resultados fueron claros: los hombres nacidos en la última década tenían niveles significativamente más bajos de testosterona que aquellos nacidos en los primeros años del siglo XXI. Y esto no se debía solo a la edad o al índice de masa corporal.

No es un caso aislado. En 2007, una investigación de New England Research reveló que los hombres de 65 años en 2002 tenían un 17% menos de testosterona que los hombres de la misma edad en 1987.

El declive es innegable, y con él, se tambalea la esencia misma de lo que significa ser un hombre.

Un estudio realizado en más de 5,000 hombres daneses confirmó la misma tendencia alarmante: *la testosterona en los hombres ha disminuido aproximadamente un 0.5% por año.*

Es cierto que con la edad la producción de testosterona disminuye, pero lo preocupante es que esta caída se ha observado en todas las generaciones, no solo en los hombres mayores. El estudio danés también señala que existen desafíos metodológicos, ya que los datos se han recopilado durante varias décadas con distintos procedimientos, pero la tendencia es clara: **los hombres de hoy tienen menos testosterona que los de antes.**

¿Por qué está pasando esto? Esa es la gran incógnita.

Existen varias hipótesis:

La reducción del consumo de tabaco (aunque suene contradictorio, la nicotina estimula la producción de testosterona).

Un estilo de vida cada vez más sedentario, donde los hombres realizan menos trabajo físico.

El impacto de la contaminación ambiental, que afecta directamente la producción hormonal.

Transformaciones en la alimentación y en la manera en que los hombres interactúan con su entorno.

Los hombres modernos se han alejado del esfuerzo físico, han adoptado hábitos pasivos y viven rodeados de factores que afectan su virilidad. Las razones exactas aún se debaten, pero el problema es real. Y la pregunta que todo hombre debería hacerse es:

¿Qué estás haciendo para contrarrestarlo?

¿Qué significa esto? Por un lado, cada vez más hombres están recurriendo a fármacos para elevar sus niveles de testosterona. Por otro, estamos atrapados en un círculo vicioso: la obesidad en los hombres está en aumento, lo que suprime la producción natural de testosterona. A su vez, la falta de esta hormona eleva las probabilidades de acumular grasa, reduciendo aún más la energía, el deseo sexual e incluso afectando el estado de ánimo. La consecuencia es clara: más hombres débiles, cansados y sin propósito.

Durante décadas se nos ha vendido la idea de que la testosterona es la responsable de la agresividad masculina. Pero la realidad es otra: no es la hormona la que hace al hombre violento, sino la falta de control sobre sus impulsos y su incapacidad para canalizar su energía en la dirección correcta. La testosterona es la chispa que enciende el motor de la acción, la determinación y la competitividad. No es sinónimo de violencia, es sinónimo de fuerza y liderazgo.

¿Está ligado a la crisis de masculinidad? Definitivamente.

Menos testosterona significa hombres más débiles, más indecisos y más vulnerables. Y en un mundo que ya de por sí busca despojar al hombre de su esencia, este fenómeno solo acelera el problema. Sin embargo, el enemigo real no es la baja testosterona, sino la mentalidad derrotista de muchos hombres.

Un hombre con altos niveles de testosterona naturales no solo es más fuerte y tiene más energía, sino que es más ambicioso, más determinado y más capaz de enfrentar la vida con coraje.

Si quieres recuperar tu testosterona, empieza por lo básico:

- ✔ Levanta pesas.
- ✔ Duerme bien.
- ✔ Come alimentos reales.
- ✔ Evita el azúcar y el alcohol en exceso.
- ✔ Rodéate de otros hombres que te desafíen.

La masculinidad no está en crisis. Lo que está en crisis es la voluntad de muchos hombres para luchar por ella.

¿QUÉ ES LA TESTOSTERONA?

La testosterona no es solo una hormona más en el cuerpo masculino, es el combustible que impulsa la virilidad, la fuerza y la determinación de un hombre. A pesar de su importancia, muchos aún se preguntan: ¿para qué sirve realmente la testosterona?

Es una hormona sexual clave, producida en su mayoría por los testículos en los hombres (y en menor medida por los ovarios en las mujeres). También las glándulas suprarrenales contribuyen con pequeñas cantidades.

La testosterona define lo que eres: regula tu energía, tu masa muscular, tu deseo sexual y hasta tu capacidad de liderazgo y ambición. Pero como cualquier poder, debe mantenerse en equilibrio. Niveles demasiado bajos pueden hacerte sentir débil y apático, mientras que un descontrol en el otro extremo también puede traer problemas. El objetivo es simple: mantenerla en su punto óptimo.

¿PARA QUÉ SIRVE LA TESTOSTERONA EN LOS HOMBRES?

Desde antes de nacer, la testosterona ya está jugando un papel fundamental en tu desarrollo. No es casualidad que la presencia de esta hormona sea la responsable de definir tu biología como hombre.

Diferenciación sexual: Durante la gestación, la testosterona es la responsable de que el bebé desarrolle el aparato reproductor masculino. Sin ella, no seríamos hombres.

Desarrollo en la adolescencia: Es la razón por la que tu voz se volvió más grave, te salió barba y empezaste a desarrollar músculo. Sin testosterona, seguirías siendo un niño.

Libido y potencia sexual: La testosterona es la que enciende tu deseo y te permite mantener una erección fuerte. Un hombre con baja testosterona pierde interés en el sexo y se convierte en una sombra de lo que debería ser.

Fertilidad: No solo se trata de deseo, sino de capacidad. La testosterona es clave en la producción de espermatozoides sanos.

Fuerza ósea y longevidad: Un hombre con niveles saludables de testosterona tiene huesos más fuertes y es menos propenso a sufrir fracturas o enfermedades como la osteoporosis. Además, disminuye los niveles de colesterol malo y protege el sistema cardiovascular.

Músculo y rendimiento físico: La testosterona es el factor clave en el crecimiento muscular y la capacidad de recuperación. Si quieres un cuerpo fuerte y resistente, necesitas optimizar tu testosterona.

Bienestar mental y emocional: La testosterona está directamente ligada a la sensación de bienestar, confianza y motivación. Hombres con bajos niveles de testosterona son más propensos a la depresión, la fatiga y la falta de ambición. ¿Te sientes sin energía? ¿Desmotivado? Puede que el problema esté en tu testosterona.

¿QUÉ PASA SI TENGO UN NIVEL BAJO DE TESTOSTERONA?

Si tus niveles de testosterona caen, lo notarás en todos los aspectos de tu vida.

● Golpe directo a tu virilidad: Tu deseo sexual se desploma, tu libido se apaga y las erecciones pierden firmeza, pudiendo derivar en disfunción eréctil.

● Tu mente se debilita: Irritabilidad, insomnio, ansiedad y cambios de humor te vuelven inestable. La depresión acecha y la concentración se ve afectada.

● Tu cuerpo se deteriora: Acumulación de grasa, pérdida de masa muscular y un aumento de peso que te acerca a enfermedades graves como la diabetes y los problemas cardiovasculares.

🔘 Físico menos masculino: Reducción de la densidad ósea, caída del cabello, menos vello corporal e incluso ginecomastia (crecimiento anormal del pecho en hombres).

🔘 Energía en decadencia: Dolores musculares, articulares, sudoraciones excesivas y fatiga constante te convierten en una sombra de lo que deberías ser.

A partir de los 30 años, los niveles de testosterona comienzan a disminuir poco a poco. Pero no es solo la edad la que ataca tu masculinidad... hay hábitos modernos que la están destruyendo, y si no tomas acción, te convertirás en un hombre débil.

FACTORES QUE REDUCEN TU TESTOSTERONA

En los últimos años, especialmente a través de redes como TikTok, se ha difundido la idea de que la pornografía y la masturbación son perjudiciales para la salud masculina, tanto física como mental. Se dice que cada eyaculación reduce drásticamente la testosterona y que la sobreexposición a estímulos sexuales genera una desconexión con la realidad.

Pero... ¿qué tan cierto es esto realmente?

La masturbación y la testosterona.

Según un estudio de la Zhejiang University en China, los niveles de testosterona aumentan durante el acto sexual o la masturbación, pero después de la eyaculación regresan a su rango normal (300 a 1,000 nanogramos por decilitro). Esto desmiente el mito de que la masturbación disminuye la testosterona.

Sin embargo, el mismo estudio descubrió que, tras 7 días de abstinencia, los niveles de testosterona aumentaron un 146%. ¿Qué significa esto? Que la idea de que la eyaculación reduce la testosterona es una verdad mal interpretada.

El impacto de los estímulos sexuales.

Otra investigación, publicada en Sexual Behaviour Archives, reveló que la exposición a contenido erótico puede aumentar la testosterona hasta en un 35%, incluso sin necesidad de actividad sexual o masturbación.

Entonces, ¿qué conclusión podemos sacar?

☑ La masturbación en sí no reduce la testosterona, pero la abstinencia puede potenciarla.

☑ El estímulo erótico ocasional puede elevar la testosterona, pero el consumo excesivo de pornografía puede tener efectos negativos en la percepción de la realidad y en la motivación.

La clave está en el control. Un hombre con disciplina sabe dominar sus impulsos, aprovechar sus instintos y usar la testosterona a su favor. No desperdicies tu energía, canalízala en construir tu mejor versión.

Ahora, hablemos de la pornografía. Este veneno moderno ha estado presente desde mucho antes del internet, pero su impacto real en la psicología masculina ha sido estudiado recientemente. Según una investigación del Instituto Max Planck de Berlín, la pornografía afecta el cerebro de manera similar a las drogas sintéticas. ¿Qué significa esto? Que, con el tiempo, el consumo se vuelve más frecuente e intenso, porque el cerebro se acostumbra a los estímulos sexuales y desarrolla tolerancia.

En pocas palabras: *"Necesitas más y contenido más extremo para obtener el mismo placer"*.

Esto es lo que se llama *"plasticidad cerebral"*. El cerebro se adapta a los estímulos externos y los convierte en hábitos. Lo mismo pasa con despertarte temprano sin despertador: tu cerebro ya lo tiene grabado. Pero en este caso, el hábito que se graba es la dependencia de la pornografía.

¿Las consecuencias? **Devastadoras**.

La investigación demostró que los hombres que consumen pornografía regularmente son propensos a sufrir disfunciones sexuales graves: dificultad para mantener una erección, incapacidad para excitarse con una mujer real, disminución del deseo sexual hacia su pareja y, en casos extremos, rechazo total a las relaciones sexuales en la vida real. Todo porque su cerebro ya está programado para excitarse solo con contenido artificial.

Si eres un hombre que aspira a dominar su vida, *cortar con la pornografía no es opcional: es una necesidad*. La adicción al porno destruye tu virilidad, tu disciplina y tu poder personal. Elige recuperar tu control, fortalece tu mente y enfoca tu energía en el mundo real. La diferencia entre un hombre débil y un hombre fuerte está en sus hábitos. ¿De qué lado quieres estar?

Además del daño fisiológico y psicológico, la pornografía también distorsiona la percepción de la realidad. Muchas de las conductas violentas o de sometimiento que se ven en el porno son pura ficción, parte de un guion diseñado para entretener. Sin embargo, algunos hombres terminan creyendo que así debe ser el sexo en la vida real, lo que puede abrir la puerta a relaciones disfuncionales, frustración e incluso abuso "*sin dolo*", es decir, sin la intención consciente de dañar, pero con consecuencias igualmente destructivas.

La verdad es clara: la pornografía no solo perjudica al hombre que la consume, sino que afecta a su pareja y, en última instancia, a toda la sociedad. Crea hombres desconectados de la realidad, insatisfechos y atrapados en un ciclo de estímulos artificiales que les impide desarrollar una vida sexual sana y auténtica.

No te confundas, la masturbación en sí no es el problema, pero cuando se vuelve un hábito atado a la pornografía, se convierte en una trampa que roba tu energía, tu masculinidad y tu autodisciplina.

Este mal hábito destruye poco a poco tu vida y tus relaciones sin que te des cuenta.

La pornografía es una droga disfrazada de placer.

Si quieres ser un hombre fuerte, deja de alimentarla.

Retoma el control.

CÓMO AUMENTAR LA TESTOSTERONA DE UNA FORMA NATURAL

La testosterona no es solo una hormona, es el combustible de la masculinidad. Define tu energía, tu fuerza, tu deseo sexual y hasta tu capacidad de concentrarte y mantenerte motivado. Un hombre con niveles óptimos de testosterona es un hombre en su mejor versión: fuerte, decidido y lleno de vitalidad.

Pero la realidad es que muchos hombres están funcionando con niveles de testosterona por los suelos, sintiéndose débiles, sin energía y sin ambición.

Si quieres recuperar tu poder, si quieres verte y sentirte como un verdadero toro, es hora de tomar acción. Aquí tienes las claves para aumentar tu testosterona de manera natural y volver a dominar tu vida.

1. Pierde peso: deshazte de la grasa que te está matando. El sobrepeso es el enemigo de tu testosterona. Cada kilo extra es un lastre para tu masculinidad. Los estudios son claros: los hombres con exceso de grasa tienen menos testosterona y más estrógenos, lo que significa menos músculo, menos deseo sexual y menos energía.

Elimina el azúcar de tu dieta. Es un asesino silencioso de tu testosterona. Corta el alcohol o redúcelo al mínimo. Tu cuerpo no puede ser una máquina de guerra si lo envenenas con cada trago. Come como un hombre: ostras, huevos, carne de res, ajo y brócoli. Estos alimentos han demostrado ser poderosos aliados en la producción de testosterona.

2. Entrena como un salvaje: ejercicios de alta intensidad y fuerza. Si quieres más testosterona, necesitas poner tu cuerpo a prueba. No hay atajos. El entrenamiento con pesas y los ejercicios de alta intensidad aumentan drásticamente los niveles de esta hormona.

Levanta pesado. Sentadillas, peso muerto, press de banca. Entrena como un guerrero. Haz sprints y ejercicios explosivos. No basta con levantar pesas, necesitas explosividad y resistencia.

3. Consume zinc: el mineral de la virilidad. El zinc es clave para la producción de testosterona. Sin él, tus niveles se desploman.

Encuéntralo en carnes rojas, pescado, huevos, leche cruda, frijoles y yogur natural.

4. Reduce el estrés: el cortisol es tu enemigo. El estrés prolongado dispara los niveles de cortisol, que destruye la testosterona. Si vives estresado, te conviertes en un hombre débil, ansioso y agotado.

Aprende a relajarte. Meditación, respiración profunda, entrenamiento mental. Un hombre fuerte domina su mente. Evita el drama y la negatividad. Mantén tu círculo lleno de energía masculina y motivación.

5. Duerme como un rey: tu testosterona lo necesita. Si no duermes bien, tu testosterona se desploma. Así de simple. No importa cuán fuerte entrenes o qué tan limpia sea tu dieta; si descuidas el sueño, estás saboteando tu propia masculinidad.

Los estudios son claros: dormir solo 5 horas por noche

puede reducir tus niveles de testosterona en un 15%. Y si llegas al extremo de dormir solo 4 horas, estarás funcionando con niveles hormonales de un anciano. Por otro lado, cada hora extra de sueño puede aumentar tu testosterona en un 15%.

Los hombres que dominan su vida entienden esto: *el sueño es sagrado.* Es el momento en el que tu cuerpo se repara, se fortalece y produce más testosterona. Si no estás durmiendo entre 7 y 10 horas de calidad cada noche, te estás debilitando a ti mismo.

Haz del sueño una prioridad. Nada de trasnochar sin sentido. Evita pantallas y luces brillantes antes de dormir. La luz azul destruye tu producción de melatonina. Duerme en completa oscuridad y en un ambiente fresco. Tu cuerpo necesita condiciones óptimas para recuperar su energía. Si quieres una testosterona alta, necesitas dormir como un rey. Descansa, recarga tu energía y despierta listo para conquistar el día.

6. Potenciadores naturales: tu testosterona al siguiente nivel. Si quieres exprimir al máximo tu testosterona, hay aliados naturales que pueden ayudarte. Pero no caigas en cualquier truco barato: solo unos pocos potenciadores están respaldados por la ciencia.

El más poderoso de todos es la ashwagandha. Esta hierba legendaria ha demostrado su eficacia en múltiples estudios:

Hombres infértiles vieron un aumento del 17% en sus niveles de testosterona y un increíble 167% en la cantidad de espermatozoides.

Hombres saludables experimentaron un incremento del 15%.

También reduce el cortisol en un 25%, lo que significa menos estrés y más producción de testosterona.

Otro aliado clave es el extracto de jengibre. Además de sus múltiples beneficios para la salud, también ha demostrado su capacidad para aumentar la testosterona.

No te conformes con niveles bajos. Dale a tu cuerpo lo mejor y maximiza tu virilidad con potenciadores naturales respaldados por la ciencia.

CONCLUSIÓN: FORJA TU DESTINO COMO UN VERDADERO HOMBRE

Ser hombre no es simplemente nacer con ciertas características biológicas. Ser hombre es una elección diaria. Es un camino de disciplina, esfuerzo y sacrificio. Es una filosofía de vida en la que la debilidad no es una opción y la mediocridad es el peor enemigo.

Los espartanos comprendieron esto mejor que nadie. Ellos no pedían una vida fácil ni buscaban excusas. Forjaban su cuerpo y su mente con fuego y acero, sabiendo que la verdadera grandeza solo se alcanza a través del desafío. Hoy, tú tienes la misma responsabilidad. No vives en el campo de batalla, pero cada día es una prueba: el mundo te quiere débil, sumiso y sin propósito. Tú debes rechazar eso y construir tu propia leyenda.

La testosterona es el combustible de tu virilidad, pero no es solo una hormona: es el reflejo de cómo vives tu vida.

Cada decisión que tomas impacta en quién eres como hombre. Si te alimentas bien, entrenas con intensidad, duermes como un guerrero y dominas tu mente, tu cuerpo responderá con fuerza, energía y poder. Pero si caes en los vicios modernos—la pereza, el exceso, la adicción al placer instantáneo—, te convertirás en un espectro de lo que podrías ser.

La caballerosidad no es debilidad. Ser un hombre fuerte no significa ser un tirano, sino ser un líder, un protector y un pilar inquebrantable. Un verdadero hombre domina sus impulsos, respeta su palabra y protege a quienes ama. Un hombre fuerte inspira, no se lamenta; actúa, no se queja; forja su destino, no lo espera.

Así que, después de todo lo que has leído, la pregunta es simple: ***¿Vas a seguir siendo un espectador o vas a convertirte en el protagonista?***

> *"Ningún hombre puede huir de su propia historia".*
> -   *Rango*

Elige el camino de los hombres fuertes. Forja tu cuerpo, entrena tu mente y camina con honor. Porque al final del día, solo hay dos tipos de hombres: los que se rinden... y los que se levantan y luchan.

Tú decides quién eres.

El Control de las Emociones: Tú Decides Cómo Actuar

Algunos psicólogos aseguran que tenemos total control sobre nuestras emociones, mientras que otros dicen que simplemente no hay manera de gestionarlas. Pero lo que la ciencia ha demostrado es que, lo que tú pienses sobre tus emociones es lo que realmente puede cambiar la forma en que las experimentas.

Como reacciones ante lo que sientes define cómo esas emociones van a impactar en tu vida.

- El orador que teme hablar en público, se paraliza por el miedo, creyendo que esos nervios son una señal de que debe escapar. Los interpreta como algo negativo, como una amenaza.

- El hombre que ve esos mismos nervios como excitación, como una oportunidad para brillar y dar lo mejor de sí mismo, probablemente saldrá adelante y dejará una gran impresión.

La lección es clara: tu cuerpo te da la energía, tú decides cómo usarla. Lo que sientas puede ser una fuerza que te impulse o una que te frene. Es como la montaña rusa, hay gente que paga para subirse, sabiendo que esos nervios son parte de la diversión, mientras que otros no se atreverían ni a acercarse. Ambos sienten el mismo miedo, pero lo interpretan de maneras completamente distintas: uno lo ve como emoción, el otro como terror.

Lo que está claro es que no puedes evitar sentir. Las emociones no son una debilidad ni un obstáculo, son herramientas biológicas que tenemos desde nuestra evolución, y tienen un propósito: *sobrevivir*.

Si nuestros ancestros no hubieran sentido miedo al enfrentarse a un tigre, ¿dónde estaríamos ahora? Las emociones están ahí por una razón: ***para ayudarte a reaccionar, para protegerte, para crecer.***

La amígdala en tu cerebro es la responsable de disparar tus emociones, como una respuesta automática ante una amenaza. En otras palabras, cuando sientes miedo, enojo o ansiedad, tu amígdala está en acción, activando la respuesta de lucha o huida. Este es un mecanismo de supervivencia que tenemos grabado en nuestros genes, y por eso es tan difícil, casi imposible, controlar las emociones con pura voluntad: sería como apagar un sistema de alarma que está diseñado para mantenerte vivo.

Esta reacción emocional es esencial para nuestra supervivencia, pero el problema surge cuando la amígdala no se regula correctamente en algunas personas. Esto puede causar que:

- Se dispare ante amenazas inexistentes, generando ansiedad.

- No se apague después de un tiempo, quedando atrapado en un ciclo negativo, como sucede con la depresión. El cerebro se queda en modo de supervivencia, sin saber cómo desconectarse.

Cuando entras en modo lucha o huida, y la amígdala toma el control de tus acciones, ya es muy difícil detener el proceso. El daño ya está hecho.

Por eso, necesitas aprender a actuar antes de que la situación se descontrole. Tienes que ser capaz de identificar esas señales tempranas, esos pequeños "*clics*" en tu mente y cuerpo que te indican que estás perdiendo el control. Esa es tu oportunidad para frenar el proceso.

No dejes que las emociones te dominen. Si esperas a que ya sea tarde, serás como una bestia acorralada, actuando por impulso y sin poder tomar decisiones racionales. La clave está en anticiparse y tomar las riendas antes de que tu amígdala se apodere de ti.

LA VERDAD SOBRE LAS EMOCIONES NEGATIVAS: EL PODER DE CONTROLAR LO INCONTROLABLE

La teoría más reciente sugiere que existen cuatro emociones básicas que han evolucionado para dar paso a un sinfín de sentimientos más complejos. Estas emociones son: miedo, enfado, alegría y tristeza.

Algunas situaciones en la vida nunca vas a poder acostumbrarte a ellas. Si todo te va mal, es casi imposible dejar atrás la sensación de miedo o ansiedad. Esas emociones son fuertes y a veces te arrastran sin previo aviso.

Por otro lado, las emociones positivas tienden a desvanecerse con el tiempo. No importa cuánto dinero ganes en la lotería o cuán enamorado estés, esas emociones de placer y felicidad se desvanecen, y se desvanecen rápido. De hecho, estudios demuestran que la emoción que más perdura es la tristeza. De todas las emociones humanas, la tristeza es la que dura más tiempo: hasta cuatro veces más que la alegría.

Con este panorama, te das cuenta de que es crucial aprender a gestionar la intensidad de tus emociones, sobre todo las negativas, si quieres evitar que te arrastren y controlen tu vida.

El control emocional no es una opción, es una necesidad. Si no puedes manejar el impacto de estas emociones, terminarás siendo una víctima de ellas.

A continuación, te voy a mostrar qué técnicas realmente funcionan para controlar tus emociones, y cuáles no sirven de nada. Porque el tiempo de estar a merced de tus emociones ya pasó.

Lo que NO funciona para controlar tus emociones: técnicas inútiles que te sabotean.

A lo largo de los años, se han popularizado ciertas técnicas para gestionar las emociones, muchas veces a través de rumores o de autores que ni siquiera se han tomado el tiempo de validar sus bases científicas. La verdad es que la efectividad de estas técnicas es más que dudosa.

Aquí te dejo algunas de las peores estrategias para controlar tus emociones:

Intentar no pensar en lo que te preocupa.

Probablemente ya has escuchado este consejo: *"Solo intenta no pensar en ello."* Pero, al igual que si te digo que no pienses en un oso polar blanco, lo primero que harás es pensar en un oso polar blanco. Ese es el efecto rebote.

Los estudios han demostrado una y otra vez que es imposible simplemente suprimir las emociones o los pensamientos que te preocupan.

Especialmente en personas con depresión, tratar de bloquear esos pensamientos negativos solo empeora las cosas. La represión no hace que desaparezcan; al contrario, regresan con más fuerza.

Relajarte y respirar hondo.

¿Alguna vez te han recomendado relajarte y respirar hondo cuando estás enfadado o ansioso? Esta técnica proviene de una tradición casi ancestral, como respirar dentro de una bolsa de plástico durante un ataque de pánico.

Pero aquí hay un gran inconveniente: respirar hondo o intentar modular el diafragma no suele funcionar, porque el componente fisiológico de las emociones no es lo que más influye en cómo te sientes.

Piénsalo bien. ¿Cuántas veces te has enfadado cuando estabas tranquilo antes de que algo o alguien lo arruinara? Probablemente tenías un buen día hasta que, de repente, algo te molestó. Si no pudiste evitar la ira cuando estabas en calma, ¿por qué crees que respirar profundamente te va a calmar una vez ya estás alterado?

¿Alguna vez le has dicho a alguien que se relaje cuando estaba furioso? Te habrás dado cuenta de que rara vez funciona. Es como si, en vez de escuchar a alguien que siente que ha sido tratado injustamente, le dijeras que se calle y se tome un tranquilizante, en especial en las mujeres.

No me malinterpretes, las técnicas de relajación tienen su valor. Meditar regularmente es extremadamente útil (lo verás más abajo). Pero intentar relajarte después de que las emociones ya te han invadido es como tratar el síntoma y no la raíz del problema.

Liberar la tensión por otras vías.

Hubo una época en la que se pusieron de moda actividades catárticas para liberar emociones: talleres donde la gente se reunía para llorar o eventos donde directivos agresivos se ponían a romper platos. Parecía la solución perfecta para desahogarse.

Pero, lo cierto es que los estudios psicológicos más recientes han demostrado que este tipo de catarsis no solo es ineficaz, sino que puede ser contraproducente. De hecho, sucumbir a la tentación de destrozar todo a tu alrededor puede aumentar tu agresividad a corto plazo.

Lo mismo sucede con hacer ejercicio físico. Sí, el ejercicio es bueno para tu cuerpo, pero no tiene el poder de calmar tus emociones. Solo las oculta temporalmente, es bueno en su momento, pero no para el largo plazo.

Las emociones no están atrapadas dentro de ti esperando estallar como una olla a presión. No necesitan salir a la fuerza. Lo que realmente necesitan es ser comprendidas para que puedas manejar la situación sin que te hagan daño.

Presionarte para tener pensamientos positivos.

Hay controversia cuando se trata de pensamientos optimistas para regular las emociones. Un pensamiento positivo no te va a hacer pasar de un estado negativo a uno positivo de la noche a la mañana, pero sí pueden reducir la intensidad de una emoción negativa.

Las emociones se procesan casi en su totalidad a un nivel inconsciente antes de llegar a tu mente consciente, donde las experimentas. Por eso, cuando ya eres consciente de ellas, a menudo ya es demasiado tarde para frenarlas.

Sin embargo, buscar lo positivo en cada situación puede ser una herramienta poderosa para evitar que te sigas auto-saboteando. Si en lugar de pensar *"No voy a poder con esto"*, te dices a ti mismo *"Esto está complicado, pero sé que puedo manejarlo"*, estarás cambiando la dirección de tu energía. No se trata de negar lo que sientes, sino de **redirigir** la forma en que lo enfrentas para evitar que tus emociones negativas crezcan descontroladas.

Lo que SÍ funciona para controlar tus emociones: técnicas efectivas.

La verdadera inteligencia emocional no se trata de ocultar lo que sientes o ignorar tus emociones. Se trata de reconocer y comprender tus propios estados de ánimo.

Es la habilidad de identificar cuándo y por qué te sientes enfadado, nervioso o triste, y actuar sobre las causas de esas emociones, no solo sobre los síntomas superficiales.

Es cierto que, a veces, te verás arrastrado hacia un estado emocional negativo de forma irremediable. Sin embargo, no todo está perdido. Existen estrategias probadas que puedes aplicar en esos momentos para detener o al menos frenar esa reacción en cadena antes de que te desborde.

Recuerda tus virtudes y éxitos.

Una de las estrategias más poderosas para gestionar tus emociones es reafirmar tus virtudes y puntos fuertes. Se trata de reducir el impacto negativo de una emoción al recordar lo que has logrado y las cualidades que te definen.

Por ejemplo: *en lugar de enfadarte por llegar tarde al trabajo, recuerda que en la mayoría de las veces llegas puntual. No es tan grave.*

Las personas con gran control emocional practican la autoafirmación cuando sus emociones aún no han alcanzado su punto máximo. Así, tienen tiempo de reencuadrar la situación y ver las cosas desde una perspectiva más racional.

La próxima vez que sientas que las emociones te están desbordando, *haz una pausa y recuerda lo que has logrado, las veces en las que has superado obstáculos, y las cualidades que te han llevado hasta aquí.*

Distrae tu atención hacia un asunto concreto.

Las personas con gran control emocional han aprendido a utilizar la distracción para bloquear sus estados emocionales antes de que lleguen al punto crítico. Esta estrategia es especialmente útil cuando sabes que las emociones intensas están por llegar y no tienes suficiente tiempo para aplicar otras técnicas más complejas.

Seguro que lo sabes, una de las formas más efectivas de calmar a un niño que no para de llorar es desviar su atención. Frases como *"¿Has visto el muñeco?"* o *"Mira lo que tengo en la mano"* son suficientes para disminuir su nivel de excitación, si logras mantener su atención el tiempo necesario.

La técnica de la distracción para adultos funciona de manera similar. *Se trata de desvincularte de la emoción negativa al centrar tu atención en algo neutral.* De esta manera, evitas que la emoción crezca y te desborde.

Por ejemplo, si tu jefe cuestionó tu profesionalidad, en lugar de caer en pensamientos catastróficos como *"Me van a despedir"*, puedes centrarte en algo diferente, como la celebración de tu cumpleaños que tienes el fin de semana. Suena simple, pero es eficaz y ha sido validado por varios estudios científicos.

Aunque, a largo plazo, no es la única estrategia que debes usar, la distracción funciona muy bien, especialmente si logras centrar tu mente en un asunto concreto, en lugar de dejar que se pierda en pensamientos negativos.

Piensa en tu futuro más inmediato.

Cuando las emociones son demasiado intensas, es fácil olvidarte de que hay un futuro y que tus decisiones tienen consecuencias. En esos momentos, todo lo que sientes — *tu frustración, tu ira, tu ansiedad*— parece tan urgente que pierdes de vista lo que está por venir.

Pero la pregunta es: *¿seguirás sintiendo eso dentro de una semana? ¿Realmente vale la pena perder el control por algo que será solo un recuerdo en poco tiempo?*

Pensar en el futuro más cercano es una técnica extremadamente eficaz para mantener el autocontrol, y se ha comprobado científicamente. En un experimento que popularizó el libro Inteligencia Emocional, niños que resistieron la tentación de comerse una golosina a cambio de recibir otra después, obtuvieron mejores resultados académicos y mejores logros en los años siguientes.

El autocontrol no solo te ayuda en el presente; lo que hagas hoy impactará directamente en el futuro que construyes. Cuando sientas que tus emociones se apoderan de ti, recuerda que el futuro está en tus manos.

Medita habitualmente.

La meditación no es solo una moda. Científicamente comprobado, se ha demostrado que la meditación ayuda a prevenir los pensamientos negativos repetitivos, y no solo mientras meditas, sino a largo plazo. Este hábito tiene la capacidad de disminuir la activación de la amígdala (la parte del cerebro que regula las emociones) de forma duradera.

Además, existen estudios que avalan la reducción de la ansiedad a través de la meditación. En uno de ellos, con solo cuatro sesiones de 20 minutos, la ansiedad se redujo un 39%. Impresionante, ¿verdad?

No esperes a que las emociones te invadan para intentar relajarte.

Meditar de manera regular y aprender a respirar correctamente son herramientas poderosas que, con el tiempo, disminuirán la intensidad de las emociones negativas cuando surjan. No se trata solo de sentirte bien en el momento, sino de crear una fuerza interna que te permita mantener el control incluso en los momentos más difíciles.

Date permiso para preocuparte más tarde.

Ya te he mencionado antes que suprimir una emoción solo hace que regrese con más fuerza. Pero hay una estrategia que sí funciona: posponer la preocupación.

En un estudio, se pidió a los participantes con pensamientos ansiosos que pospusieran su preocupación durante solo 30 minutos. Aunque puede parecer una forma extraña de evitar un pensamiento, los resultados demostraron que, después de este tiempo, las emociones regresaban con mucho menos poder.

Entonces, ¿por qué no darle una oportunidad? Date permiso para preocuparte más tarde. Ponle un límite temporal a esa preocupación. Al hacerlo, notarás que la intensidad de la emoción disminuye, y tu capacidad para manejarla se incrementa.

Piensa en lo peor que te puede pasar.

¿Has visto *"Sin Perdón"* de Clint Eastwood? Si no, te la recomiendo al 100%. En la película, el personaje de William Munny, aunque viejo y en sus últimos días, es el mejor pistolero del oeste. No porque sea el más rápido o tenga la mejor puntería, sino porque, como él mismo dice, cuando las balas empiezan a volar, él mantiene la calma.

Pero, ¿cómo mantener la calma cuando todo se está desmoronando? Los samuráis y los estoicos tenían una técnica que les permitía estar tranquilos incluso en las situaciones más extremas: *pensar en la muerte. Y no un poco, sino pensar mucho en ella.*

No te estoy diciendo que te pongas sombrío ni que te conviertas en alguien que solo vea lo negativo. Pero pensar en lo peor que puede pasarte tiene un poder real para poner todo en perspectiva. Relativizar tus problemas es la clave para mantener el control sobre tus emociones.

Después de todo, *si puedes aceptar que lo peor es la muerte, lo que pase a continuación será solo un obstáculo más que puedes superar.*

Tómate un respiro (y un refresco) para recuperar el autocontrol.

Tu autocontrol no es ilimitado. De hecho, investigaciones científicas muestran que, a medida que te enfrentas a emociones y situaciones estresantes, tu capacidad de controlar tus reacciones se va agotando.

Imagina que estás haciendo un sprint: al terminar, estás exhausto y necesitas tiempo para recuperarte antes de correr nuevamente. Lo mismo ocurre con el autocontrol.

Si has logrado manejar tus emociones en un momento tenso, es mejor evitar ponerte en otra situación similar de inmediato. De lo contrario, tus niveles de autocontrol estarán demasiado bajos y es más probable que termines cediendo a la emoción.

Lo más sorprendente es que se ha demostrado que mantener el autocontrol consume glucosa en tu cerebro, como si estuvieras haciendo ejercicio físico. Así que, para recuperarlo, te recomiendo dos estrategias clave:

Tomar algo dulce: No es broma, una bebida con azúcar puede darte el impulso que necesitas.

Usar la reafirmación positiva: Esto te ayudará a restablecer el control de tus emociones.

La clave es reconocer cuándo tus niveles de autocontrol están bajos y darte el tiempo necesario para recuperarte antes de enfrentarte a nuevas situaciones emocionales.

Tu autocontrol es como un músculo: reposa para ser más fuerte la próxima vez.

Cuando todo falle, busca un espejo.

¿Parece raro? Pues, mirarte al espejo puede ser más útil de lo que imaginas cuando estás a punto de perder el control. Aunque suene sorprendente, estudios científicos han demostrado que, al verte reflejado, eres capaz de observarte desde una perspectiva externa. Esto te permite distanciarte momentáneamente de tus emociones y ver la situación con más claridad.

El autoconocimiento es clave para manejar tus emociones, y al mirarte al espejo, aumentas tu autoconsciencia. Te ayudará a separarte del enfado o estrés y, en consecuencia, reducir la intensidad emocional. Además, ser consciente de ti mismo no solo mejora tu autocontrol, sino que también hace que te comportes de una forma más equilibrada y sociable.

Así que la próxima vez que sientas que tus emociones están por encima de ti, busca un espejo. Te permitirá recuperar la calma y seguir adelante con mayor claridad.

Lo más importante: encuentra el motivo de tus emociones.

A largo plazo, la verdadera clave no es luchar contra tus emociones, sino reconocerlas y entender por qué se desatan. Identificar la causa es lo que te permitirá tomar el control.

Por ejemplo: *"No me gusta sentirme así, pero ahora mismo siento envidia (reconozco la emoción) porque a Pablo le han dado una felicitación por su trabajo y a mí no (reconozco el por qué)."*

Lo que realmente importa aquí es ser honesto contigo mismo acerca de lo que realmente sientes y por qué lo sientes.

No caigas en la trampa de engañarte. Es muy común que nos digamos que estamos enfadados con alguien por su comportamiento, cuando en realidad el problema es que no conseguimos el ascenso que a esa persona si le dieron y eso afectó nuestra autoestima.

Conocer la verdad detrás de tus emociones te ayudará a enfrentar la causa real. Esto te dará las herramientas para reaccionar de manera más efectiva en el futuro, mantener el control sobre ti mismo y gestionar mejor tus emociones.

TU TRIBU
El Verdadero Valor de la Hermandad Masculina

Imagina que el fin del mundo ha llegado. El dinero ya no vale nada. Los policías, que antes trabajaban para el sistema, ahora solo buscan su propio beneficio. Tienen armas, tienen poder, y hacen lo que quieren. Ya no hay a quién quejarse, ni ayuda que esperar.

Fuera, el caos reina: la gente lucha por comida, por recursos, por sobrevivir. Ahora, piensa en tu círculo de amigos... ¿A quién buscarías si tu vida estuviera en peligro? ¿Quién estaría a tu lado cuando las cosas se pongan feas, cuando el ruido de los golpes en las ventanas te ponga al borde del pánico? ¿Quién pelearía por ti? ¿Y quién, en cambio, preferirías que se quede fuera de tu equipo?

No tienes que dar una respuesta brillante. Sé honesto contigo mismo. Reflexiona sobre ello.

Porque lo que estoy diciendo es esto: *la tribu que eliges es la que te define como hombre.*

La Masculinidad en tu Tribu: La Verdadera Fuerza.

Cada hombre pertenece a su propia tribu. Cada cultura, cada época, tiene su propia definición de la masculinidad. Ya sea en los boy scouts, las pandillas, las mafias o los grupos de amigos... cada uno de esos lugares tiene una visión distinta de lo que significa ser el hombre ideal de su tribu.

Esto es crucial para entender cómo nos relacionamos con los demás hombres. El hombre fuerte no es siempre el mismo en todos los grupos. Y lo que forma una verdadera hermandad masculina no es simplemente hacer ruido juntos. Se trata de saber que, cuando todo se derrumba, tu tribu está a tu lado.

Cada grupo de hombres pide cosas diferentes de sus miembros, dependiendo de lo que necesita para sobrevivir y prosperar. Si quieres entender cómo cada cultura ve a sus hombres ideales, basta con estudiar religión, filosofía, moral y ética.

Pero, cuando tu vida depende de ello, lo que realmente necesitas son hombres fuertes, valientes y competentes. No quieres que los de tu tribu sean atropellados por la vida, sino que sean personas dispuestas a pelear, a mantenerse firmes cuando más se les necesita.

Un hombre que huye cuando el grupo necesita que pelee pone en peligro a todos. Necesitas a hombres que sean capaces, comprometidos, y con agallas. No te puedes permitir estar rodeado de débiles y torpes.

Además, es vital que esos hombres se comprometan. No puedes confiar en un hombre que piensa solo en él mismo. Necesitas a alguien que vea el "*nosotros*" y no el "*ellos*". En los momentos de crisis, necesitas a hombres que estén dispuestos a darlo todo, que cuiden tu espalda y se queden en la lucha. Los hombres que no se preocupan por lo que otros piensan, los que actúan como si no tuvieran nada que perder, no son confiables.

¿Qué tipo de amigos tienes a tu lado? No te estoy diciendo que tus amigos deban ser todos grandes, musculosos y perfectos. Pero sí te estoy diciendo que debes rodearte de hombres comprometidos, valientes y con ganas de mejorar cada día.

Si estás rodeado de hombres que solo viven para salir de fiesta, beber sin control, no cuidar su salud, ir persiguiendo mujeres, consumir drogas o vivir despreocupados, hay una alta probabilidad de que termines convirtiéndote en uno de ellos.

¿Quieres ser como ellos?

¿REALMENTE ERES EL PROMEDIO DE LAS 5 PERSONAS QUE TE RODEAN?

Jim Rohn dejó claro algo que nos golpea directo:

"Eres el promedio de las cinco personas con las que pasas más tiempo."

¡Tu entorno es lo que construyes!

Esta afirmación puede sonar dura, incluso ofensiva, sobre todo cuando volteas a mirar a las personas con las que más te relacionas. Es probable que muchas de ellas sean personas que aprecias profundamente, aquellas que consideras tus amigos de toda la vida. ¿Entonces, hay algo realmente mal con esto?

Si tu entorno está compuesto por personas positivas, amables, educadas, exitosas, coherentes, honestas y con valores claros, es muy probable que tú también reflejes esas características.

Pero si tu círculo social está marcado por conflictos, desorden, comportamientos riesgosos, fracasos constantes y complicaciones interminables, quizá no seas plenamente consciente de que formas parte de esa misma energía negativa.

Cuando reflexionas sobre esto, podrías comenzar a entender por qué tu vida no está avanzando como quisieras, o incluso por qué te sientes estancado. *¿Te has preguntado alguna vez si las personas con las que te relacionas son las adecuadas para tu crecimiento personal?* El entorno emocional de aquellos que te rodean influye más de lo que imaginas.

Antes de empezar a hacer una lista de las personas en tu vida, es crucial que te detengas y pienses en el impacto que tienen tus elecciones, tus hábitos, y la manera en que te relacionas. El tipo de sociabilización que practicas determina gran parte de los resultados que estás obteniendo.

Una forma efectiva de evaluar tu entorno y tu lugar dentro de él es a través de preguntas honestas.

Desde lo más profundo de ti, hacia el entorno en el que te mueves:

¿Me estoy acercando o alejando de las personas que realmente importan?

¿Valoro las opiniones de quienes tienen algo concreto y positivo que ofrecerme?

¿Busco activamente aprender de los hombres exitosos y entender cómo llegaron ahí?

¿Juzgo negativamente a aquellos que han alcanzado el éxito económico?

¿Contribuyo al bienestar de los demás con mis acciones y palabras?

¿Me centro únicamente en mis propios intereses, dejando de lado mis conocimientos y experiencias que podrían ayudar a otros?

Desde el entorno hacia ti:

¿Soy consciente de cuántas personas se acercan a mí buscando ayuda, y cuántas lo hacen para ofrecerla?

¿Estoy constantemente expuesto a ideas positivas, o más bien me encuentro rodeado de pensamientos negativos?

¿Siento que las personas a mi alrededor evalúan mis resultados de manera injusta o despectiva?

¿Es fácil para mí desarrollar posiciones de liderazgo, o siento que me cuesta más de lo que debería?

Cuando trabajo en equipo, ¿las personas son capaces de comunicarse y colaborar de manera efectiva conmigo?

En mi familia:

¿Soy respetado por lo que soy, o por lo que los demás esperan que sea?

¿Mi familia me exige ser mejor, o se conforma con lo que soy actualmente?

¿Mi familia cree en mis capacidades y en mi potencial?

¿Estoy brindando apoyo a mi familia de alguna forma?

¿De qué manera mi familia me apoya en mis esfuerzos y desafíos?

Es fundamental ser honestos y objetivos al analizar quiénes forman nuestro entorno emocional más cercano y si están contribuyendo positivamente a nuestra vida o, por el contrario, están drenando nuestra energía emocional. No todos los que forman parte de tu entorno tienen la misma capacidad de influenciar tu bienestar, y es importante reconocer a aquellos que realmente aportan valor y a quienes no.

Es difícil identificar qué aspectos del entorno están sumando o restando si solo nos centramos en las personas que lo componen. Además, es esencial recordar que tú también formas parte activa de tu entorno, y tu actitud y comportamiento también influyen en los demás.

EVALUEMOS NUESTRO ENTORNO EMOCIONAL

Para comprender mejor nuestro entorno emocional, es fundamental hacer una reflexión honesta sobre las 5 personas más cercanas a nosotros. Este análisis nos permitirá cuestionarnos si nuestro entorno está realmente alineado con nuestros valores y objetivos. Aquí hay algunas preguntas clave que podemos hacernos:

¿Te sientes cómodo con quién eres hoy?

¿Te agradan las personas que te rodean en todos los aspectos?

¿Estás dispuesto a seguir adelante con estas relaciones, incluso cuando surjan desafíos?

¿Puedes intercambiar pasión por lo que haces con todos ellos?

¿Puedes hablar con sinceridad, sin temor a omitir detalles o caer en hipocresías?

¿Conoces lo que cada uno de ellos puede dar y recibir si emprenden algo juntos?

¿Recibes o has recibido valores, ideas, aportes mentales, fuerza de espíritu, palabras de aprecio, preguntas de preocupación, dudas relevantes, tiempo de calidad, o interés por la verdad?

¿Puedes confiar plenamente en ellos?

¿Sientes que eres parte de su grupo y compartes sus valores?

Estas preguntas ponen énfasis en la importancia de la sociabilización y cómo nuestras interacciones sociales, desde la familia hasta la cultura en la que nacemos, influyen directamente en nuestra forma de pensar y en las decisiones que tomamos. La clave aquí es ser conscientes de cómo nuestras percepciones y las influencias externas contribuyen a crear nuestra realidad. Este proceso de reflexión es fundamental para avanzar en nuestra vida personal y profesional.

El ejercicio de evaluar nuestras relaciones, y, por ende, nuestro entorno emocional, implica entender que somos el centro de este ejercicio de visión de vida. Nosotros somos los responsables de seleccionar las ideas y modelos de pensamiento que decidimos poner en práctica. Estas decisiones nos definen y determinan si estamos avanzando en la dirección que queremos.

Además, es crucial preguntarnos si estamos aprendiendo lo que realmente nos ayuda a avanzar. ¿Las ideas que estamos interiorizando y las experiencias que estamos viviendo están contribuyendo al progreso en nuestra vida? La psicología ha demostrado que el ser humano aprende a través de la sociabilización, y ese aprendizaje no solo proviene de la familia y los amigos, sino también de los modelos culturales que nos rodean. Estos modelos, aunque a menudo subjetivos, nos guían en la vida y nos influyen al momento de tomar decisiones.

Este proceso de reflexión continua y de evaluación de nuestro entorno nos permite entender si estamos rodeados de influencias que suman a nuestro crecimiento o si estamos simplemente adoptando un pensamiento que nos mantiene estancados.

¿CÓMO TRABAJAR EN MEJORAR EL PROMEDIO DE LAS 5 PERSONAS QUE TE RODEAN?

Este es un tema fundamental. La calidad de las personas con las que compartes tu tiempo puede determinar el nivel de tu vida. Jim Rohn lo dejó claro cuando dijo: *"Eres el promedio de las 5 personas con las que pasas más tiempo"*. A partir de aquí, ¿qué decisiones estás tomando sobre el entorno que creas alrededor tuyo?

Si realmente quieres cambiar el rumbo de tu vida, es esencial que pongas atención a las personas con las que te rodeas. Aquí te dejo algunas pautas para empezar a cambiar y mejorar ese entorno.

Activa tu vida social buscando entornos positivos. Es hora de tomar acción. Participa en reuniones de emprendedores, acciones de voluntariado, o cursos libres. En estos espacios no solo vas a aprender, sino que conocerás personas con una mentalidad de crecimiento. Gente que está en constante evolución, que busca mejorar y hacer cosas más grandes.

Es fácil quedarse en círculos sociales cómodos, pero si no estás desafiando tu mente y tus creencias, probablemente no estés rodeado de las personas correctas. Busca entornos donde puedas aportar y crecer a la vez. En ese tipo de círculos, las oportunidades y las personas que realmente te suman van a aparecer.

Invierte en tu vida personal. Piensa en ti como el bien más preciado. Invierte en tu desarrollo personal, en tu educación, en aprender nuevas competencias que te empoderen. No todo lo que es gratuito tiene el mismo impacto, así que, si es necesario gastar en actividades que te ayuden a evolucionar, hazlo sin pensarlo dos veces.

Cuando inviertes en ti mismo, te rodeas de personas que también invierten en su crecimiento. La mentalidad positiva se contagia, pero también la mentalidad negativa.

Rodéate de quienes apuestan por su mejor versión.

Haz networking de calidad. Aprovecha todas las oportunidades de conectar con personas que compartan tus intereses y valores. No se trata solo de conocer gente, sino de conocer a la gente adecuada. Encuentra personas que tengan una actitud positiva, diferente y especial. Este tipo de personas tienen algo que ofrecerte, y tú también tienes algo que aportarles.

El networking no es solo una herramienta profesional, es una forma de enriquecer tu vida con personas que tienen lo mismo en mente: avanzar, crecer y ser mejores.

Cambia tu mentalidad. Es un hecho: lo que piensas atrae lo que vives. Si estás atrapado en un ciclo de pensamientos negativos, ese será el promedio de las personas que atraes hacia tu vida. Practica la gratitud, visualiza el éxito y enfócate en lo que puedes mejorar. Cambiar tu mentalidad cambiará las personas que te rodean.

Recuerda: ser positivo no es solo pensar en grande, es actuar en consecuencia. Si trabajas en tu mentalidad positiva, atraerás a quienes estén en la misma sintonía.

Hazte responsable de tu entorno. Es cierto que no siempre podemos controlar quién se cruza en nuestro camino, pero sí podemos controlar a quién dejamos entrar a nuestra vida. Si te das cuenta de que hay personas en tu círculo que te están frenando, es momento de hacer una evaluación honesta.

¿Te están sumando? ¿Te están ayudando a crecer?

Asegúrate de que las personas que te rodean son un reflejo de lo que quieres lograr. Si no lo son, comienza a tomar decisiones de forma consciente para alejarte de aquellos que no contribuyen a tu bienestar y éxito.

ESTABLECER UNA TRIBU FUNCIONAL

Cuando hablamos de formar una tribu, no nos referimos a cualquier grupo de amigos o conocidos. Estamos hablando de un entorno de hombres sólidos, que compartan valores, intereses y que estén dispuestos a luchar juntos por algo más grande que ellos mismos. ¿Por qué es tan importante esto? Porque, en última instancia, los hombres no sólo buscamos compañía, sino que necesitamos un propósito común. Aquí te dejo cómo hacerlo funcionar.

1. Proximidad: Encuentra a los que están cerca de ti.

Para formar una tribu funcional, la proximidad es clave. Es mucho más fácil construir una relación sólida cuando compartimos el mismo espacio, ya sea físico o virtual. Claro, hoy en día podemos conectar con hombres de todo el mundo gracias a Internet, pero hay algo poderoso en contar con compañeros que están cerca de ti, con los que puedas interactuar cara a cara, compartir experiencias y tener acceso directo en momentos de necesidad.

Aunque el Internet te permite llegar a muchos, lo ideal es tener a los hombres que importan cerca, en una zona geográfica que te permita compartir más que solo un mensaje de texto.

2. Elegir un "Nosotros": Encuentra un propósito para tu tribu.

Una tribu no es una reunión de hombres al azar. Es un grupo unido por un propósito común. Este "Nosotros" debe tener algo que los impulse: puede ser el compromiso con la familia, la comunidad, la defensa de los valores, la superación personal, o incluso un propósito más grande como la supervivencia o el compromiso con la patria.

¿Te has preguntado alguna vez qué los une a los hombres que admiras? Ese es el punto de partida. Define por qué te reúnes con tu tribu y asegúrate de que todos tengan claro qué están buscando y cómo contribuirán al grupo.

3. Crear Fraternidad: Construye confianza a través de la acción.

La fraternidad no se construye solo con palabras, sino con acciones compartidas. Uno de los mayores valores de una tribu funcional es la confianza, y esa confianza no surge de un discurso vacío, sino de experiencias vividas juntos. ¿Cuál es la mejor manera de crear esta conexión? Haz cosas juntos, superen retos, compartan momentos de esfuerzo y de diversión. Las excursiones, la práctica de artes marciales, ir al gimnasio o actividades como salir de caza o construir algo juntos son ejemplos perfectos de cómo el trabajo en equipo y la cooperación permiten que la amistad y la fraternidad se consoliden.

Si alguna vez has practicado artes marciales o has formado parte de un grupo de entrenamiento, sabes de lo que hablo: el contacto, el esfuerzo compartido y el respeto mutuo forjan vínculos fuertes. Lo mismo ocurre con otras actividades físicas o intelectuales que promuevan el compromiso y la camaradería.

4. Las salidas tácticas: Desafíos que unen.

Una forma efectiva de fortalecer los lazos de la tribu es organizar salidas tácticas. Esto no solo involucra actividades físicas, como salir a caminar por zonas alejadas de la ciudad, sino también establecer competencias, desafíos, y aprender habilidades que te conecten más profundamente con tu tribu.

Algunas de estas actividades pueden incluir disparos (si es legal y seguro), desafíos de habilidades de supervivencia o ejercicios de liderazgo y toma de decisiones. Esas son experiencias que, aunque pueden parecer extremas, proporcionan un espacio único para fortalecer los lazos entre los miembros del grupo.

Para muchos, estas actividades funcionan como rituales de paso: representan un salto de la niñez a la madurez, un momento en el que un hombre demuestra su valía no solo para sí mismo, sino también para los demás en su tribu.

No necesitas una estructura formal, ni cartas de membresía, ni elegir un presidente. Lo único que necesitas es estar cara a cara.

Las relaciones en línea pueden ser útiles, pero siendo honestos, hay un límite. En Internet, todos podemos crear una fachada. Nos escondemos tras una pantalla y la verdadera conexión no se da. Para conocer a un hombre de verdad, necesitas pasar tiempo real con él. Necesitas hacer cosas juntos, generar confianza, y eso solo sucede cuando hay interacción directa. No te engañes: *un conocido casual no será quien te respalde cuando las cosas se pongan difíciles.*

Una amistad sólida es como cualquier otra relación. Requiere dar y recibir, y, sobre todo, tiempo. Las conexiones superficiales no son suficientes. Si encuentras a algunos tipos con los que puedes realmente conectarte, que compartan tu visión, tu filosofía, entonces no dudes en hacer tiempo para ellos. Invierte en esa relación.

La confianza, para crecer, necesita honestidad. Y esa honestidad no puede desarrollarse de la misma manera cuando las mujeres están presentes. Es un hecho que los hombres no son completamente honestos entre sí cuando hay una mujer cerca. **Este es un espacio que debe estar reservado para hombres** que, a través de las palabras y las historias, puedan generar una confianza real.

Y no se trata de excluir a las mujeres de la vida de un hombre. Los hombres también querrán tener novias, esposas y familias, y eso es parte natural de la vida. Pero **no puedes esperar que los hombres que apenas te conocen estén dispuestos a arriesgar mucho por ti cuando enfrentes problemas graves.** Esa gente no estará allí cuando realmente los necesites si no has invertido en esa relación.

Pon esfuerzo. Comer o beber juntos está bien, pero es más efectivo hacer cosas que realmente los unan como grupo. No se trata solo de pasar el rato, se trata de planificar actividades que pongan a prueba el trabajo en equipo, que fomenten la camaradería, y que creen una historia compartida. *Ve al billar, apúntate al gimnasio, inscríbete en clases de artes marciales, únete a un equipo deportivo, tómate el tiempo para aprender nuevas habilidades que puedan ser útiles para el grupo, construye o arregla algo juntos.* Cada una de estas experiencias te unirá más con tu tribu y te enseñará a trabajar como parte de un equipo.

Y, cuando las dificultades lleguen, serán estos hombres con los que compartiste esos momentos los primeros a los que recurrirás. Son los hombres con los que has construido algo genuino. Son los que estarán a tu lado cuando más lo necesites.

Ellos serán tu tribu. Ellos serán tu nosotros.

Las Mujeres de la Actualidad

El feminismo ha invadido muchas facetas de la sociedad moderna, pero hay algo que se ha dejado de lado, algo que se está perdiendo en el camino: **la feminidad**. Y esto no es solo un fenómeno cultural, es una realidad que está comenzando a afectar la esencia misma de lo que significa ser mujer. Mientras el progresismo impulsa a los hombres a feminizarse, ¿qué está pasando con ellas? ¿Dónde quedó la esencia femenina?

El endurecimiento de los hombres siempre ha sido visto como algo atractivo. No por nada, la dureza en un hombre genera respeto, admiración, incluso deseo. Un hombre que sabe lo que es el sufrimiento, que ha soportado la adversidad y se mantiene firme, es alguien que inspira confianza. Esa dureza, aunque no siempre comprendida, es un rasgo natural que los hombres desean.

Pero ¿qué ocurre cuando una mujer adopta esa misma dureza? ¿Qué ocurre cuando una mujer decide abandonar su feminidad en favor de una ideología que promueve la equidad a costa de su propia esencia? La respuesta es clara: se convierte en algo repulsivo. Las mujeres endurecidas pierden lo que las hace irresistibles, lo que las hace verdaderamente especiales. *No se puede simplemente sustituir lo femenino por lo masculino sin consecuencias.*

La vida no está destinada a que ellas se enfrenten a la brutalidad del mundo con la misma dureza que un hombre. Las mujeres no deberían buscar ser como los hombres, porque perderían lo que las hace únicas. El verdadero poder de la mujer radica en su capacidad de adaptarse a las adversidades con sabiduría, con gracia y gentileza. El endurecimiento lleva a forjar masculinidad, pero es totalmente tóxico para lo femenino.

¡El feminismo actual les ha vendido la idea equivocada!

Les ha dicho que, para ser respetadas, deben convertirse mujeres poderosas y así lograr la aceptación social. Esto no solo es un error, es una condena silenciosa. Las mujeres que se entregan a este modelo pierden algo mucho más grande que solo su feminidad: *pierden su atracción, su magnetismo y, lo peor de todo, su esencia.*

La feminidad no debe ser sacrificada en el altar del feminismo. Las mujeres que renuncian a su ser natural en busca de aceptación o poder en este mundo caótico solo se están alejando de lo que las hace verdaderamente valiosas. La feminidad debe ser preservada y cultivada, no reemplazada ni "igualada" a la masculinidad.

En la sociedad actual, las mujeres están siendo presionadas hacia una transformación que las aleja de lo que realmente son. El modelo económico y la programación social que impera en la época actual empujan a las mujeres a abandonar su feminidad, presentándola como algo innecesario o débil.

El feminismo, en lugar de defender la esencia femenina, vende la idea de que la verdadera "*liberación*" radica en adoptar las características masculinas: **agresividad, competencia y dominio.** Se les dice que solo alcanzarán el poder si dejan atrás su naturaleza, como si el instinto maternal y la capacidad de nutrir fueran debilidades que deben ser erradicadas.

¡Esto es una mentira!

La feminidad no necesita ser reconfigurada ni reemplazada por masculinidad. Lo que se está haciendo es destruir el poder que reside en lo femenino. La feminidad no está reñida con el éxito, y no necesita "*masculinizarse*" para ser tomada en serio.

Un hombre que tenga más experiencia y cicatrices de batalla, se vuelve más masculino y endurecido, pero, al tratar de emular esas mismas características, la mujer se vuelve menos femenina, menos atractiva y más distanciada de su naturaleza.

El hombre de hoy prefiere a la mujer joven, no solo por su físico, sino por la frescura y la pureza de su feminidad. La dureza y la masculinización de la mujer solo la hace menos atractiva.

La Agenda Progre y el Verdadero Valor.

Muchos hombres hoy en día no se dan cuenta de la agenda progresista que está en marcha, **una agenda que busca masculinizar a la mujer y afeminar al hombre**. Esta estrategia es una receta para la destrucción de lo que debería ser el orden natural de la sociedad. La verdadera guerra cultural está en cómo se está redefiniendo el rol de cada género, debilitando lo que hace único y valioso a cada uno.

En las redes sociales, cada vez más mujeres se autodenominan "*de alto valor*", pero lo curioso es que, muchas de estas mujeres no entienden que el valor no es algo que se autoimponen; no se obtiene por el simple hecho de ser mujeres. Estas mujeres creen que por el solo hecho de ser mujeres, merecen a un hombre millonario, a un hombre exitoso, pero se olvidan de que el valor es algo que se determina por el mercado sexual contrario, es decir, los hombres y no sus propias ideas; lo mismo aplica para el hombre.

Lo que determina el valor de algo, ya sea una mujer o un hombre, es su escasez y lo difícil que es obtenerlo. Piensa en un diamante, un rubí o una joya rara. Son valiosos porque no son comunes, porque no son fáciles de encontrar. Lo mismo pasa con una mujer de alto valor.

Una mujer que se considere de alto valor no debería definirlo por su apariencia ni por su capacidad para hacer que un hombre pague por su presencia. Las mujeres que realmente tienen un valor elevado poseen cualidades raras y codiciadas: *feminidad genuina, respeto, virginidad, humildad, lealtad, y habilidades prácticas como saber cocinar, ser trabajadora, mantener buenos hábitos y, sobre todo, tener la capacidad de trabajar en equipo.* En lugar de las mujeres que simplemente extienden la mano esperando recibir, estas mujeres de valor ofrecen y aportan algo de verdad valioso.

El hombre que busca una mujer de valor no se conforma con una que solo se ofrece a cambio de recursos, sino que busca a aquella que realmente entiende su rol en la sociedad y sabe aportar al bienestar de la relación.

Pero, seamos realistas, la mayoría de las mujeres hoy en día no poseen, o al menos no en la medida que deberían, las cualidades que realmente las harían de alto valor.

Sin embargo, en sus propios cuentos de hadas, muchas de ellas presumen ser "*de alto valor*", solo porque alguna influencer les dijo que por el simple hecho de ser mujeres ya lo son. Creen que por ser "*bellas*" o por decretar que son prósperas, merecen tener a un hombre millonario que les cumpla todos sus caprichos.

La realidad es diferente. El valor no se obtiene por ser mujer ni por simplemente proclamarse "*especial*". El valor real debe ser cultivado, forjado y preservado. Tanto hombres como mujeres deben trabajar en su valor personal, en las cualidades que realmente cuentan. Un hombre de calidad siempre se fijará si una mujer tiene lo necesario para ser la madre de sus hijos, si tiene integridad, si sabe aportar y no solo exigir *y claro que se fijará si esa mujer está vendiendo la imagen de su cuerpo por $3.99 en internet.*

Hoy en día, la búsqueda de una pareja de calidad se ha vuelto más difícil que nunca. Hay un grupo de mujeres que se han dado cuenta de la realidad y, en lugar de cultivar el valor verdadero, están intentando *imitar las cualidades que creen que atraerán a los hombres.* Lo hacen a base de mentiras, de fachada, de engaños. Y eso lo sabemos.

Por eso, *es fundamental aprender a distinguir entre lo genuino y las imitaciones*. No dejes que las apariencias te engañen. No te dejes llevar por lo que ves a primera vista. Como hombre, es tu responsabilidad ser consciente de lo que realmente tiene valor y lo que no. Un hombre de alto valor sabe que no todo lo que brilla es oro.

Si analizamos las redes sociales y escuchamos las entrevistas a las jóvenes de hoy, podemos ver claramente que *la mujer moderna se ha vuelto cada vez más exigente*. Pero, lo más alarmante es que muchas de estas mujeres exigen mucho, aunque no tienen nada de valor real que ofrecer a la vida de un hombre. Se limitan a decir que su compañía es suficiente, pero la realidad es que ya no son femeninas, ya no son vírgenes, ya no saben cocinar ni se levantan para aportar al hogar. No apoyan a su pareja ni quieren tener hijos. Y aún así, esperan tener todo de un hombre sin estar dispuestas a ofrecer nada a cambio.

Este tipo de mentalidad está destruyendo nuestra sociedad. La está dividiendo, debilitando los cimientos sobre los cuales debería construirse una relación sólida.

Las mujeres quieren que los hombres sean proveedores y protectores, pero cuando no reciben los beneficios que esperan, se atreven a llamar a esos hombres débiles o pobres, pero la verdad es que estas mismas mujeres son las que están destruyendo la voluntad de los hombres para proveer, para ser protectores. A través de sus palabras, intentan manipular la acción de los hombres, exigiendo todos los beneficios sin estar dispuestas a asumir ninguna responsabilidad a cambio.

Si seguimos por este camino, la sociedad está condenada a un colapso sin precedentes. *Las mujeres y los hombres cada vez más divididos.*

Hoy, más hombres se rehúsan a casarse, a formar una familia, porque han entendido que las expectativas de la mujer moderna ya no tienen sentido.

Estamos viviendo en una sociedad fracturada, débil, sin los lazos que alguna vez la unieron.

MGTOW
HOMBRES QUE SIGUEN SU PROPIO CAMINO

¿Qué pasaría en un mundo sin mujeres? Para muchos, la idea de un mundo así podría parecer un caos, pero existe una parte de la población masculina que ha decidido hacerlo realidad: **los MGTOW** *(Men Going Their Own Way, o Hombres que Siguen su Propio Camino).*

Este grupo, compuesto casi exclusivamente por hombres, defiende la idea de evitar cualquier tipo de relación afectiva con las mujeres, ya que, según su perspectiva, *"todas"* son abusivas y sus relaciones están motivadas únicamente por el interés. Los MGTOW ven las interacciones con las mujeres como una trampa, donde el hombre siempre es el que pierde, mientras que la mujer obtiene todo lo que quiere, sin tener que poner nada real a cambio.

En su página web oficial, los MGTOW exponen sus fundamentos, la historia del movimiento, e incluso un glosario con las palabras más comunes utilizadas dentro de este contexto. Pero lo que subyace en su filosofía es la creencia de que el feminismo ha convertido a la mujer en una víctima perpetua, mientras que el hombre es visto como el culpable de todo, sin que nadie se detenga a considerar sus necesidades o problemas.

Según los MGTOW, los hombres viven atrapados en un sistema donde las presiones, responsabilidades y expectativas sociales caen exclusivamente sobre ellos, sin que haya beneficios reales a cambio. Este sentimiento de alienación es tan profundo que, para entender la mentalidad MGTOW, es necesario dar el primer paso: tomar la pastilla roja (***Red Pill***).

Esta Red Pill es una referencia directa a la famosa película Matrix, donde al tomar la pastilla roja el protagonista es liberado de la realidad ficticia que lo rodea y comienza a ver el mundo tal cual es. En el caso de los MGTOW, tomar la Red Pill simboliza abrir los ojos ante la sociedad que ha sido creada en su contra, una sociedad que ve al hombre solo como una herramienta para cumplir con las expectativas ajenas, sin reconocer su propio valor.

Una vez que estos hombres se dan cuenta de la verdad sobre el sistema y las dinámicas entre géneros, existen cuatro niveles dentro del movimiento MGTOW:

Rechazo a las relaciones a largo plazo: Evitar cualquier tipo de compromiso duradero con las mujeres, debido a la creencia de que las relaciones serias solo traen sufrimiento y desilusión para los hombres.

Rechazo a las relaciones a corto plazo: En este nivel, se evita también cualquier tipo de interacción romántica o sexual que implique un vínculo emocional, ya que los hombres consideran que las mujeres buscan siempre obtener algo a cambio sin dar nada en retorno.

Desconexión económica: Los hombres que optan por este camino buscan reducir sus contribuciones al sistema, como impuestos o cualquier otra forma de apoyo a grupos que perciben como opresores del hombre. Esto incluye un rechazo a las políticas sociales que, en su visión, favorecen a las mujeres y despojan a los hombres de sus recursos.

Rechazo social: En este nivel, los hombres buscan alejarse completamente de la sociedad tradicional, distanciándose de las expectativas sociales sobre el matrimonio, las relaciones y la vida en pareja. Los MGTOW rechazan lo que la sociedad les ha enseñado que deberían desear y prefieren vivir según sus propios términos.

Aunque parece una ideología radical, los MGTOW han encontrado refugio en lo que se denomina la manosfera o hombresfera, un espacio en línea donde pueden compartir experiencias, opiniones y estrategias para vivir fuera del sistema tradicional. Sin embargo, no todos los que se encuentran en la manosfera renuncian por completo a las relaciones sexuales, y algunos hombres recurren a servicios de pago para satisfacer sus necesidades sin comprometerse emocionalmente.

Aunque es un tema que genera controversia, el movimiento sigue ganando adeptos cada vez más.

Según The Guardian, el sitio web oficial de los MGTOW cuenta con casi 33,000 miembros activos, con más de 50,000 temas de conversación y cerca de 790,000 respuestas. Los testimonios y comentarios dentro de la comunidad reflejan el descontento y la desilusión de muchos hombres con respecto a las dinámicas actuales entre géneros, con algunos usuarios compartiendo frases como:

"Eviten tener una pareja. Las relaciones entre hombres y mujeres han evolucionado a una situación de guerra. ¿Por qué fraternizarías con el enemigo?".

Otros ejemplos serían:

"Las mujeres son parásitos en el sentido de que te chupan la vida y no te devuelven nada" o *"Vivir con una mujer es una locura, pero el matrimonio es suicida".*

Estos comentarios, aunque duros, reflejan el profundo desencanto que muchos hombres sienten hacia el sistema de relaciones modernas. No es solo que vean a las mujeres como *"enemigos"*, sino que sienten que cualquier forma de relación está diseñada para desequilibrarlos, para quitarles su poder y su independencia.

Ahora bien, aunque no comparto sus ideas y estas opiniones puedan parecer extremas, no estamos aquí para alabar ni criticar a los hombres que las sostienen. Al final, están tomando una decisión consciente: **seguir su propio camino**, alejarse de las expectativas sociales, las presiones románticas y las trampas que el sistema pone para los hombres. Es su derecho. Como individuos conscientes de la realidad que enfrentan, han elegido ir en una dirección diferente, sin importar cuán distante o radical pueda parecer.

De igual forma, debemos recordar que **quienes no comparten esta visión también están siguiendo su propio camino.** Es importante entender que no todas las opiniones tienen que alinearse, y que cada uno de nosotros tiene una perspectiva única sobre lo que significa **ser un hombre** en esta sociedad. Algunas opiniones pueden acercarse más a la verdad que otras, algunas pueden estar mejor fundamentadas, más articuladas o razonadas, pero al final, todas son solo opiniones. Y cada hombre tiene el derecho de decidir en qué creencias invertir su tiempo y energía.

Precisamente este libro es una recopilación de opiniones.

En una ocasión me preguntaron: *"¿Cómo puedes estar tan seguro de lo que dices cuando no todo lo que mencionas puede ser considerado un hecho?"*.

La respuesta es simple: *"Estoy seguro de lo que digo, no porque todo sea un hecho comprobable, sino porque no encuentro una alternativa superior que me convenza. Acepto que mis conclusiones no son la verdad absoluta ni perfecta, pero sí son interpretaciones que considero más acertadas que las alternativas existentes, aunque, claro, también tienen sus defectos".*

Este libro es la suma de mis opiniones; algunas de ellas respaldadas por investigaciones, como pudieron leer a lo largo de las páginas...

Pero, es tu total responsabilidad, como hombre, adoptar aquellas opiniones que creas que realmente te beneficiarán en tu vida.

Discrepa respetuosamente de las que no sirven a tu propósito, y descarta por completo aquellas que te obstaculizan. Porque, lamentablemente, existen aquellos cuya mente limitada se dedica únicamente a criticar e injuriar, incapaces de elevar su pensamiento a algo más productivo.

LA SOLEDAD Y LA SOLTERÍA

Como ya hemos mencionado antes, muchos hombres optan por la soltería, mientras que otros se enfrentan a un dilema interno: ¿deberían disfrutar de la libertad de ser solteros o tomar la decisión de formar una familia? Esta es la cuestión.

Este dilema, sin embargo, es exclusivo del hombre consciente, del hombre que cuestiona el paradigma que se le impone. A diferencia de aquellos que, sin cuestionarse, simplemente navegan sin rumbo hacia un matrimonio monótono de cinco a quince años, engatusados por el sistema y las expectativas ajenas, el hombre que busca la verdad se encuentra en una posición privilegiada: **tiene el poder de tomar una decisión informada sobre su propio futuro.**

Un hombre con consciencia es libre de moldear su destino sin las imposiciones del adoctrinamiento religioso ni las demandas egoístas de las mujeres. Porque, al final, tomar una decisión tan trascendental como la de formar una familia o seguir siendo soltero es un acto de soberanía personal.

¿Serás un hombre manipulado, presionado para formar una familia por tu entorno, o serás un hombre que elige hacerlo por su propia voluntad, en sus propios términos?

Esa es la verdadera pregunta.

Un hombre que se respeta a sí mismo, que está libre de los encantos engañosos del sistema, debe sopesar los pros y los contras de cada opción de vida, ya sea la vida de padre o la de soltero. No debe ceder ante la presión de la religión, de la familia o de una mujer que juega sus cartas para conseguir un anillo en su dedo. *Un hombre libre de mente y espíritu debe ser dueño de sus decisiones*, sin temor a las consecuencias impuestas por quienes desean que siga sus mismos pasos, sin cuestionar.

Un hombre debe tomar esta decisión con total claridad mental y libre de influencias externas. Si un hombre decide establecer una relación seria, debe hacerlo con la misma seriedad con la que buscaría mantenerla. Por lo tanto, es lógico pensar que, si un hombre es seducido o manipulado para casarse y tener hijos, aunque al principio pueda parecer que está cumpliendo con las expectativas de la mujer y provocando su felicidad maternal, esas bases inestables no presagian nada positivo para la longevidad de la relación.

Un hombre fuerte no se deja arrastrar por la vergüenza. Reconoce que la vergüenza, cuando es utilizada como un mecanismo manipulativo, es una transgresión que debe ser rechazada con firmeza. La descarta como una locura y continúa forjando su camino, sin ceder ante los intentos de doblegar su voluntad.

El hombre libre es aquel que se cuestiona qué estilo de vida será el más adecuado para él y, sin importar la opción que elija, asume con responsabilidad las consecuencias de esa decisión. *La vida de un hombre no debe depender de lo que la sociedad o una mujer esperan de él, sino de lo que él decida hacer con su vida.*

Ahora bien, la soledad se interpreta de maneras muy diferentes según el hombre. Para algunos, es sinónimo de aislamiento, aburrimiento, tristeza, desilusión y dolor. Para otros, es una fuente de tranquilidad, de conexión profunda con el entorno o consigo mismos, un espacio para la reflexión. Al igual que un mismo alimento puede ser una delicia para algunos y repulsivo para otros, la soledad genera emociones dispares, dependiendo de la historia vital que cada hombre haya forjado a lo largo de su vida. Y esa historia es algo que cambia, se adapta y se amplía con cada paso que damos en el camino.

El Hombre y la Soledad: Aprender a Estar Solo.

El ser humano es un ser social por naturaleza. Necesitamos la cooperación y las relaciones con otras personas para sobrevivir, desarrollarnos, aprender y, claro, para entretenernos. En una sociedad totalmente interconectada como la nuestra, esto es aún más evidente.

Sin embargo, **un hombre debe aprender a estar en soledad, debe entender que una relación con una mujer no es una necesidad, sino simplemente una opción en su vida.** Si no es capaz de estar solo, las consecuencias de este vacío se harán notar tarde o temprano.

Muchos hombres llenan su vida de actividades y compromisos de todo tipo para evitar el tiempo a solas, ya sea quedándose hasta tarde en el trabajo o buscando eventos sociales constantes. Este comportamiento, aunque parece estar bien visto socialmente, en realidad está destinado a hacerles daño a largo plazo.

Se convierten en esclavos de una agenda sobrecargada, agotados y estresados, hacen planes que no les llenan, gastan más de lo que pueden permitirse, y lo más grave, se desvían de sus objetivos. No tienen tiempo para sí mismos ni para lo que realmente importa. Y lo peor de todo es que esto se convierte en un patrón destructivo.

Un hombre fuerte no huye de su soledad. La enfrenta y aprende de ella. Porque es en esos momentos de soledad donde realmente se conoce a sí mismo, donde define quién es y qué quiere de la vida. Un hombre que no teme estar solo es un hombre que está en control de su destino.

Depender de los Demás: El Precio de la Dependencia Emocional. Si buscas estar con otras personas a toda costa, lo más probable es que termines cediendo a planes que no te interesan. Pierdes control sobre tu vida, te conviertes en un autómata que dice "*sí*" a todo, incluso cuando en tu interior sabes que no te hace bien. La necesidad de estar rodeado de gente te limita, te impide decir "*no*", te hace incapaz de negociar actividades que realmente disfrutes. Mientras tanto, los demás, con un enfoque más claro y decidido, no tendrán problema en rechazar lo que no les conviene.

La dependencia de los demás te convierte en un prisionero de sus expectativas. Y si no eres capaz de establecer límites, te arrastras a hacer cosas que no quieres, solo por evitar la soledad. Es aquí donde te conviertes en un esclavo de las decisiones ajenas, perdiendo la capacidad de decidir por ti mismo.

Implicarte en Relaciones Poco Saludables. El miedo a la soledad puede ser aún más peligroso. Si lo que más temes es estar solo, cualquier compañía se convierte en una opción aceptable, incluso si esa compañía es tóxica. Este miedo te vuelve vulnerable. Aceptas relaciones, ya sean de amistad o de pareja, con personas que no te merecen, con mujeres que te tratan mal o que no te aportan nada, solo para evitar la sensación de vacío.

Y peor aún, sigues estas relaciones aun cuando sabes que ya no hay nada en común, que han perdido su propósito o que han alcanzado su "fecha de caducidad".

Mantener o alargar relaciones deterioradas, solo por miedo a la soledad, desgasta tu autoestima. Te arrastra a tomar malas decisiones, a quedarte atrapado en situaciones que no te benefician, que no te hacen crecer.

Recuerda, hombre, que *en muchas ocasiones estarás solo. La única ayuda que tendrás será la tuya propia.*

El mundo te dará la espalda cuando enfrentes tus problemas, pero aplaudirá tus soluciones, como si tus sacrificios no valieran nada. Eso es lo que nos presenta la falsa ilusión de una sociedad que se regocija en la injusticia.

Pero no te equivoques, **tú eres el motor de esta civilización.**

A ti me dirijo, a ti, hombre, que lloras en silencio, a ti que das lo mejor de ti mismo a pesar de las burlas, las críticas y esa maldita indiferencia. A ti, para que te sacudas el polvo, para que retomes el camino que alguna vez perdiste, te animo a seguir perseverando en esta guerra llamada vida. Aunque no te conozca, compartimos el mismo espíritu valiente, aunque a veces el miedo nos haga flaquear, siempre seguimos luchando.

Porque no importa cuán grande sea la batalla, "*HOMBRE*" siempre será sinónimo de fuerza, coraje, perseverancia, valentía, audacia y honor. Así que, camina con firmeza, sigue este viaje hasta que un día tus pasos se apaguen y una nueva estrella del alba se levante.

Aprende a estar solo, *aprende a disfrutar de tu propia compañía, conócete a fondo y mejora en todos los aspectos de tu vida.* Solo entonces podrás decidir si una relación con una mujer que tenga tu misma mentalidad y visión del mundo tiene sentido. Pero hasta ese momento, recuerda que *la verdadera fortaleza se forja en la soledad.*

¿Existen Mujeres que Valen la Pena? ¡Claro que las hay! Decir lo contrario sería tan absurdo como decir que "*todos los hombres son iguales*". No podemos caer en la trampa de generalizar. Decir que "*todas las mujeres son infieles o interesadas*" nos llevaría a la misma radicalidad que los discursos feministas que atacan sin medida.

Hoy en día, muchas mujeres son inteligentes, independientes y desean contribuir de manera significativa en una relación. No todas ven al hombre como un cajero automático ni como un "*segundo padre*".

La clave, como hombre consciente, está en buscar a aquellas que compartan tus valores, que te respeten y que estén dispuestas a crecer contigo, a aprender juntos en ese proceso de vida compartida.

Este libro no está destinado a despreciar o atacar a las mujeres, sino a *evitar a las que no valen la pena*.

Aclarado esto, el siguiente paso es aprender a identificar a aquellas que no valen tu tiempo, tu esfuerzo ni tu energía, porque solo así podrás enfocar tus esfuerzos en aquellas que realmente merecen tu atención.

MANIPULACIÓN FEMENINA

La manipulación es un tema fundamental a entender en cualquier tipo de relación, y es especialmente relevante cuando se trata de relaciones con mujeres.

La **manipulación femenina**, en muchos casos, ha sido una herramienta que ha evolucionado con el tiempo debido a la necesidad de las mujeres de sobrevivir en un mundo donde no siempre podían competir en términos de fuerza física. Al no tener la capacidad de ejercer la misma fuerza que un hombre, las mujeres, a lo largo de la historia, han desarrollado estrategias más sutiles y astutas para influir en su entorno y, a veces, en las decisiones de los hombres que las rodean.

Una de las claves de esta manipulación radica en lo que se conoce como **neotenia**. Este término se refiere a la preservación de características infantiles en la adultez, algo que no solo tiene que ver con la apariencia física, sino también con ciertas actitudes. Al igual que los niños, que a menudo *son menos responsables de sus acciones* y pueden salir impunes de situaciones mediante la manipulación, muchas mujeres desarrollan una capacidad similar para *evadir las consecuencias de sus comportamientos*. Esto les permite, en ocasiones, conseguir lo que quieren sin tener que esforzarse demasiado.

Este comportamiento astuto se convierte en una herramienta poderosa, pues permite a las mujeres obtener recursos y beneficios sin necesidad de demostrar un esfuerzo significativo. El uso de la emotividad y la vulnerabilidad son armas que pueden influir en el comportamiento de los hombres, haciendo que estos cedan ante demandas que no siempre se perciben como manipuladoras de inmediato.

Además, como en cualquier contexto social, las mujeres también compiten entre ellas. Y al igual que los hombres en muchas ocasiones, las mujeres emplean estrategias de competencia intrasexual para elevar su propio estatus. Criticar, difamar o socavar la reputación de otras mujeres se convierte en un medio para ganar poder dentro de su grupo social, para posicionarse mejor, y para atraer la atención de los hombres, quienes muchas veces no se percatan de la jugada.

En este contexto, un hombre debe estar preparado para reconocer esos signos sutiles de manipulación. No se trata solo de ver lo obvio, sino de estar atento a las dinámicas emocionales y sociales que pueden jugar en su contra, para que no caigan en trampas disfrazadas de *"buenas intenciones"*. Un hombre consciente no debe ser ingenuo ante las estrategias manipulativas que pueden, incluso, ser tan efectivas como invisibles.

La Realidad Detrás del Juego.

Es necesario entender cómo funciona la dinámica de poder en las relaciones entre hombres y mujeres. Las mujeres, al no contar con la fuerza física para competir directamente en el mismo campo de batalla que los hombres, han desarrollado su propio conjunto de herramientas: *la astucia, la manipulación y la persuasión.* Estas no son cualidades maliciosas por naturaleza; son estrategias de supervivencia que han perfeccionado a lo largo de los siglos.

La neotenia es uno de los conceptos clave que ayuda a entender cómo las mujeres han conseguido navegar en un mundo competitivo. Esta habilidad, les permite jugar con el instinto protector y paternal de los hombres. Con rasgos que evocan vulnerabilidad, logran asegurar recursos y, en muchos casos, manipular situaciones a su favor. Mientras tanto, los hombres, por su naturaleza y rol histórico, desarrollan habilidades colaborativas y de trabajo en equipo, forjando alianzas entre ellos para enfrentar los desafíos de la supervivencia: cazar, defender y proteger. En este entorno, las mujeres han aprendido a usar su astucia para sobrevivir, mientras que los hombres han tenido que construir fuerzas colectivas para avanzar.

Ahora, hablemos de algo que pocos se atreven a tocar: *el llanto.*

Las mujeres, en promedio, lloran más que los hombres, alrededor de cuatro veces más. Esta característica, aunque natural en muchos aspectos, *puede ser utilizada como una herramienta de manipulación emocional*. Es un hecho que muchas mujeres recurren a las lágrimas como una forma de influir en su entorno, principalmente en sus parejas, para obtener lo que desean. Este comportamiento, si bien es interpretado como parte de su naturaleza, puede ser un mecanismo sutil de control.

Lo que pocos ven es que este comportamiento manipulador no es tan inocente como algunos lo pintan. Si analizamos situaciones como las que han salido a la luz en casos mediáticos, como el de Johnny Depp, vemos cómo una persona puede ser arrastrada por la corriente de una narrativa que no le pertenece, mientras el comportamiento manipulativo queda camuflado. La sociedad, muchas veces, no asocia a las mujeres con engaños o malas intenciones, pero en este juego de poder emocional, la verdad es que se está cayendo el telón.

Es hora de que los hombres se despierten y reconozcan cómo se juega este juego en las sombras.

Es momento de que entiendas que **no se trata de un juicio general hacia todas las mujeres, pero sí de una advertencia sobre las estrategias manipulativas que existen.**

No te dejes atrapar por las trampas emocionales que puedan venir disfrazadas de dulzura y encanto. Reconocer estos patrones es vital para que puedas mantener tu poder y tu rumbo sin perderte en el laberinto emocional que muchos intentan ponerte.

La Violencia Emocional y Manipulación en las Relaciones.

Es esencial reconocer que la violencia en las relaciones no siempre toma la forma de agresión física. En muchos casos, *la violencia emocional y psicológica se oculta tras comportamientos manipulativos que a menudo son pasados por alto* o incluso tolerados por la sociedad. Las mujeres, cuando sienten que no obtienen lo que quieren, pueden recurrir a tácticas de control emocional y manipulativas que, en algunos casos, se convierten en actos de violencia. Es una realidad incómoda, pero que muchos no están dispuestos a aceptar. Sin embargo, cuando un hombre intenta exponer o denunciar este tipo de abuso, a menudo *se convierte en el blanco de las risas y burlas de la sociedad*. Es un doble estándar flagrante. La violencia psicológica en una relación, sin importar su origen, es destructiva y dañina.

Este patrón no siempre se reconoce como violencia, pero es igual de destructivo que cualquier otra forma de abuso. El problema radica en cómo **la sociedad está configurada para ignorar o minimizar los actos abusivos cuando son perpetrados por mujeres**, mientras que se les da toda la atención y apoyo cuando los roles se invierten.

La Cleptomanía: El Control a Través de la Deshonestidad.

Cuando hablamos de comportamiento manipulativo, debemos considerar otros aspectos psicológicos que subyacen en las relaciones. Un ejemplo de esto es la *cleptomanía*, un trastorno que lleva a algunas personas a robar impulsivamente, no por necesidad, sino como una forma de obtener control o satisfacción emocional.

En muchas mujeres, esto puede ser una manifestación de una necesidad de gratificación inmediata o una manera de lidiar con la ansiedad o el estrés. Este comportamiento deshonesto puede ser una forma de lidiar con las presiones emocionales, sociales o relacionales, pero a la larga, lo único que genera es un ciclo de manipulación y falta de confianza. Y, aunque esto es más comúnmente asociado con un comportamiento personal, también se refleja en muchas dinámicas de pareja, donde uno de los miembros, en este caso algunas mujeres, recurren a tácticas poco éticas para obtener lo que quieren.

El Trastorno Histriónico: La Búsqueda del Centro de Atención.

Otro factor clave que influye en este comportamiento manipulativo es el trastorno histriónico de la personalidad. Las mujeres que padecen este trastorno buscan constantemente ser el centro de atención, y lo hacen a través de **comportamientos dramáticos, exagerando sus emociones y creando situaciones de crisis para desviar el enfoque hacia sí mismas**. Esto puede ser destructivo para las relaciones, ya que pone una presión innecesaria sobre el hombre para que atienda a las necesidades emocionales de la mujer a expensas de su propia estabilidad emocional.

El trastorno histriónico no solo afecta la salud emocional de la pareja, sino que también socava la confianza y la comunicación. Los hombres, que a menudo no están preparados para lidiar con tales situaciones, se ven atrapados en una dinámica donde se sienten responsables de resolver constantemente los problemas emocionales de la mujer, mientras que sus propias necesidades y deseos son ignorados.

Comida: El Uso Estratégico de los Recursos.

En muchas ocasiones, las citas no son vistas por algunas mujeres como una oportunidad para conectar emocionalmente, sino como una oportunidad para obtener beneficios materiales. **Muchas mujeres aceptan invitaciones a salir no por el deseo genuino de conocer a alguien, sino por la promesa de comida gratis u otros recursos que el hombre le pueda ofrecer.**

Este comportamiento revela una dinámica de poder en la que la mujer se coloca en una posición ventajosa sin la intención de aportar algo a la relación. Aquí, el hombre juega un papel de *proveedor*, mientras que la mujer disfruta de las comodidades sin un compromiso real.

Es fundamental que los hombres reconozcan estas señales y no se dejen llevar por la ilusión. Este tipo de comportamiento revela la importancia de no ceder ante las expectativas y considerar si la relación es recíproca o si solo están siendo utilizados como medios para un fin.

Maquillaje: La Máscara de la Manipulación Social.

Otro elemento clave en la dinámica de poder y control en las relaciones es el uso del maquillaje. Las mujeres han utilizado el maquillaje a lo largo de la historia como una herramienta para embellecerse y proyectar una imagen idealizada de sí mismas. Esto no solo está relacionado con las tendencias de belleza de la sociedad, sino que también tiene un propósito más profundo: *ocultar su herencia genética o cualquier rasgo que no encaje en los estándares de belleza actuales.*

El maquillaje se convierte en una máscara, una capa superficial que oculta la verdadera naturaleza de la persona, permitiendo manipular la percepción de los demás. Esta práctica puede ser utilizada de manera estratégica para generar una impresión favorable en los hombres, ganando así ventajas sociales, emocionales o incluso materiales.

Es importante que los hombres comprendan que, si bien el maquillaje puede ser una herramienta estética, la auténtica belleza no está en lo que se esconde bajo el maquillaje, sino en la verdadera naturaleza de la persona.

RED FLAGS EN MUJERES

Las **red flags** no son simplemente cosas que "*no te gustan*". Son señales claras de comportamientos tóxicos que indican posibles problemas de mala gestión emocional, falta de compromiso o incluso intenciones destructivas. Aquí te muestro algunas:

- ***Que sea feminista radical:***

Si una mujer adopta esta ideología de manera extrema, puede generar un entorno tóxico en la relación. No solo se vería una constante crítica hacia los hombres, sino que podría descalificarte como individuo, asumiendo que por el simple hecho de ser hombre eres parte del problema.

- ***Que tenga muchos tatuajes, use gargantillas o tenga demasiadas perforaciones en el cuerpo:***

El exceso de tatuajes y perforaciones no es un problema en sí mismo, pero si son de una naturaleza impulsiva o buscan llamar la atención, puede ser un ***indicativo*** de inestabilidad emocional o falta de madurez.

- ***Que no respete a sus padres:***

Si una mujer no respeta a sus padres o habla mal de ellos constantemente, esto puede ser una señal de que tiene problemas con la autoridad o no tiene valores sólidos. Las relaciones familiares son un reflejo de cómo puede tratarte a ti en un futuro.

- ***Que sea fiestera:***

Si una mujer vive constantemente en fiestas, no solo puede estar buscando una escapatoria emocional, sino que también podría estar más centrada en la diversión y la gratificación inmediata que en una relación seria.

- **Que no soporte a ninguno de tus amigos:**

Una mujer que no respeta ni acepta a tus amigos está tratando de aislarte de tus relaciones externas, lo cual es una señal de control emocional.

- **No se disculpa por su mal comportamiento y trata de inculparte:**

Si una mujer nunca se disculpa por sus errores y, en su lugar, te culpa a ti por todo, está mostrando una total falta de responsabilidad emocional.

- **Que use el llanto o sexo como medio de manipulación:**

El llanto o el sexo pueden ser herramientas de manipulación emocional si se usan con la intención de manipular tu comportamiento o conseguir algo. Esto crea una dinámica desigual en la relación, donde ella tiene la ventaja para controlar tus decisiones.

- **Que siempre te trate de poner en un aprieto electivo tal como: "Yo o tus amigos, o yo o tu carrera":**

Este tipo de ultimátum es una táctica manipulativa que busca que elijas entre ella y algo que es importante para ti. Esta presión emocional no solo es injusta, sino también una clara señal de control.

- **Trata a los demás como una mierda, especialmente a aquellos como en un rol de "servidor" como mesero, barista o empleado de banco:**

El comportamiento hacia los demás, especialmente hacia personas que prestan servicios, es un claro reflejo de su carácter. Si muestra desdén o falta de respeto hacia los demás, esto es una señal de arrogancia y egoísmo.

- **Es violenta:**

Una mujer que recurre a la violencia física o emocional nunca será una opción para una relación saludable.

- **Que mantenga cualquier tipo de relación con sus ex:**

Si mantiene contacto constante con sus ex, es una señal de que no ha cerrado capítulos. Las relaciones pasadas pueden interferir en la nueva dinámica, creando dudas innecesarias.

- **Tiene síndrome de princesa, reina:**

El síndrome de princesa implica que espera ser tratada como alguien superior y fuera de la realidad. Este tipo de mujer puede esperar que el hombre la trate como una "*reina*" sin ofrecer nada a cambio, lo que puede generar una relación desbalanceada y tóxica.

- **Es reina del drama:**

Las mujeres que constantemente buscan el drama crean un entorno tóxico donde la estabilidad emocional es imposible. Las mujeres que buscan conflictos y hacen una montaña de un grano de arena solo van a añadir estrés y caos a tu vida.

- **Es madre soltera, en especial si los hijos son de diferentes padres:**

Las mujeres que son madres solteras con varios padres en su historial pueden tener dificultades emocionales para mantener una relación estable. Las dinámicas de crianza y las relaciones pasadas pueden interferir, creando un entorno emocionalmente cargado que puede afectar una relación futura.

- **Que tenga fotos semidesnuda en sus redes sociales u otros medios:**

Las mujeres que se exponen de manera provocativa en redes sociales pueden estar buscando validación externa o generando un tipo de atención superficial. Este comportamiento no es ideal para relaciones comprometidas, ya que puede reflejar una falta de autenticidad y respeto por la relación.

- **Es celosa en extremo:**

El celo excesivo puede ser un reflejo de inseguridades profundas. Una mujer que no confía en su pareja constantemente estará estresando la relación con sospechas y demandas irracionales.

- **Que tenga adicciones:**

Las adicciones, ya sean las drogas, el tabaco, el alcohol, o incluso el trabajo, son señales de inestabilidad emocional. Las mujeres con adicciones no solo afectan su propio bienestar, sino también el de quienes las rodean.

- ### *Que no le guste trabajar:*

Una mujer que depende completamente de otros para su sustento económico no está demostrando independencia. El trabajo y la independencia son pilares para una relación equilibrada.

- ### *Que no tenga decencia al vestirse:*

El modo en que una mujer se viste refleja no solo su estilo, sino su respeto por sí misma y por los demás. Si su vestimenta es constantemente inapropiada o busca provocar, puede estar buscando atención por medios superficiales, en lugar de construir una relación sólida y basada en el respeto mutuo.

- ### *Le guste despilfarrar el dinero:*

Una mujer que no tiene control sobre su dinero o que le gusta gastarlo de manera irresponsable puede poner en peligro el futuro de una relación, especialmente si existe la intención de formar una familia o invertir en el futuro.

- ### *Ha tenido múltiples parejas:*

Si una mujer ha tenido una gran cantidad de parejas sin un compromiso serio detrás, esto podría reflejar una falta de estabilidad emocional o de valores sólidos.

¿Cuáles más agregarías tú? ...

Cada persona tiene su propia historia y criterios sobre lo que considera una "*bandera roja*". Sin embargo, estas señales son claras indicadores de características tóxicas o inseguridades que pueden comprometer cualquier intento de relación sana y equilibrada.

MUJERES FIESTERAS

¿Qué piensas sobre la expresión *"Mujer fiestera no sirve como pareja"*? La respuesta es simple: **es una bandera roja**. Algunos estarán de acuerdo, otros no, pero la mayoría de estas mujeres confunden lo que es libertad con libertinaje. Nadie está en contra de que se diviertan con sus amigas, pero el problema surge cuando hacen de esta diversión un medio constante para validarse.

Hoy en día, el falso *"empoderamiento femenino"* les dicta que deben vivir de esta manera para sentirse libres y plenas. Les promueve una vida de sexo descontrolado, sin pensar en las consecuencias de sus acciones. Y lo más grave es que, cuando algo sale mal, culpan a un patriarcado opresor que, en realidad, solo existe en sus mentes.

Muchas mujeres fiesteras han pasado por muchas relaciones con hombres, incluso hay algunas que hacen una lista de quien fue su mejor pareja en la cama, y, como si fuera poco, estas mismas exigen un hombre proveedor que respete ese estilo de vida que tiene y si no lo hace es un hombre inseguro. Lo cierto es que ellas no están en posición de exigir algo cuando ni siquiera pueden ofrecer algo o nada, estas mujeres suelen ser impulsivas, sin control y muchas veces con enfermedades sexuales. La realidad es que son siempre un problema y aunque para algunas personas les resulte ofensivo, pero este tipo de mujeres no las recomendaría para una relación seria y funcional, incluso tampoco las recomendaría para sexo casual.

No faltará alguien que este en contra sobre este tema, pero para ejemplificar esto pongamos la siguiente situación:

"Rafael conoce a Verónica y se vuelven pareja. A ella le gusta salir mucho de fiesta, pero también tiene buenas notas en la universidad y cumple con sus deberes, lo que lleva a Rafa a pensar que es una mujer equilibrada, capaz de manejar su vida de manera responsable. Por eso, Rafa no siente preocupación alguna por ella. Sin embargo, la realidad es que Verónica ha engañado a Rafa en numerosas ocasiones, manteniendo relaciones sexuales con otros hombres en las fiestas mientras él se quedaba en casa, idealizando su relación".

Triste, ¿verdad?

¿Qué podemos aprender de esto? Que una mujer puede ser responsable y equilibrada en aspectos que le beneficien a ella, pero eso no significa que tenga control sobre sus impulsos o comportamientos que no son tan visibles. El error de Rafa fue creer que, porque ella era responsable en un área, lo sería en todas. Ignoró la otra cara de la moneda: Verónica muestra "*equilibrio*" solo cuando se trata de lo que le favorece, pero no le importa cómo sus acciones afectan a Rafa.

Por otro lado, algunos podrían decir: *"He conocido mujeres de casa que son iguales o peores".* Y sí, es cierto. Sin embargo, las mujeres fiesteras **tienen una mayor probabilidad** de volverse promiscuas, debido al entorno en el que se mueven y la influencia de sus amigas. Si una de ellas adopta comportamientos promiscuos, es muy probable que termine afectando las decisiones de las demás.

Lo cierto es que, como hombre, debes ser riguroso al evaluar las relaciones que estableces con mujeres. Es fundamental empezar a ser más selectivo y observador, y no dejarte llevar solo por una cara bonita o un buen cuerpo. Deja de entusiasmarte exclusivamente por el físico de una mujer y aprende a no ser dominado por impulsos momentáneos y la lujuria.

Como consejo: evita establecer relaciones serias con mujeres cuyo único enfoque sea salir de fiesta y que muestran conductas promiscuas. No te dejes engañar por quienes no se valoran a sí mismas y repiten constantemente este tipo de comportamiento.

¡Lo tomas o lo dejas! Simple.

La Búsqueda de Validación Externa: Un Indicador de Inseguridad Emocional.

Debemos ser sinceros, hoy en día, *muchas mujeres buscan constantemente la atención de otros hombres a través de redes sociales*. Es común ver a mujeres publicando fotos en traje de baño, mostrando más de lo que deberían. Algunas incluso, estando en una relación, disfrutan recibir los "*me gusta*", comentarios y la atención de otros hombres. Esto, sin duda, refleja un profundo vacío emocional y una necesidad constante de validación.

Por naturaleza, las mujeres buscan atención, pero este tipo de comportamiento es una alerta importante. Si una mujer necesita que otros hombres la validen para sentirse completa o feliz, es una señal de que su relación actual no le está proporcionando lo que busca, lo cual puede ser un claro indicio de baja autoestima y falta de autodisciplina. A menudo, este tipo de traumas y conductas provienen de una ausencia paternal o de un padre que fue demasiado permisivo, cumpliendo todos sus caprichos sin poner límites.

Ahora bien, después de todo lo mencionado, es fácil entender por qué tantas mujeres terminan una relación y, en cuestión de días, ya están saliendo con otro hombre. Esto sucede porque, en muchos casos, ya tienen lo que se llama "*ganado*": hombres que están escribiendo y escribiendo, esperando ansiosamente una oportunidad. A diferencia de los hombres, el proceso de ruptura para ellos suele ser más lento y doloroso.

Hace unas semanas, un miembro de la comunidad me consultó sobre su novia, que sube fotos muy provocativas a sus redes sociales. Este comportamiento es común en muchas mujeres que buscan recibir comentarios de hombres ansiosos. Lo peor es que, muchas veces, ellas responden a esos mensajes.

Mi consejo siempre es hablar claramente con la pareja desde el principio y establecer límites, pero nunca obligues a una mujer a "*bloquear*" a otro hombre o dejar de publicar fotos provocativas. ***No eres su padre, ni es tu responsabilidad controlar sus acciones***. Si ella quiere cambiar ese comportamiento, debe surgir de ella misma.

Lo que puedes hacer es sugerir cómo te sentirías si hicieras lo mismo que ella, poniendo el escenario en sus zapatos. Si, a pesar de esto, ella no entiende, se justifica o se convierte en la víctima, entonces la relación probablemente esté basada en valores diferentes. En ese caso, lo mejor sería dar un paso atrás y terminar la relación, ya que no compartes las mismas prioridades o principios.

También es importante que no caigas en la trampa de la versión moderna del "***empoderamiento femenino***" que dice: "*Publico esas fotos porque quiero, porque me gustan, no para atraer a otros, son fotos para mí misma*". Eso es una completa manipulación. Si realmente las fotos fueran solo para ella, ¿por qué no las guarda en su galería privada? ¿Por qué las sube para que todos las vean? No nos dejemos engañar.

Si ella acepta tu solicitud de dejar de publicar ese tipo de fotos, es porque te respeta y valora lo suficiente como para entender que lo que hace te incomoda. Pero, **ten en cuenta que no eres su padre y no tienes el poder de obligarla. Esta decisión debe salir de ella misma.** Si se niega o se molesta por esa solicitud, es una clara señal de que no le importará terminar la relación porque ya tiene a otro hombre esperando en su chat.

En la mayoría de los casos, las mujeres suelen terminar la relación diciendo que no pueden estar con un hombre "*tóxico e inseguro*", una típica manipulación femenina. No te sorprendas si, a los pocos días o semanas, ya está con otro.

Debemos aprender a identificar todas estas señales de advertencia y no caer en la trampa de rogar por una mujer que no valora lo que tienes que ofrecer. En lugar de gastar dinero en caprichos innecesarios, ¿por qué no invertirlo en ti mismo y en tu propio desarrollo personal?

Hermanos, si tu novia publica constantemente esas "*fotos provocativas*" y no te respeta, a pesar de que ya lo hablaste con ella, lo mejor es seguir adelante y dejarla atrás.

MADRES SOLTERAS

Las madres solteras son un tema que genera mucha controversia entre los hombres, y no es raro que se conviertan en un blanco de críticas.

No queremos generalizar ni afirmar que todas las madres solteras son malas o interesadas, pero en este apartado vamos a ser directos y te daremos una visión real de los pros y contras de involucrarte con una mujer de este tipo, especialmente si eres un hombre joven, soltero y sin hijos.

Vamos con una experiencia real:

Un amigo mío estuvo en una relación durante casi un año con una madre soltera. La mayoría de las discusiones surgían por cuestiones en las que ella se sentía ofendida por algo que él decía o hacía. En una ocasión, después de un conflicto, él le planteó de manera informal la idea de compartir los gastos de la relación. Ella le respondió que era un egoísta y un tacaño, sugiriendo que sería mejor solo ser amigos. Es importante recalcar que, en realidad, él siempre había sido quien cubría la mayor parte de los gastos, y su única intención al plantear el tema era conocer su punto de vista.

Este relato pone de manifiesto la complejidad de las relaciones en las que uno de los miembros, en este caso, la mujer que es madre soltera, tiende a reaccionar emocionalmente ante sugerencias prácticas, debido a que *siempre está a la defensiva*. Las discusiones sobre dinero son comunes en muchas parejas y, cuando hay *antecedentes de inseguridad financiera o experiencias previas difíciles*, este tema se vuelve aún más sensible.

La reacción de ella podría señalar varias cosas: un miedo profundo a perder su independencia, la idea de que compartir los gastos representa una falta de compromiso o incluso una herida emocional vinculada a su situación como madre soltera. Esa necesidad de mantener su autonomía puede haberla llevado a ver la propuesta como un ataque a su capacidad de manejar su vida y sus finanzas.

El contexto de ser madre soltera complica aún más las dinámicas de la relación. La carga emocional es mucho mayor, ya que ella *no solo tiene que equilibrar sus necesidades personales, sino también todas sus responsabilidades hacia su hijo o hijos.* En este sentido, los temas de dinero y apoyo financiero adquieren un significado profundo, y cualquier conversación sobre estos temas puede convertirse en un campo minado.

En resumen, las interacciones en esta relación subrayan la importancia de la comunicación abierta y la empatía cuando se tratan temas delicados. *Cada persona llega con su propio pasado, sus inseguridades y sus experiencias*, lo que inevitablemente influye en cómo percibe y reacciona a las sugerencias de su pareja.

Es importante entender que, en este caso, él está siendo utilizado únicamente como una fuente de dinero para ella, ya que no le interesa realmente como persona. ¿Por qué afirmamos esto? Porque si a ella le importara de verdad, habría tomado la sugerencia de compartir los gastos con más calma, la habría discutido y analizado. Pero en lugar de eso, de inmediato terminó la relación.

Este tipo de mujeres suelen ser egoístas y representan un obstáculo para cualquier hombre que busque una relación de verdad. La realidad es que ella solo estaba buscando a un proveedor, duro, pero cierto.

Además, si eres un hombre joven, entre 20 y 30 años, debes saber que muchas de estas mujeres son plenamente conscientes de tu situación. *Aunque no sientan atracción por ti, no te dejarán hasta que encuentren a alguien con más recursos.* Y cuando eso suceda, no dudes que te culparán a ti por no cumplir con sus expectativas, algo que es completamente absurdo.

Es crucial que enfoques tus energías en tu propio crecimiento. Mi consejo es que evites este tipo de relaciones a toda costa. Al hacerlo, no solo encontrarás paz, sino que también podrás concentrarte en tu desarrollo personal y financiero. Si te lo propones, a los 30 o 35 años estarás en una posición mucho más fuerte para atraer a mujeres más jóvenes, con menos traumas y menos pasado. Suena duro, pero esa es la realidad.

Este capítulo no busca generar odio hacia las madres solteras, ya que *no todas son interesadas o promiscuas*.

Muchas se encuentran en esta situación por diversas razones, como *haber quedado viudas o haber sido abandonadas por un mal padre*. Sin embargo, tener una relación con una madre soltera es una gran responsabilidad. El propósito aquí es advertir a los hombres para que no cometan un error que pueda afectar su vida y su futuro.

Las madres solteras representan una opción complicada para una relación estable a largo plazo, y a continuación te explico por qué...

Las relaciones con madres solteras.

En los últimos años, el número de madres solteras, especialmente entre las más jóvenes, ha aumentado considerablemente. Si alguna vez te cruzas con una, y la idea de tener algo con ella te pasa por la cabeza, es crucial que tengas en cuenta algunos puntos clave, porque es muy probable que tengas que lidiar con ciertos desafíos, o incluso con todos ellos.

Uno de los problemas más grandes es *el drama constante que **involucra al padre de los niños***.

Cuando el padre biológico sigue involucrado en la vida de los hijos, te encontrarás en una situación incómoda: *escucharás conversaciones telefónicas, verás mensajes e incluso será posible que se encuentren casi a diario.* Muchas madres solteras, por más que lo nieguen, todavía tienen la esperanza de volver con el padre de sus hijos y formar una familia.

Este problema es aún más complicado cuando es él quien terminó la relación, lo que genera un trauma emocional en la mujer difícil de superar. Si el ex sigue cerca, basta con que algún día se le pase por la cabeza la idea de regresar para que termines con una gran sorpresa, o incluso con una infidelidad detrás de la puerta. Es un riesgo constante. No solo es un asunto de tus sentimientos, también de los del niño, pero si ella decide irse de nuevo con el padre, no pensará dos veces en dejártelo claro.

Otro inconveniente que tendrás que enfrentar es que, como hombre, nunca serás más que un invitado o un extraño dentro de un círculo familiar ya establecido.

Debes ser consciente de que tendrás que ayudar y cuidar a niños que probablemente no te lo agradecerán. Además, si en algún momento intentas reprenderlos, te arriesgas a que te salgan con el clásico **"tú no eres mi padre"**, lo que puede generar un conflicto con el verdadero padre. Si decides intervenir, podrías ser visto como el *"padrastro malo"*. No importa cuánto te esfuerces o te encariñes con los niños, siempre será difícil que te acepten por encima de su verdadero padre.

Siempre serás el segundo plano. Para una madre, sus hijos serán siempre su prioridad. Cuando una madre soltera decide comenzar una relación, lo hace bajo la premisa de que esa persona podría ser beneficiosa para sus hijos o, en algunos casos, porque ella está buscando desesperadamente un proveedor que la ayude a sostener su vida y la de su familia.

Es importante reconocer que, aunque la mayoría de las relaciones con madres solteras presentan desafíos significativos, no todas las situaciones son iguales.

Existen casos en los que las relaciones entre un hombre y una madre soltera funcionan de manera excepcional. Hay niños que, por diversas razones, logran aceptar al nuevo compañero de su madre como una figura paterna real, con respeto y cariño. En estos casos, la transición es mucho más suave, ya que el niño no tiene conflictos con la figura del padre anterior, ya sea porque está ausente o incluso falleció, lo cual elimina el peso de la competencia.

El respeto y el cariño del niño hacia el nuevo padre se dan cuando este hombre demuestra ser digno de confianza, empatía y compromiso. En estos casos, el vínculo puede crecer de manera sólida, sin que el pasado interfiera, y la relación puede desarrollarse de manera natural y saludable. Sin embargo, estos casos son excepciones, y no debemos idealizarlos.

Al final, no se puede culpar a los niños por la situación de sus padres. Ellos simplemente están viviendo una realidad que les toca, sin tener control sobre ella. El verdadero reto está en analizar la situación en su totalidad. Es fundamental que *como hombre pongas las cosas en una balanza y evalúes* qué tipo de madre soltera es ella y si realmente hay un futuro claro y prometedor para ti en esa relación.

- ¿Es una mujer que tiene un equilibrio emocional y que sabe priorizar a su pareja y familia?

- ¿O está más enfocada en la idea de tener un compañero que sirva para cubrir necesidades económicas y emocionales sin tener en cuenta el impacto que su relación podría tener en su hijo?

- ¿Cómo maneja la relación con el padre del niño?

- ¿Es una situación que traerá conflictos constantes a tu vida?

Al final, la clave es ser realista.

Analiza la situación con claridad y no te dejes llevar por las emociones del momento. Si las circunstancias lo permiten y encuentras que hay un espacio para construir algo sólido, adelante. Pero si hay demasiadas señales de alerta, tal vez sea mejor reconsiderar y no arriesgarte a una relación que podría traerte más problemas que beneficios. La reflexión y la honestidad contigo mismo serán tus mejores aliados.

Madres Solteras: ¿Realmente Estás Preparado para el Desafío?

Lo que busca la mayoría de las malas madres solteras, no es lo mismo que busca una mujer joven y sin hijos. En lugar de un *"macho alfa"*, ella tiende a buscar un hombre más accesible, un *"macho beta"*, uno que no necesariamente pueda conseguir mujeres sin hijos, pero que sí tenga recursos para apoyarla a ella y a sus hijos. En muchas ocasiones, la mentalidad de estas mujeres puede ser la de buscar un proveedor, alguien que les brinde la estabilidad económica y emocional que necesitan. Esto no significa que todas las madres solteras actúen de esta forma, pero sí es algo a tener en cuenta.

La mayoría de las madres solteras han atravesado una relación que pensaron que sería para siempre, pero que terminó. Esta experiencia no siempre se supera fácilmente y puede dejarles resentimiento, lo que influye en sus expectativas futuras. Si una mala madre soltera se fija en ti, es posible que estés proyectando una imagen de alguien que no puede conseguir una mujer joven sin hijos, pero que tiene lo que ella necesita en ese momento.

Siempre es importante aclarar que no todas las madres solteras son iguales, y no todas tienen las mismas intenciones. El porcentaje de mujeres que buscan algo genuino y equilibrado es bajo, pero no nulo. Diría que un 10% a 20% de las madres solteras están realmente buscando una relación basada en la equidad y el respeto mutuo, mientras que el resto podría estar buscando algo más conveniente, ya sea por necesidad emocional, económica o para brindar estabilidad a sus hijos.

El riesgo de involucrarte con una madre soltera puede ser

alto, especialmente si no estás dispuesto a asumir las posibles dificultades que vienen con esta situación. Es fundamental que evalúes bien tus propios deseos y expectativas antes de entrar en una relación, y que no te dejes llevar únicamente por la idea de ser un "*salvador*" o un "*proveedor*". La clave es entender que, como en cualquier relación, **ambas partes deben aportar y estar alineadas en sus objetivos.**

¿Estás dispuesto a ser visto como última opción?

Estar en una relación con una madre soltera implica que, en muchos casos, estarás tomando un papel importante en la vida de niños que no son tuyos. Esto puede ser una experiencia gratificante si estás dispuesto a asumir el rol de figura paterna para ellos, pero también puede ser un desafío. Es fundamental preguntarte si realmente estás preparado para compartir tu vida con alguien que, en muchos casos, ya ha tenido una familia, y si estás dispuesto a asumir la responsabilidad de cuidar y mantener a los hijos de otra persona.

Además, muchas madres solteras ya no están interesadas en tener más hijos o incluso han tomado decisiones médicas, como procedimientos quirúrgicos, que les impiden tener más descendencia. Si esto es algo que deseas en el futuro, podría ser un punto de conflicto o desajuste en la relación. En otros casos, si decides formar una familia con una mala madre soltera, es posible que termines criando a los hijos de una mujer que, por diversas razones, no supo tomar buenas decisiones de pareja en el pasado.

Lo cierto es que, al entrar en una relación con una madre soltera, puede que te enfrentes a la realidad de cuidar no solo a tus propios hijos, si decides tenerlos, sino también a los hijos de su relación anterior, lo que podría implicar asumir responsabilidades que originalmente no planeabas. Esto podría generar frustración si no se gestionan adecuadamente las expectativas dentro de la relación.

Sin embargo, hay excepciones que merecen mención. *Si la madre soltera se quedó viuda, eso indica que no fue una elección impulsiva o por una relación tóxica.* En este caso, la situación es muy diferente, ya que el niño no fue producto de una mala decisión, sino de una pérdida. Aunque esto también puede traer sus propios desafíos emocionales, es importante reconocer que no todas las madres solteras provienen de situaciones difíciles de pareja.

En resumen, antes de entrar en una relación con una madre soltera, *es clave reflexionar sobre tus propias expectativas y estar dispuesto a asumir las responsabilidades que implican*, sin dejar de lado tu bienestar emocional y tus deseos a largo plazo.

El Dinero y las Expectativas de una Madre Soltera.

Otro aspecto crucial al considerar una relación con una madre soltera es el dinero. En muchos casos, las madres solteras enfrentan dificultades económicas. El padre de los hijos, si está involucrado en la vida de los niños, generalmente solo ofrece lo que está legalmente obligado a dar, lo que rara vez cubre todas las necesidades. Esto deja a la madre soltera en una posición vulnerable, buscando apoyo económico para poder mantener a su familia.

En este escenario, si decides formalizar la relación, es posible que poco a poco se empiece a esperar que cubras algunos de esos gastos, incluso aquellos relacionados con el hogar donde vive ella y sus hijos.

Es importante estar consciente de que, si bien las relaciones de pareja suelen implicar apoyo mutuo, no siempre es saludable que este apoyo recaiga de manera desmedida sobre un solo miembro de la relación. Con el tiempo, podrías encontrarte en una situación donde tu contribución financiera sea constante y no reciba la reciprocidad que esperas. Además, la típica frase de "*Tú me aceptaste así, ahora me tienes que ayudar*" puede surgir, lo que podría hacer que te sientas presionado para asumir responsabilidades que no habías anticipado.

Una de las realidades más difíciles de enfrentar en este tipo de relaciones es que, aunque tú podrías estar construyendo un futuro, lo más probable es que ese futuro esté centrado en los hijos de otra persona. No hay garantía de que la relación se mantendrá a largo plazo, y mientras sigues invirtiendo en ella, podrías encontrarte construyendo un hogar para los hijos de un hombre del pasado, en lugar del hogar que pensabas formar con tus propios hijos.

Otro punto importante es la necesidad que muchas madres solteras sienten de encontrar una pareja con la que formar un hogar, a menudo a toda costa. Debido a su situación previa, algunas madres solteras ya no buscan el amor verdadero, sino más bien un compromiso que las saque de su situación de soledad y de inseguridad emocional. Muchas de ellas no solo buscan una pareja, sino alguien con quien demostrar a la sociedad que pueden tener una relación exitosa, a pesar de su pasado y de sus hijos.

Este deseo de formar una familia, incluso si no es el

resultado de una conexión emocional genuina, puede traducirse en presión para formalizar la relación rápidamente, incluso para llegar al compromiso.

Es fundamental que no te hagas ilusiones con la idea de que estas mujeres te quieren por quién eres realmente. Si bien es cierto que el amor puede surgir en cualquier relación, en muchos casos, lo que buscan estas mujeres no es solo una pareja, sino un "*salvavidas*" que las saque de la situación en la que se encuentran.

El contexto y tus expectativas son esenciales en este tipo de relaciones. Si no eres consciente de lo que realmente te están pidiendo, podrías encontrarte en una relación donde la dinámica está desequilibrada desde el principio, y en vez de ser una pareja con planes a futuro, podrías ser visto como el "*proveedor*" más que como un compañero emocional.

La Realidad de Relacionarse con una Madre Soltera: Desafíos.

Es importante que comprendas que no eres su salvador. Si bien las madres solteras pueden estar en una situación complicada, es fundamental que no te pongas en el rol de "*rescatador*". Muchas de estas mujeres nunca reconocerán que, al aceptarlas tal como son, tú estás tomando una decisión sacrificada. Si bien lo haces desde una perspectiva de apoyo y generosidad, ellas nunca lo verán como un favor. En cambio, te verán cómo alguien que, por el simple hecho de estar con ellas, debería estar agradecido. No esperes, por tanto, que te agradezcan por aceptar su realidad y su pasado.

Otro punto fundamental es que, a pesar de las dificultades, las madres solteras no están exentas de los mismos problemas que cualquier otra persona. Estas mujeres, como cualquier ser humano, también pueden ser infieles, traicioneras, o incluso generar daño emocional. El hecho de que tengas una relación con ellas, no te garantiza inmunidad a este tipo de situaciones.

Además, *si su pasado incluye relaciones promiscuas o malas decisiones amorosas, existe el riesgo de que, tarde o temprano, se repitan los mismos patrones*, lo que podría dañarte no solo emocionalmente, sino en algunos casos, también físicamente.

Las decisiones que toman muchas madres solteras sobre su vida personal no son siempre las mejores. Si has conocido varias madres solteras, te habrás dado cuenta de que *muchas de ellas no han aprendido a tomar decisiones acertadas*, especialmente en los aspectos más fundamentales de su vida. Si fueran buenas para tomar decisiones, probablemente no estarían en la situación en la que se encuentran ahora, claro, las madres solteras viudas no entran en esta categoría.

Al vincularte con alguien que ha tenido dificultades para tomar decisiones importantes, corres el riesgo de que, algún día, una de sus malas decisiones te afecte directamente. Es crucial que reflexiones sobre todo esto antes de tomar una decisión que podría cambiar no solo tu vida, sino también la de aquellos que te rodean.

La atracción por una madre soltera puede ser genuina, pero también conlleva un peso significativo, tanto emocional como social. La clave está en tener claridad sobre lo que realmente estás dispuesto a aceptar y las consecuencias que podrían derivarse de involucrarte en este tipo de relaciones.

Una de las situaciones más complicadas que podrías enfrentar al estar en una relación con una madre soltera es el riesgo de quedarte en una posición de desventaja, especialmente en cuanto a la dinámica familiar. Si alguna vez tienes una discusión con ella, es muy probable que su hijo o hijos se pongan de inmediato de su lado, sin importar quién tenga la culpa. Este fenómeno es especialmente incómodo si ya vives con ella y sus hijos o si la relación se ha formalizado. Incluso si tú tienes razón, la realidad es que no solo estarás luchando contra ella, sino también contra la lealtad de sus hijos, lo que puede hacer que la situación se vuelva aún más amarga y difícil de resolver.

Es importante reflexionar sobre otro punto clave: ¿Cómo puede alguien que no cambia por sus hijos, cambiar por ti? *Muchas madres solteras, a pesar de ser responsables de sus hijos, siguen llevando una vida que incluye fiestas, salidas, alcohol y la constante búsqueda de un nuevo novio en bares o discotecas, como si nunca hubieran sido madres.*

Si una madre no ha logrado dejar atrás ciertos comportamientos por el bienestar de sus hijos, ¿qué esperanza tienes tú, que no eres más que un novio más, de que te respete y cambie por ti? Es crucial que analices esto profundamente antes de seguir involucrado.

Otro aspecto relevante es que, muchas veces, las madres solteras siguen cometiendo los mismos errores una y otra vez. En su mayoría, estas mujeres terminan en su situación actual debido a su *inmadurez*, a haberse involucrado con hombres que no tenían la intención de comprometerse y que solo buscaban relaciones temporales. A pesar de las consecuencias de estas malas decisiones, muchas de ellas no aprenden de sus experiencias. Algunas incluso vuelven a caer en los mismos patrones, repitiendo los mismos errores de juicio una y otra vez, sin aprender la lección.

Es importante ser consciente de las situaciones que podrían hacer que tu vida emocional y familiar se complique aún más. *Las mujeres con varios hijos de diferentes padres, especialmente aquellas que aún están solteras*, a menudo tienen una serie de desafíos emocionales y personales que pueden afectar gravemente cualquier relación futura, **corre lejos de estas mujeres.**

Una mujer que ha tenido varios fracasos en relaciones previas y que además tiene hijos de diferentes padres, probablemente esté cargando con una serie de inseguridades, malas decisiones y patrones de comportamiento repetidos. Las relaciones que han terminado, a menudo, han dejado cicatrices emocionales que podrían convertirse en obstáculos significativos para cualquier relación futura. Algo está mal cuando una mujer no ha aprendido de sus experiencias pasadas y sigue repitiendo los mismos errores, lo que inevitablemente afectará su estabilidad emocional y la dinámica con cualquier nuevo compañero.

Ahora bien, si decides continuar una relación con una madre soltera y, tienes hijos con ella, surgen otras preguntas complicadas: ¿Serás capaz de tratar a sus hijos de la misma manera que a los tuyos? Este es un dilema que surge con frecuencia, ya que, aunque no lo desees, es natural que puedas dar más atención a tus propios hijos biológicos que a los hijos de ella.

Lo mismo ocurrirá, probablemente, con tu familia, que

podría no ser tan equitativa en cuanto a la atención, el cariño o incluso los regalos para todos los niños involucrados. Aunque intentes hacer todo lo posible por ser justo, la realidad es que las diferencias de vínculo pueden generar tensiones, especialmente si los niños no comparten una relación biológica contigo.

Para un hombre joven y sin hijos, involucrarse con una madre soltera que tiene varios hijos de diferentes padres puede ser un camino lleno de dificultades y muy probablemente tendrás una vida miserable.

Reflexión Final. Si decides iniciar una relación con una madre soltera, te recomiendo que tomes en cuenta todos los puntos mencionados anteriormente. Es crucial que analices cada aspecto del contexto de esta mujer y pongas todo en una balanza con una mentalidad clara y objetiva. No se trata de juzgar, sino de ser consciente de lo que realmente estás eligiendo.

Este fue un subtema muy largo, pero es importante sacar toda esta información para los hombres porque es una decisión que puede marcar tu vida para siempre, ya sea para bien o para mal.

Aquí hay algunas preguntas clave que debes reflexionar:

- ¿Vale la pena realmente involucrarse?

- ¿Es una mujer con un comportamiento promiscuo o inestable?

- ¿Mantiene contacto con el padre biológico de los hijos?

- ¿Desea tener más hijos en el futuro?

- ¿Te sentirías cómodo educando o corrigiendo a los hijos de otro hombre?

- ¿Es viuda, o su situación se debe a malas decisiones anteriores?

Esas son solo algunas de las preguntas importantes que debes hacerte antes de tomar una decisión.

Existen madres solteras que son buenas personas y que pueden ofrecer una relación significativa y equilibrada, pero las **probabilidades** de que la relación enfrente complicaciones o riesgos adicionales son altas.

No se trata de generalizar, sino de estar preparado para los desafíos que podrían surgir.

Al final, la decisión es tuya y solo tú eres responsable de las elecciones que tomas en tu vida.

Es importante no tomar estas decisiones a la ligera, ni actuar impulsivamente. Hazlo con cabeza fría, y no permitas que tus emociones o deseos momentáneos nublen tu juicio.

Tomar decisiones informadas y responsables te permitirá avanzar en la vida de una manera más equilibrada y consciente.

HIPERGAMIA: LA ESTRATEGIA REPRODUCTIVA FEMENINA

La hipergamia es un concepto central dentro de la filosofía Red Pill, que describe la estrategia reproductiva femenina. Esta estrategia se basa en la idea de que las mujeres buscan maximizar su éxito reproductivo asegurando dos objetivos fundamentales:

- Reproducción con la mejor opción genética posible (Alpha Fucks).

- Asegurarse la mejor provisión y asistencia posible (Beta Bucks).

Esta doble estrategia refleja la naturaleza dual de las decisiones de pareja que las mujeres suelen tomar, en las que equilibran la genética superior con la estabilidad económica y emocional. En términos más sencillos, *las mujeres no solo buscan una pareja que sea genéticamente atractiva, sino también alguien que pueda proveer seguridad y recursos a largo plazo*.

Cuando hablamos de hipergamia, estamos abordando precisamente este patrón de comportamiento. Es un concepto fundamental en la teoría Red Pill, ya que explica gran parte de las dinámicas entre hombres y mujeres en el campo de las relaciones y la seducción. De hecho, muchas técnicas y estrategias de seducción están basadas en comprender y aprovechar esta inclinación femenina hacia los "buenos genes" y la "provisión y protección".

Si has estudiado algún material relacionado con seducción o relaciones, es probable que te hayas encontrado con este concepto, ya que muchas de las teorías en este campo comienzan afirmando que las mujeres buscan en un hombre principalmente dos características fundamentales:

Buenos genes: Características físicas, carisma y habilidades sociales que sugieren que el hombre es genéticamente fuerte y adecuado para la reproducción.

Protección, provisión y asistencia: Un hombre que pueda ofrecer estabilidad, recursos y cuidado a largo plazo, lo cual es crucial para la crianza de los hijos y la seguridad de la mujer.

Hipergamia y su Manifestación Global.

La hipergamia no es un concepto limitado a ciertas culturas o regiones; es un fenómeno biológico y social que se manifiesta independientemente de las nacionalidades o el contexto socioeconómico. Incluso en países desarrollados, como los de primer mundo, las mujeres siguen persiguiendo las mismas necesidades biológicas y sociales que las mujeres en cualquier otra parte del mundo: *una búsqueda constante por optimizar su seguridad, bienestar y la calidad genética de sus futuros hijos.*

¿Eso también es hipergamia? La respuesta es sí. Este fenómeno no conoce fronteras geográficas.

En sociedades más avanzadas, donde se presume que las mujeres tienen más acceso a la independencia y recursos propios, el comportamiento hipergámico sigue siendo prevalente. Sin embargo, en estas sociedades, la hipergamia puede tomar una forma diferente a la que se ve en otros contextos. Mientras que los hombres de alto estatus en países desarrollados pueden no preocuparse demasiado por el nivel de estatus de su pareja, las mujeres tienden a buscar a alguien que esté al mismo nivel o incluso por encima de ellas en términos de recursos y estatus social.

Para ilustrar esta tendencia en los países de primer mundo, podemos tomar como ejemplo un estudio realizado por Lichter, Price y Swigert (2019), que evaluó si las mujeres solteras en Estados Unidos enfrentan una escasez de opciones matrimoniales y si esto podría estar relacionado con la disminución del matrimonio en el país. Este estudio encontró que, entre los años 2008 y 2017, las mujeres solteras en EE.UU. preferían parejas con un ingreso promedio un 58% más alto que los hombres solteros disponibles. Además, las mujeres preferían hombres que tuvieran una probabilidad 30% mayor de estar empleados (90% frente a 70%) y una probabilidad 19% más alta de haber completado un título universitario (30% frente a 25%).

En el análisis de las dinámicas del mercado matrimonial, especialmente en el contexto de las minorías raciales y étnicas, se observa que las mujeres negras y las mujeres de nivel socioeconómico bajo y alto enfrentan algunas de las mayores dificultades para encontrar parejas adecuadas.

Un estudio reveló que existe un déficit significativo en la oferta de hombres adecuados para estas mujeres, lo que puede llevar a una escasez en las opciones de pareja. Como resultado, algunas mujeres pueden quedarse solteras o terminar casándose con hombres que, tal vez, no cumplan con sus estándares ideales.

En términos generales, los autores de este estudio adoptan una perspectiva políticamente correcta, culpando indirectamente a los hombres por no ofrecer suficientes parejas adecuadas, lo que genera una escasez en el mercado.

Sin embargo, desde una visión más realista o crítica, podríamos argumentar que el verdadero problema radica en que *las mujeres de estos grupos suelen tener expectativas demasiado altas* y no están dispuestas a bajar esos estándares.

La hipergamia juega un papel central en este comportamiento, ya que estas mujeres siguen priorizando la búsqueda de hombres con mayores **recursos, estatus y poder.**

Y algunos hombres pueden decir:

"Pero yo he visto a mujeres con hombres más pobres"

o

"Yo he visto mujeres con betas con poco dinero".

Tienes razón, existen, pero tiene una explicación simple, eso se da por *el muro femenino*...

MURO FEMENINO

El muro femenino es un concepto que se refiere a un cambio significativo en la vida de muchas mujeres, y tiende a comenzar alrededor de los 30 años en la mayoría de los casos. Este término describe el punto en el que *la apariencia física de una mujer comienza a decaer, y ella empieza a notar que la atracción sexual de los hombres hacia ella disminuye.* Esencialmente, **su ventaja de belleza, que es uno de los principales activos para atraer parejas, comienza a desvanecerse.**

Este proceso se puede volver aún más notorio cuando las mujeres tienen hijos y, especialmente, si han sido promiscuas.

Con el paso del tiempo, es normal que los hombres empiecen a prestar menos atención a las mujeres que no han desarrollado otras cualidades más allá de su apariencia física. *La juventud de muchas mujeres se basa en* ***aprovechar su atractivo para avanzar en su vida***, ya sea para conseguir parejas, lograr atención social o para asegurar relaciones de alto estatus. Sin embargo, cuando el valor de la belleza comienza a disminuir, especialmente después de los 30 años, se da un cambio drástico: lo que antes les ayudaba a destacar comienza a fallar.

Este cambio puede ser difícil de aceptar, ya que muchas de ellas no han invertido tiempo en desarrollar habilidades o características de personalidad que los hombres valoran a largo plazo. En lugar de haber cultivado sus cualidades y valores, perdieron su tiempo de fiesta en fiesta y ahora su principal recurso, la *belleza física*, ya no tiene el mismo poder para atraer a hombres de alto valor.

A medida que *su valor social disminuye*, muchas mujeres pueden experimentar un aumento en resentimiento o frustración, lo que las lleva a preguntarse: *"¿Dónde están los buenos hombres?"* Esta pregunta, a menudo cargada de desesperación, refleja la creciente conciencia de que sus oportunidades para atraer parejas de alto estatus se están reduciendo.

A medida que las mujeres llegan a una fase en la que su valor físico comienza a disminuir, muchas de ellas se sienten obligadas a transformar su personalidad para poder atraer a una pareja, principalmente porque el miedo a la soledad y al fracaso social crece. Este es un momento crítico en la vida de muchas mujeres, ya que, si no logran encontrar una pareja que cumpla con sus expectativas, pueden terminar conformándose con un hombre que vean como inferior a ellas, pero que les proporcione lo que necesitan, ya sea estabilidad emocional o apoyo económico o em última instancia terminan con un montón de gatos como compañía y tardes bebiendo copas de vino.

Es importante entender que esta situación no es algo que ocurra por elección consciente, sino más bien por la evolución natural de las circunstancias: al disminuir su atractivo físico y sexual con el tiempo, se vuelve más difícil para ellas conseguir a un hombre de alto valor para una relación seria. Tal vez puedan conseguir un hombre para una noche de aventura, pero la probabilidad de que este tipo de relación se transforme en algo a largo plazo disminuye considerablemente.

Esto, lamentablemente, da paso a un gran resentimiento hacia el sexo opuesto, especialmente cuando sienten que sus esfuerzos por encontrar una pareja de calidad han fracasado. Como resultado, muchas mujeres pueden culpar factores como el "*patriarcado*" o la "*misoginia*" para justificar sus dificultades para atraer a hombres de alto valor. Este tipo de justificación se convierte en un mecanismo de defensa frente a la pérdida de su atractivo biológico, y las frustraciones que surgen a partir de ello.

Esta mentalidad es también la que alimenta en gran parte el núcleo radical del movimiento feminista, que ve en las desigualdades sociales o culturales la razón detrás de sus propias dificultades personales.

Sin embargo, aunque muchas mujeres puedan negar estos impactos en sus vidas o intentar mostrarse *felices* al llegar a los 30, la realidad es que están plenamente conscientes de que el reloj biológico y su belleza física están en contra de ellas.

La aparente *"felicidad"* o satisfacción que proyectan es, en muchos casos, inconsistente con lo que realmente sienten. Esto crea una desconexión interna que las lleva a buscar justificantes externos para la frustración que experimentan por la disminución de su valor sexual y la dificultad para encontrar una pareja adecuada a largo plazo.

RED PILL

El concepto de tomar "*la píldora roja*" se ha convertido en una parte esencial de la jerga dentro de los movimientos de activistas de derechos de los hombres. Esta idea se origina en la famosa película Matrix, donde el protagonista, Neo, toma una píldora roja que lo lleva a conocer la realidad oculta del mundo, una metáfora que refleja un despertar doloroso pero revelador.

En la icónica escena de Matrix, el personaje de Morfeo, le ofrece a Neo una elección crucial: tomar la píldora azul y seguir viviendo en la ignorancia, en un mundo de falsas apariencias donde todo parece perfecto, pero está basado en una gran mentira, o **tomar la píldora roja y descubrir la dura realidad que se encuentra detrás de todo lo que le han mostrado hasta ahora.** En otras palabras, la píldora roja es la opción de la verdad, aunque esta implique enfrentar una realidad cruda y perturbadora.

Morfeo le dice a Neo: "*Recuerda, tan solo te estoy ofreciendo la verdad*", lo que significa que, al tomar la píldora roja, uno ya no podrá volver atrás.

Algo similar ocurre hoy en día con los miembros de los movimientos por los derechos de los hombres. Al tomar la *"píldora roja"*, estos hombres se dan cuenta de que la ley muchas veces los desfavorece en áreas clave, y que la narrativa feminista contemporánea, que acusa una persecución constante de la mujer, no refleja la realidad completa.

Muchos hombres descubren que el sistema legal no favorece su bienestar en casos de divorcio o custodia: Hay padres que pierden la custodia de sus hijos, a pesar de que las madres se demuestran incapaces legal y económicamente de mantenerlos. También hay quienes pierden todo en divorcios que, de forma sistemática, favorecen a las mujeres, incluso cuando éstas no cumplen con las expectativas o responsabilidades necesarias.

Las estadísticas de suicidios, desempleo y asaltos muestran que los hombres lideran estas trágicas cifras en varios países. Sin embargo, estos problemas parecen ser ignorados o minimizados por la sociedad contemporánea, que a menudo está más centrada en otros temas.

Esta es precisamente la razón por la que la realizadora del documental The Red Pill, Cassie Jaye, decidió explorar esta problemática. Su película profundiza en las experiencias de hombres que han sido víctimas de una sociedad y leyes que los desprotegen en áreas críticas de su vida. Sin embargo, Jaye enfrentó muchas dificultades para conseguir fondos para el proyecto, ya que las temáticas que abordaba no eran populares dentro de los círculos políticamente correctos. Nadie quería financiar un documental que cuestionara el feminismo y sus narrativas predominantes.

Lo sorprendente en su historia es que, al principio, Cassie Jaye se identificaba como feminista. Sin embargo, a medida que investigaba y completaba su documental, Jaye experimentó un cambio profundo en su perspectiva.

Al final, decidió desprenderse del término feminista, ya que descubrió que *el feminismo contemporáneo parece estar más enfocado en los derechos de las mujeres en lugar de buscar una igualdad real entre los géneros*. Para Jaye, la lucha por la igualdad no se trata de priorizar un género sobre otro, sino de reconocer y abordar las injusticias que ambos géneros enfrentan en una sociedad que, por mucho tiempo, ha tendido a ignorar las dificultades específicas que viven los hombres.

La distribución de The Red Pill ha sido todo un desafío. Grupos feministas y de izquierda han intentado censurar el documental, presionando a cines y distribuidoras para que no lo exhiban. Este esfuerzo se debe, en parte, a que el filme contradice la narrativa dominante que apoya el feminismo, especialmente la promovida por figuras influyentes como Meryl Streep. Esta resistencia es comprensible, ya que The Red Pill pone en evidencia muchas de las injusticias que los hombres enfrentan, algo que no suele estar muy presente en los medios convencionales.

A pesar de esta oposición, Cassie Jaye ha hecho todo lo posible para no dejarse silenciar. A lo largo de la producción y distribución de la película, ha luchado por mantener su voz y asegurarse de que el mensaje llegue a la mayor cantidad posible de personas. La censura no ha logrado callar su trabajo, y el documental continúa su batalla cuesta arriba por ganarse su lugar en la conversación pública.

El documental ha sido acusado de promover la misoginia, una crítica que Jaye rechaza rotundamente. Lo que The Red Pill busca es simplemente dar visibilidad a los problemas y realidades que los hombres enfrentan, especialmente aquellos que a menudo son ignorados o minimizados en la sociedad. Es una llamada a la reflexión sobre igualdad y justicia, sin los prejuicios que pueden nublar el verdadero objetivo de la lucha por los derechos de todos los géneros.

Sin duda, es un documental que vale la pena ver, no solo por su enfoque en los derechos de los hombres, sino por la valentía de su creadora al enfrentarse a un sistema que intenta acallar voces disidentes.

El documental The Red Pill se organiza en cuatro partes fundamentales, cada una abordando un tema clave sobre los problemas que enfrentan los hombres en la sociedad actual. A continuación, se detalla cada una de ellas:

1. El hombre desechado: En esta primera sección, el documental muestra cómo, en ciertos aspectos de la vida, un hombre parece tener menos valor que una mujer. Se presentan datos alarmantes para ilustrar esta afirmación: el 93% de las muertes en accidentes laborales en Estados Unidos son de hombres, cuatro de cada cinco suicidios son masculinos, y los hombres tienen un 63% más de probabilidades de ser condenados por el mismo delito que las mujeres. Estos números reflejan una realidad poco discutida, que demuestra cómo los hombres, a menudo, enfrentan circunstancias extremadamente desventajosas sin que se les otorgue la misma atención o apoyo que a las mujeres en situaciones similares.

2. La separación de padres e hijos: En esta segunda parte, el documental expone cómo, en casos de divorcio o separación, las decisiones judiciales suelen favorecer a las mujeres simplemente por el hecho de serlo. A menudo, los padres son despojados de la custodia de sus hijos sin considerar de manera justa las circunstancias o la relación del padre con sus hijos. La injusticia en el sistema judicial se muestra claramente, donde se asume que las madres son las mejores cuidadoras, dejando a muchos hombres sin la oportunidad de ser padres a tiempo completo.

3. La violencia de género: En esta sección, el documental destaca cómo se da por hecho que los hombres no sufren violencia de género. Esto se acompaña de la banalización de las denuncias falsas, especialmente en casos de acoso laboral en Estados Unidos. El documental hace un llamado a la reflexión sobre la falta de reconocimiento de la violencia que los hombres también experimentan, y cómo las leyes y políticas actuales pueden pasar por alto o incluso perpetuar estos abusos contra ellos.

4. El silencio mediático sobre la vulneración de los derechos de los hombres: Finalmente, el documental aborda el silencio mediático que rodea las violaciones de los derechos de los hombres, especialmente aquellas perpetradas por los movimientos feministas. Este silencio ha llevado a una falta de visibilidad en los problemas que enfrentan los hombres, desde la desigualdad en los divorcios hasta la falta de apoyo en temas de salud mental o violencia doméstica.

El documental resalta cómo, para muchos hombres, la frustración y el resentimiento pueden crecer debido a la falta de reconocimiento de sus problemas. Esto puede llevar a algunos a desarrollar un odio hacia las mujeres, especialmente aquellos que han tenido malas experiencias personales o se sienten continuamente despreciados por el sistema.

El concepto de "*tomar la píldora roja*" no implica que un hombre deba odiar a las mujeres o sentirse amargado por su naturaleza. Más bien, busca entender la verdadera naturaleza femenina y cómo funciona su estrategia relacional con los hombres. La filosofía Red Pill enseña a ver las dinámicas de las relaciones de manera más objetiva, despojándote de las ilusiones o falsas creencias que podrían haber sido impuestas por la cultura o por la socialización.

Es común que, cuando un hombre comienza a profundizar en esta filosofía, pase por una etapa de "*rabia de la píldora roja*" (o "Red Pill Rage"). Esta etapa es un proceso emocional natural que ocurre cuando un hombre se enfrenta a la cruda verdad sobre las interacciones entre hombres y mujeres, y la forma en que las dinámicas sociales favorecen a las mujeres en muchos aspectos. Durante esta etapa, un hombre puede sentirse traicionado o incluso enfadado por las mentiras y expectativas que le han sido inculcadas desde una edad temprana, que lo han condicionado a ser dependiente de las mujeres y a aceptar roles de pretendiente o comportamientos sumisos.

Este tipo de revelación puede generar frustración, ya que implica renunciar a la comodidad de vivir bajo creencias que proporcionaban una sensación de seguridad y estabilidad emocional. Despertar a la verdad, aunque liberador en muchos aspectos, también puede ser un proceso doloroso porque implica enfrentarse a la realidad tal como es, sin las ilusiones que previamente ofrecían consuelo. La rabia es, en este sentido, una respuesta natural al sentirse engañado y vulnerable frente a lo que se percibe como una mentira colectiva.

Ahora bien, en este momento crucial, el hombre tiene dos opciones:

- *Dejarse consumir por el enojo y la ira.*

- *Aprovechar ese conocimiento y usarlo para su beneficio.*

Si te dejas consumir por la ira, serás como un sabio dijo:

"Aquel que odia a alguien es semejante a un hombre que se toma un vaso con veneno y espera que el efecto le haga mal a su prójimo".

Es importante recordar que, aunque el proceso de descubrir estas realidades puede ser doloroso, la clave está en cómo reaccionamos ante ellas. La Red Pill es un regalo que muchos temen aceptar, pero que puede conducir a una mejor comprensión de uno mismo y del mundo. Si te permites caer en la rabia, serás prisionero de tus propios resentimientos. Sin embargo, si eliges usar esa verdad como una herramienta de crecimiento, estarás en ventaja, ya que habrás despertado a una realidad que pocos son capaces de ver.

Este es un proceso de transformación. Si caes en la **Black Pill** —esa etapa de desesperanza y cinismo— no te quedes allí. La solución no es renunciar, sino aprender a superar ese momento y avanzar hacia la **White Pill**, donde encontrarás aceptación y equilibrio, sabiendo que, aunque el mundo no sea perfecto, tienes el poder de manejarlo de manera efectiva y ser el dueño de tu destino.

REFLEXIÓN FINAL SOBRE LA RED PILL

La Blue Pill es la mentira agradable, el producto del condicionamiento social. Es la creencia generalizada de que los hombres no valen mucho, mientras que las mujeres se enamoran del hombre que las trata como princesas. Es la versión del mundo idealizado que la sociedad te vende, donde todo es fácil y cómodo, pero ajeno a la realidad de las relaciones humanas.

La Red Pill es la cruda realidad. No busca ser normativa ni te dice qué hacer, sino que te proporciona la información que necesitas para entender la naturaleza de las relaciones entre hombres y mujeres, las dinámicas sociales y lo que realmente está ocurriendo bajo la superficie. Es el despertar, una visión clara del mundo tal como es, sin edulcorantes ni idealizaciones.

La Black Pill es la asimilación de la Red Pill llevada al extremo. Se refiere a los MGTOW (Men Going Their Own Way), hombres que han llegado a la conclusión de que las relaciones con mujeres son tan peligrosas y contraproducentes que no valen la pena. Deciden entonces optar por alejarse por completo de cualquier tipo de interacción romántica con ellas.

La White Pill es la asimilación de la Red y Black Pill de una manera más consciente y equilibrada. Aquí, el hombre acepta tanto la realidad de la naturaleza humana como las limitaciones del sistema, pero lo hace de manera sabia. Sabe cómo usar esa verdad para su propio beneficio, manteniendo una visión más equilibrada y menos extremista. Es el hombre que, a pesar de la dureza de la verdad, sigue adelante con una mentalidad constructiva y proactiva.

En Matrix, uno de los momentos más reveladores es cuando Neo, el protagonista, se distrae de su inmersión en la realidad de la simulación por una mujer vestida de rojo. Este detalle no es accidental. La mujer de rojo simboliza una distracción deliberada.

Neo, al igual que muchos hombres en su despertar hacia la verdad, representa a los pensadores infantiles, aquellos que aún están atrapados en un mundo lleno de distracciones, buscando un equilibrio que les impide ver la realidad tal como es. Mientras Morfeo intenta guiar a Neo hacia la comprensión de la verdad, él se ve desviado por la tentación de la mujer vestida de rojo. Esta mujer, que aparece en varias formas en la vida cotidiana, simboliza esas distracciones superficiales que nos alejan de nuestro propósito: *la televisión, el alcohol, el porno, o cualquier otra forma de escapismo* que puede impedir que conectemos con la verdadera esencia de lo que somos y lo que debemos lograr.

¿Y cuál es la lección para nosotros? No permitir que estas distracciones nos desvíen de nuestros objetivos, nuestras metas y nuestra mejora personal. En todo aspecto de nuestra vida personal, existirán tentaciones disfrazadas de algo atractivo, algo que parezca prometedor. Pero solo tú tienes el poder de tomar el control de tu vida, de no dejarte engañar por las falsas promesas que se presentan como caminos fáciles o placeres momentáneos.

Si algo nos enseña la Red Pill es que la verdad está al alcance, pero hay que estar dispuesto a no dejarse atrapar por esas distracciones que intentan desviar nuestra atención.

ENCONTRAR UNA MUJER QUE VALGA LA PENA EN VERDAD

Uno de los grandes cuestionamientos de muchos hombres es: *"¿Cómo conseguir una mujer que realmente valga la pena?"* Y cuando digo *"valga la pena,"* no me refiero a una mujer para una noche de sexo, sino a alguien con quien puedas compartir experiencias y, por qué no, construir un proyecto juntos. Y sí, también disfrutar del sexo, que es uno de los placeres más importantes de la vida.

Es común escuchar frases como: ***"Todas las mujeres son interesadas y mentirosas."***

Sin embargo, muchas veces esto proviene de hombres que han tenido malas experiencias en el pasado. Hombres que, después de haber sido humillados o decepcionados por mujeres que no valían la pena en bares y discotecas, terminan adoptando una mentalidad misógina. Se enfocan solo en los aspectos negativos y generalizan a todas las mujeres bajo el mismo estereotipo: *interesadas y desleales*. Pero la realidad es que estas son generalizaciones basadas en sus experiencias personales, no en la verdad universal.

Lo más curioso de este ciclo es que estos mismos hombres

siguen buscando en los mismos lugares: *bares, discotecas y otros ambientes superficiales.* Nadie les explicó que la definición de locura es hacer lo mismo una y otra vez esperando resultados diferentes. Y esto no solo aplica a los hombres, sino también a las mujeres que dicen*: "Son todos iguales",* pero muchas de **ellas también siguen buscando lo mismo en los mismos lugares** y, lo peor de todo, casi siempre terminan con los mismos tipos de hombres.

Si buscas una mujer que realmente valga la pena, es fundamental romper con esos círculos viciosos y empezar a replantear tus enfoques y actitudes. No puedes seguir buscando lo mismo en los mismos lugares y esperar encontrar algo diferente. La clave está en la autoevaluación, en conocer lo que realmente deseas y en ser consciente de que **para encontrar lo que vale la pena, primero debes cambiar lo que buscas y cómo lo buscas.**

En los bares, las discotecas y otros ambientes superficiales, solemos encontrar a hombres y mujeres profesionales en carreras estereotipadas como abogacía, contabilidad, administración, psicología, entre otras. Personas que, a pesar de tener una educación y un trabajo estable, llegan a estos lugares amargadas o resentidas, buscando siempre lo mismo. En el caso de las mujeres, buscan *"los mismos de siempre",* y en el caso de los hombres, suelen encontrar a *"mujeres interesadas o infieles".*

Es un ciclo triste y predecible: al final, terminan en la misma situación. Ambos sexos se encierran en sus propias expectativas fallidas y, sin darse cuenta, cumplen la profecía de lo que temían. Este proceso ocurre en casi todos los países, aunque de manera más o menos extrema según el contexto social y cultural.

Recuerdo una anécdota en un antro, donde una mujer le dijo a un amigo: *"En un bar no se puede conocer a nadie decente."*

Entonces, me pregunto...

¿Qué demonios estás buscando en un bar si lo que quieres es encontrar algo decente?

Si de verdad buscas algo que valga la pena, el primer paso es reconocer que esos lugares no son el ambiente adecuado. Los bares, las discotecas, y otros entornos similares, están llenos de distracciones y personas atrapadas en un ciclo de superficialidad. Si esperas encontrar algo genuino en estos lugares, es como buscar una aguja en un pajar: *es casi imposible.*

Normalmente, si se le hace esa pregunta a una mujer en uno de esos lugares, la respuesta suele ser bastante estereotipada: *"Vengo a divertirme con mis amigas."* Si tiene menos de 23 años, puede que en su mayoría se esté divirtiendo y disfrutando de la atención que recibe. Sin embargo, detrás de esa fachada, muchas veces está buscando algo más: subir su autoestima al ver cómo miles de hombres se acercan a ella, como si fuera el centro de atención, hombres que van tras de ella como perros.

Aunque pocas lo admiten, en el fondo, se sienten solas y, aunque no lo expresen, van con la esperanza de encontrar a alguien decente. Sin embargo, lo que rara vez ocurre es que encuentran a ese hombre.

Con el tiempo, cuando alcanzan los 25 años, muchas se han vuelto cínicas y distantes, y la mayoría de los hombres de valor ya no se sienten atraídos por ellas. Siguen acumulando malas experiencias, lo que las lleva a los 30 años con una actitud de resentimiento hacia los hombres, y hacia ellas mismas.

No estoy diciendo que ir a los antros o a bares sea algo malo. Todos necesitamos un espacio para divertirnos y desconectarnos. Sin embargo, *el verdadero error de muchas personas, tanto mujeres como hombres, es esperar encontrar una pareja seria en un lugar donde la mayoría está ahí simplemente para pasar un buen rato*, disfrutar del momento y llevar una vida despreocupada. Es un espacio donde las expectativas de relación estable rara vez se cumplen.

"Los buenos hombres ya no existen". Es una queja común, ¿verdad? Pero si estás buscando en un lugar donde el 80% o 90% de los hombres no tienen su masculinidad forjada, sin objetivos claros en la vida, es lógico que llegues a esa conclusión. Y lo mismo ocurre con los hombres que dicen lo mismo acerca de las mujeres.

Sin embargo, más allá de esas creencias limitantes, hay algo de verdad en que las personas valiosas son difíciles de encontrar. *Vivimos en una era de consumismo, programas de televisión basura, medios virtuales y redes sociales* donde se valora más la imagen que la esencia de una persona. Esto ha creado una epidemia de superficialidad, baja autoestima y miedo a la vulnerabilidad.

Hace un tiempo, describí un ejercicio sencillo para definir exactamente qué buscamos en una mujer. *Cuanto más claro tengas lo que deseas, más fácil será encontrarlo.*

Pero, además de eso, quiero ofrecerte un pequeño

consejo que me ayudó bastante al conocer a una mujer realmente interesante. Es una *"prueba"* que utilizo para descartar rápidamente a quienes no valen la pena. Puede sonar algo general, pero, con el tiempo, cuando conoces a muchas personas, empiezas a notar patrones.

Esta es la prueba que utilizo y tiene mucho que ver con las redes sociales. Como sabrás, las redes sociales han transformado por completo la forma en que nos relacionamos y percibimos el mundo. Se ha creado una generación obsesionada con la validación externa, en la que muchos buscan obtener "*Me gusta*" y comentarios en sus fotos para alimentar su ego.

Las mujeres, especialmente las más jóvenes, son un claro ejemplo de esta tendencia. Se exhiben en redes sociales, sobre todo en Instagram, subiendo fotos de sus cuerpos, esperando que los demás los validen para compensar inseguridades y bajas autoestimas. Sin embargo, estas validaciones superficiales no son un buen indicador de una mujer con profundidad emocional ni un carácter sólido.

Hay hombres que odian a este tipo de mujeres, pero si alguna vez las conoces verás que lo único que puedes sentir por ellas, si tienes una autoestima saludable, es lástima. Estas mujeres buscan constantemente la validación externa, viviendo del deseo de los demás, y debido a su profundo miedo e inseguridad, prefieren el contacto virtual al real, lo cual, personalmente, me parece algo lamentable. En mi opinión, estas mujeres no son adecuadas para una relación estable. Claro, los impulsos sexuales son naturales y no está mal, es natural. Si ambos están de acuerdo, puedes disfrutar de una noche, siempre y cuando tomes las precauciones necesarias, pero no te recomendaría una relación estable, ni porque tengas buen sexo con ella.

Uno de los estándares que tengo cuando se trata de mujeres es que sean seguras, inteligentes y tengan una autoestima saludable. Así como una mujer que fuma puede ser una señal de que tiene algún tipo de problema, una mujer que se comporta de manera histérica también está enviando un mensaje subyacente de que algo no está del todo bien, incluso si esos problemas no son evidentes a simple vista.

La primera solución, y probablemente la más efectiva, es *evitar esos lugares si realmente estás buscando una mujer para una relación seria*. Sin embargo, si te encuentras con una mujer que te atrae físicamente y decides darle una oportunidad para ver si tienes suerte y logras encontrar a ese 1% que realmente vale la pena, entonces, aplica lo siguiente:

Cada vez que hablo con una mujer en uno de esos lugares, mi enfoque es el siguiente: Primero, trato de romper el hielo con una conversación ligera y humorística, haciendo que se ría. Después de un rato, cuando ya hemos relajado el ambiente, empiezo a tocar temas más profundos y serios. Busco conectar, hablar sobre cosas que nos apasionen y compartir temas emocionales. Si la interacción fluye bien y siento que realmente hay una conexión, continúo, dejando que las cosas se den de manera natural.

Si intercambian números, lo mejor es llamar directamente en lugar de *depender demasiado de los mensajes de WhatsApp*. Si lo usas, hazlo solo para coordinar otro encuentro, no para tener largas conversaciones.

Es importante tener en cuenta que, si te pide tu número de teléfono muy rápido, podría ser señal de que está desesperada o tiene una autoestima baja. Estos casos son fáciles de identificar: suelen pedir tu número demasiado pronto y, generalmente, no se destacan por ser especialmente atractivas. Incluso pueden mostrar una actitud un tanto agresiva o tener comportamientos algo descontrolados. Sin embargo, fuera de estos casos patológicos, si al final de una conversación amena ella te pide tu número y luego te llama o te envía un mensaje de voz, es una clara señal de que estás tratando con una mujer que realmente vale la pena. Créeme, ya habrás descartado bastante "*basura*" en este proceso.

Este consejo aplica especialmente para bares y antros. En lugares más tranquilos y con personas más interesantes, puedes comportarte como un adulto y pedir el teléfono. Si ella tiene una autoestima saludable y una buena inteligencia emocional, las cosas se van a dar de forma natural, como deben ser.

Por ejemplo, algunos de los mejores lugares para conocer mujeres que realmente valgan la pena son:

- ➢ Bibliotecas
- ➢ Yoga
- ➢ Clases de música
- ➢ Clases de idiomas
- ➢ Museos
- ➢ Convenciones
- ➢ Parques
- ➢ Lugares que requieren voluntarios
- ➢ Eventos de recaudación
- ➢ Áreas alejadas de las grandes ciudades

Estos son lugares donde es más probable encontrar a una

mujer con valores más sólidos y una personalidad madura.

Claro, no significa que no puedas encontrar mujeres malas mujeres en estos espacios, pero definitivamente las probabilidades de encontrar a alguien con características más desarrolladas aumentan.

Recuerda:

"Es muy difícil encontrar diamantes en la basura"

Esto significa que es difícil encontrar a una pareja que valga la pena en lugares que no son buenos, como: Bares, fiestas, aplicación de citas, gimnasios, etc.

LAS CUALIDADES DE UNA BUENA MUJER

Un hombre puede reconocer si una mujer realmente vale la pena por *cómo se comporta, su forma de ser, y la manera en que ve y afronta la vida.* No se trata solo de una buena apariencia o de algo superficial, sino de las acciones y actitudes que demuestra a lo largo del tiempo.

Aquí te dejo algunas cualidades que, en mi opinión, debe tener una mujer para que realmente valga la pena:

Atractiva físicamente. Es cierto que la belleza es subjetiva. Cada quien tiene sus gustos, y eso está bien. Pero hay ciertos rasgos que, en términos generales, podemos considerar atractivos en una mujer. Piensa en una cara con simetría, en una silueta que tenga armonía, algo así como el cuerpo de un reloj de arena: hombros y caderas en proporción y una cintura definida.

No nos engañemos con el mito de que "*la apariencia no importa*". **Claro que importa**. A fin de cuentas, de nada sirve que tenga un corazón de oro si no te atrae físicamente. Así es la cruda realidad...

Si te gustan las mujeres altas, delgadas o con ciertas características físicas, es totalmente válido. Es natural. Pero, más allá de eso, la clave está en la personalidad de la mujer. Si no te atrae físicamente, aunque sea "*la mejor persona*" del mundo, lo más probable es que no haya una conexión profunda.

Recuerda: de nada sirve que su apariencia te encante, si su personalidad es la de una interesada, vive para complacer a los demás, o tiene actitudes infieles.

Inteligente. La inteligencia no se mide por tener un título académico colgado en la pared, sino por la capacidad de una mujer para reflexionar y abordar las situaciones de la vida de manera profunda.

Las conversaciones con una mujer así son mucho más enriquecedoras, porque no solo compartes palabras, sino también perspectivas que hacen crecer la relación. No se trata solo de "*hablar bonito*", sino de tener la capacidad de ofrecer ideas, opiniones y una visión de la vida que te impulse a ser mejor.

Cálida. Ser cálida es una de las cualidades más valoradas en una mujer que realmente vale la pena. *La dulzura, el cariño genuino, esa energía femenina* que, por desgracia, se está perdiendo en muchos aspectos de la sociedad moderna.

La calidez no solo se ve en palabras, sino en gestos, en la forma en que una mujer te hace sentir especial, como si en su compañía todo se pusiera en perspectiva. Es ese toque humano, ese calor que te reconforta cuando más lo necesitas, y que es difícil de encontrar, pero cuando lo experimentas, te das cuenta de lo invaluable que es.

Proactiva. Una mujer proactiva es una mujer que lleva consigo una energía positiva y activa que va más allá de lo esperado. No solo reacciona ante lo que sucede, sino que toma la iniciativa, propone nuevas ideas y mantiene viva la chispa de la relación.

Esta actitud no solo es crucial para mantener el interés, sino para hacer que la relación crezca y evolucione. *¿A quién no le gusta que lo sorprendan de vez en cuando, que alguien haga el esfuerzo por crear momentos únicos y estimulantes?* Una mujer proactiva siempre está buscando formas de mejorar, de mantener la relación fresca y estimulante a largo plazo.

Ama de corazón. Una mujer que realmente vale la pena no solo hace cosas por su pareja, sino que lo hace con el corazón. Sus decisiones, por más pequeñas o cotidianas que sean, están impregnadas de generosidad y consideración. Es esa capacidad de hacerte sentir que, cuando estás con ella, el mundo se detiene y no hay mejor lugar que estar a su lado.

Puede sonar a algo romántico o idealista, pero es la realidad. Muchas mujeres hoy en día, por diversas razones, hacen la vida más difícil a su pareja, convirtiendo el hogar en un campo de batalla. *¿Te imaginas llegar a casa después de un largo día de trabajo, y lo único que encuentras es pelea y reclamos?* Ahora, imagina que llegas y en lugar de eso, te recibe con una buena cena, te escucha pacientemente y te comprende. **¡Eso sí que cambia la perspectiva!**

Claro, también es importante que tú actúes de la misma manera, siendo comprensivo y disponible para escucharla cuando ella lo necesite. *El amor verdadero no se trata solo de recibir, sino de dar.*

De mentalidad flexible. En una relación, la flexibilidad mental es fundamental. Desafortunadamente, muchas veces las personas tienen una mentalidad cerrada. Cuando cometen un error, es muy difícil que lo acepten y eso genera tensión. Una mujer con una mentalidad flexible es capaz de reconocer sus fallos, aprender de ellos y también estar abierta a nuevas ideas.

Cuando compartes un proyecto de vida en pareja, la rigidez de pensamiento es uno de los mayores obstáculos que puedes enfrentar. Si ambos se aferran a sus ideas sin querer ceder ni un centímetro, tarde o temprano, eso hará que la relación se quiebre.

La flexibilidad, la capacidad de adaptarse y crecer juntos, es una cualidad crucial que toda mujer valiosa debe tener. Mantenerse abierta a los cambios y dispuesta a colaborar en la evolución de la relación es lo que hace que el vínculo se fortalezca con el tiempo.

Fuerte y femenina a la vez. Una mujer verdaderamente valiosa sabe equilibrar su feminidad con una fortaleza de carácter que complementa perfectamente a la del hombre. Por un lado, despliega todos los rasgos propios de su feminidad, esa suavidad y ternura que enriquece la relación, pero, por otro lado, irradia una fortaleza que se siente como la de una verdadera compañera de vida, alguien con quien puedes contar en los momentos difíciles.

Tener una mujer fuerte, tanto en mente como en carácter, es un verdadero apoyo. En una relación, esto te permitirá enfrentar los problemas con mayor madurez y estabilidad.

Es importante recalcar que ser fuerte en carácter no significa ser agresiva ni estar constantemente peleando. Más bien, significa que sabe controlar sus emociones, que no se deja llevar por el primer impulso y que se hace respetar, especialmente cuando interactúa con otros hombres. Esta fortaleza es el tipo de energía que construye una relación sólida y respetuosa.

Apasionada y soñadora. La pasión es un pilar esencial en cualquier relación de pareja, y cuando una mujer es apasionada, no solo en lo sexual, sino en la vida en general, es un regalo para su compañero. La sexualidad en una relación debe ser un tema natural, saludable y libre de tabúes. Una mujer apasionada es abierta y expresiva en el sexo, no tiene miedo de disfrutar de su cuerpo y de explorar nuevas experiencias. Ella no ve el sexo como un tema incómodo, sino como una forma de conexión profunda con su pareja.

Pero la pasión no se limita solo a la cama. Una mujer apasionada se expresa también a través de sus sueños, sus deseos y sus metas. Vive la vida con energía, motivación y entusiasmo, lo cual contagia a su compañero y lo inspira a alcanzar sus propias metas. Una mujer que proyecta sueños y es capaz de compartirlos con el hombre que tiene a su lado, crea una conexión poderosa que no solo se alimenta de pasión, sino también de propósito.

Y por supuesto, es fundamental que el hombre también sea apasionado, tanto con cómo sin la mujer. Pero que tu mujer te impulse a ser aún más apasionado, a perseguir juntos sueños comunes, es un verdadero regalo.

Honesta. La honestidad es una cualidad indispensable en cualquier relación, y una mujer que es completamente honesta se convierte en un pilar de confianza para su pareja. Nadie en su sano juicio desea convivir con mentiras o verdades a medias, ya que la transparencia es la base sobre la que se construye la confianza. Cuando tienes a una mujer honesta a tu lado, sabes que no hay dobles intenciones ni engaños, solo la paz que viene de la sinceridad.

Contar con una mujer que sea capaz de compartir abiertamente sus pensamientos y sentimientos, sin esconder nada, te permite construir una relación sólida y basada en la autenticidad. Esa honestidad, en todos los aspectos de la vida, es un plus invaluable.

No tiene complejo de princesa. Una mujer de calidad sabe que el respeto no se pide por una cuestión de estatus, sino porque es una persona que se gana ese trato todos los días. No espera que la trates como a una "*princesa*" por una idea de superioridad, sino porque reconoce que el respeto mutuo es la base de cualquier relación sana. Ella entiende que, como tú la tratarías con dignidad y amor, así mismo lo haría contigo.

Este tipo de mujer nunca aceptaría estar con un hombre que le falte al respeto, ni lo permitiría. La igualdad de trato y respeto es fundamental en una relación que busca crecer, desarrollarse y mantenerse fuerte con el tiempo.

No saldría con alguien solo por salir. Una mujer que tiene claro su valor y sus objetivos no se conforma con cualquier relación por el simple hecho de tener compañía.

No le tiene miedo a estar soltera y es autosuficiente. Esta independencia emocional le permite elegir a su pareja no por necesidad, sino por deseo genuino.

Sabes que está contigo porque realmente le gustas, y no por presiones sociales o inseguridades. Ella cree en el poder de la relación, no solo como un acto de compañía, sino como una alianza para crecer juntos, apoyarse mutuamente y alcanzar objetivos compartidos.

NO SEAS UN SIMP

Ahora que ya hablamos sobre las mujeres que realmente valen la pena, es momento de tocar un tema importante que muchos hombres pasan por alto al intentar acercarse a la mujer que les interesa.

¿Qué es un SIMP?

El término *"simp"* proviene de la palabra inglesa "*simpleton*", que significa alguien que es fácil de engañar. En términos modernos, se refiere a un hombre que se deja llevar por sus impulsos de manera excesiva y, en el proceso, pierde toda su masculinidad y dignidad al tratar de ganar la atención y el amor de una mujer a toda costa.

Ser un **simp** no se limita solo a un tipo de acción. De hecho, puede manifestarse de varias formas, y todas ellas representan un error que muchos hombres cometen sin siquiera darse cuenta. Algunos ejemplos comunes son:

Hacer cosas por una chica sin recibir nada a cambio:
Esto es cuando un hombre está dispuesto a hacer cualquier cosa por ella, sin que haya un intercambio genuino de afecto o interés. Puede ser tan simple como ayudarla con tareas que no tienen nada que ver con él,

esperando que eso le genere una recompensa emocional.

Enviarle un mensaje cuando se tarda en responder:
Este es uno de los errores más comunes hoy en día. Muchos hombres sienten la necesidad de perseguir a una mujer que no les responde rápidamente, mostrándose desesperados por su atención. Esto demuestra una falta de control sobre sí mismos y una dependencia emocional que, al final, solo aleja a la mujer.

Pagar por sexo: Este es uno de los extremos más evidentes de la mentalidad de simp. No solo reduce al hombre a un objeto transaccional, sino que también niega toda la posibilidad de crear una conexión genuina basada en el respeto y la mutua atracción.

Como hombres, estamos naturalmente atraídos por mujeres físicamente atractivas, buscamos intimidad, tener una familia, y queremos establecer relaciones significativas. Por ello, a veces, ingenuamente adoptamos comportamientos que parecen "*buenos*", pero en realidad, nos ponen en una posición vulnerable y poco atractiva.

Ser un simp es un error que muchos hombres cometen sin darse cuenta, y lleva a un ciclo destructivo: nunca logras excitar a una mujer de manera genuina, te terminas dejando engañar, y en el peor de los casos, te hacen sentir como si no valieras nada.

Si temes que este pueda ser tu caso, no te preocupes. Aquí te compartiré algunas claves para dejar de ser un simp y aprender a manejar tus relaciones con mujeres de la forma adecuada, pero antes vamos a analizar la experiencia de un miembro:

"Hace años, cuando era un simp, conocí a una chica que era muy amable conmigo, cariñosa, e incluso me daba ciertas insinuaciones. Yo hacía muchas cosas por ella, pero cada vez que intentaba avanzar o acercarme más, me ignoraba."

¿Qué sucedió allí? La respuesta está en la forma en la que él se comportaba. Las mujeres, aunque a veces no lo digan directamente, son muy conscientes de las intenciones de los hombres. Saben por qué un hombre hace ciertas cosas por ellas. A menudo, se hacen las "*tontas*", pero en realidad, tienen una inteligencia maquiavélica bastante alta. Son astutas y saben reconocer cuando un hombre está actuando de forma desesperada, buscando ganarse su atención a toda costa.

Muchas mujeres con varios "hombres beta" a su alrededor se hacen las que no saben lo que están haciendo, todo por el bien de las apariencias. Usan esta "*ignorancia*" como una herramienta para evitar responsabilidades, manteniendo sus manos limpias a través de lo que podría llamarse una "*negación plausible*". Pero en realidad, saben exactamente lo que están haciendo y por qué lo están haciendo.

La verdad es que no les importa lo más mínimo las necesidades del hombre, siempre y cuando ellas consigan satisfacer sus propias demandas. Mientras él cumple con el propósito que ella ha asignado en su vida, ella sigue feliz, sin tener que corresponder ni ceder a sus expectativas.

A menudo, ofrece la "*promesa de sexo*" solo para mantener al hombre cerca, sin que realmente se concrete nada. Solo le da "*sexo de deber*" si siente que valora lo que él aporta a su vida.

No te dejes engañar por estas mujeres y aléjate de ellas.

Juega las cartas a tu favor.

No Seas Excesivamente Bueno.

La primera regla para dejar de ser un simp es dejar de esforzarte demasiado con las mujeres. Puedes ser gracioso, caballeroso, pero no la trates como a una princesa. Con las mujeres, lo que realmente funciona es incitarlas a que te busquen, no perseguirlas ni lanzarle docenas de cumplidos todos los días. El secreto para despertar la atracción en una mujer es recompensarla de forma intermitente.

Aquí algunos ejemplos de cómo hacerlo:

➢ Si le dices un cumplido, actúa frío el resto de la conversación.

➢ Si un día le escribes primero, desaparece por una semana.

➢ Si hablas o tienes una cita con ella, evita cualquier tipo de interacción en redes sociales durante varios días.

Si constantemente la llenas de atención sin recibir nada a cambio, tú serás el último en su lista. Y no tengas miedo de dejarla en visto. A veces, eso tiene sus beneficios.

Recuerda que lo dulce en exceso empalaga, a nadie le gusta. Que tus muestras de atención sean escasas en la medida correcta para que sea más valoradas.

No Digas que SÍ a Todo lo que te Dice una Mujer.

Es fundamental que tengas tu propia opinión. A las mujeres les atrae un hombre que las rete, no alguien que esté de acuerdo con todo lo que dicen.

Los simps creen erróneamente que estar siempre en la misma página que la chica que les gusta les hará ganarse su amor. Sin embargo, a las mujeres realmente les gusta seguir la iniciativa de un hombre. Además, prefieren a hombres ocupados que defienden sus propias opiniones.

Aquí tienes algunas maneras de poner esto en práctica:

➢ Sé tú quien establezca las fechas de las citas, no ella.

➢ No empieces a hacerle favores inmediatamente después de que te los pida. Dile que lo harás cuando termines de leer, trabajar, o lo que sea que estés haciendo.

➢ No temas discutir puntos de vista diferentes. A muchas mujeres les gusta un buen intercambio de ideas, incluso si involucra un desacuerdo.

No debes estar de acuerdo con una mujer en cada tema solo para querer gustarle, se fiel a tu filosofía y tus gustos.

No Escondas Tus Intenciones.

Los simps nunca consiguen una novia porque caen en la trampa de ser excesivamente amables. Se convierten en el _"mejor amigo"_, llenan a la chica de cumplidos sin cesar, pero nunca la invitan a salir ni dan el paso hacia una relación. Peor aún, nunca se acercan a las mujeres desde una perspectiva sexual. No te escondas detrás de la máscara del *"mejor amigo"*. Si lo que realmente quieres es algo más, actúa en consecuencia.

Escala tus interacciones de manera adecuada. No le digas que la amas ni te pongas demasiado intenso, pero sí expresa claramente tus intenciones. Si ella intenta colocarte en la *"zona de amigos"*, corta cualquier intento de manera directa.

No Le Escribas 10 Veces Al Día.

Enviar múltiples mensajes de texto al día es un comportamiento típico de los simps. De nuevo, perseguir a las mujeres solo genera incomodidad y las asusta. Hacerlo es contraproducente en el proceso de conquistar a una mujer. Si te encuentras enviando mensajes constantemente, le estás mostrando que no tienes nada mejor que hacer, lo cual no es una buena señal.

Las mujeres se esfuerzan en lucir bien para atraer a un hombre que sea dominante, seguro de sí mismo y exitoso. Este tipo de hombre, naturalmente, no tiene tiempo para enviar 50 mensajes al día a una chica.

Idealmente, ella debería ser la que te envíe más mensajes que tú a ella. Si notas que ella no muestra el mismo interés o no te escribe mucho, es probable que no esté tan interesada en ti. *Los hombres de valor no pierden su tiempo buscando la aprobación de las mujeres.* Si una chica no está interesada, no seas un simp; déjala ir.

Aprende a Actuar con Más Confianza.

La baja confianza es una característica común en los simps. Aunque pueden parecer personas felices y agradables, en el fondo, tienen miedo de enfrentarse a situaciones que desafíen su zona de confort.

Lo que sucede con esta falta de confianza es que los simps rara vez se atreverán a decir algo arriesgado o audaz a una mujer; siempre juegan a lo seguro. Esto los lleva a expresar solo cosas agradables, pero ese comportamiento suele parecer superficial y raro para las mujeres.

Por el contrario, cuando aumentas tu confianza, te vuelves más interesante. Esto sucede porque ya no tienes miedo de que ellas se alejen, lo que te permite conectar de manera más auténtica. Para dejar de ser un simp, es esencial aprender a interactuar y seducir a nuevas mujeres.

Recuerda, debes permitir que las mujeres te vean y te noten. Además, actividades como ejercitarte regularmente y mejorar tu guardarropa son formas efectivas de aumentar tu confianza y proyectar una imagen más fuerte y segura de ti mismo.

Borra las Canciones de Amor de tu Lista de Reproducción.

Cuando un hombre escucha repetidamente canciones románticas, esa constante exposición a mensajes sentimentales puede hacer que se convierta en un simp. Comienza a poner a las mujeres en un pedestal, pierde la concentración en su trabajo y, en general, se vuelve más débil emocionalmente.

El momento en que empiezas a tratar a las mujeres como si fueran diosas es precisamente cuando te conviertes en un simp.

Las canciones de amor a menudo hacen que los hombres piensen que tener a una mujer en su vida es lo que define su éxito. Sin embargo, es mucho más valioso estar soltero y tener libertad que estar en una relación donde te sientes amargado y dependiente emocionalmente.

Desarrolla un Estilo de Vida Más Sano y Emocionante.

Ser un simp también está relacionado con una búsqueda subconsciente de una vida emocionante, como si de alguna manera fuera sinónimo de éxito. Los simps tienden a dirigir toda su energía en buscar la aprobación de las mujeres, esperando que, con optimismo, una de ellas se enamore de ellos.

Sin embargo, lo que logran es exactamente lo opuesto. Llenar a una mujer de halagos y actuar como un "*tonto útil*" solo hace que las mujeres pierdan el respeto por ellos.

Recuerda, no puedes estar disponible siempre para una mujer. Tu tiempo es valioso, y debes transmitir esa idea claramente. En lugar de obsesionarte por su atención, invierte tu tiempo libre en actividades que nutran tu mente y tu cuerpo. Incluso si eso significa desconectarte del teléfono por un par de horas.

- Sal solo o con amigos.

- Lee o escribe.

- No tengas miedo de dejarla sola por un rato.

- Cultiva buenos hábitos.

LAS CITAS

¿Quién paga la cuenta? Este es un tema que genera debate entre muchos hombres y mujeres, pero no solo es relevante cuando estás en una cita para conocerse. Si lo analizamos bien, nos damos cuenta de que casi todos los días nos enfrentamos a este dilema: ya sea por un café con un jefe, unas bebidas con amigos o una cena romántica. Las reglas sobre quién debe pagar no son claras, y las pocas que existían están cada vez más difusas.

No se trata de una cuestión cultural ni económica, ya que el conflicto puede surgir en cualquier situación, sin importar jerarquía, género o edad. El verdadero problema no es lo que tenemos en el bolsillo, porque en muchos casos, la cantidad es pequeña y accesible para cualquiera.

Sin embargo, hay una situación en la que no hay lugar a dudas: ***si tú sugieres el plan y estás invitando, tú eres quien paga, sí o sí.*** Si dices algo como "mañana te invito a cenar", queda implícito que la cuenta va a ser tu responsabilidad. Es completamente normal que, al final de la cita, la otra persona se ofrezca a invitar o a dividir la cuenta, pero este es un gesto amable y no significa que deba ser aceptado.

Aceptar ese ofrecimiento sería, en muchos casos, una actitud poco cortés. Recuerda que, si tú estás invitando, el pago debe ser tu responsabilidad, como muestra de caballerosidad y respeto.

Si realmente prefieres que cada uno pague lo suyo, es mejor hacerlo claro desde el principio. Una buena fórmula sería algo como: *"¿salimos a tomar algo?"* Esta simple frase deja implícito que cada uno se hará responsable de su parte. Sin embargo, es probable que, al final, cuando llegue la cuenta, surja la clásica competición por pagar: *"¡No puedo permitirlo!"* o *"¡Me ofendo si no lo aceptas!"* Este tira y afloja, aunque a veces incómodo, generalmente puede terminar en un compromiso donde ambos quedan contentos.

Reconozcamos que los tiempos han cambiado y que muchos hombres se sienten perdidos o inseguros respecto a las citas hoy en día. Las reglas no son tan claras como solían ser, y eso genera confusión en cuanto a quién debe hacerse cargo de los gastos, especialmente cuando se trata de relaciones que están comenzando a tomar forma.

Tiempo atrás, dudar hubiera sido un error de dimensiones colosales, toda una ofensa para nuestra acompañante: el hombre pagaba sí o sí.

Esta regla ya no se cumple.

Hoy en día, las reglas sobre quién paga en una cita son mucho más ambiguas, y la cuestión puede llegar a ser incluso más difícil de resolver debido a la naturaleza moderna de las relaciones. En el pasado, el hombre siempre pagaba, y no había duda al respecto. Sin embargo, ahora, a menudo no está claro si lo que hemos organizado con una mujer es una cita romántica real o simplemente un encuentro entre conocidos o compañeros de trabajo.

La línea se ha difuminado, y eso genera la incertidumbre sobre cómo manejar la situación del pago.

Primera norma: Como mencionamos al principio, si uno de los dos ha propuesto el encuentro y se ha comprometido a invitar, esa persona debe pagar. Situación resuelta. Si tú, como hombre, fuiste el que invitó, no hay duda: tú cubres la cuenta. De hecho, esto también establece un sentido de responsabilidad, ya que es un acto que muestra tu interés en la cita.

Segunda norma: Si la cita fue bien o al menos decente, el hombre sigue siendo el que paga, aunque con algunos matices. Si la cita fue un éxito, si ambos se han divertido y la conexión ha sido buena, no hay razón para cambiar la tradición. Sin embargo, si la cita no ha ido bien y no hubo una química real, la cosa cambia. En ese caso, es comprensible que no se sienta tan obligado a cubrir los gastos de algo que no fue más allá de una simple interacción.

Tomemos a Carlos como ejemplo, un abogado, pero que en una cita se vio envuelto en una situación incómoda. La mujer con la que salió pidió lo más caro del menú y no hizo ni el más mínimo gesto de sacar su cartera al final.
Carlos se excusó diciendo que iba al baño... pero en realidad, decidió marcharse sin pagar. El cambio de roles juega a nuestro favor en este sentido, pero el hombre no tiene ningún motivo para rebajarse tanto.

En su lugar, podemos adoptar un enfoque más inteligente: *"Te invito yo esta vez, y, la próxima vez lo harás tú."* o "Yo pago la cuenta, pero a ti te toca invitar el postre"... y no hablo de sexo eh! Más bien de un helado o algo similar. Así no solo dejamos claro que la relación debía ser recíproca, sino que también dejó abierta la puerta a un futuro encuentro si existía un verdadero interés mutuo.

Este tipo de actitud no es solo cuestión de "*tener la razón*" o "*tener el control*"; se trata de saber dónde trazar tus límites como hombre. Esa es la verdadera caballerosidad: no ser un tonto que se deja pisotear, sino un hombre que sabe cuándo dar y cuándo poner una pausa para asegurarse de que el interés de ambas partes está alineado.

Por supuesto, si la mujer insiste en pagar, deja que lo haga, pero solo si es genuino ya que puede tener varios motivos para ello: no quiere sentir que te debe algo o se siente culpable si un hombre paga por lo que ella ha consumido (sobre todo si la mujer ha elegido el lugar y piensa que se ha equivocado con lo que iba a costar realmente la cena). Pero, si ella no muestra el mínimo interés, entonces, como hombre, debes estar preparado para hacer valer su tiempo y su energía.

Cuando invitas a una mujer a una cita, es fundamental mostrarle respeto, y esto también implica cómo manejas la cuenta al final de la velada. El gesto de invitarla, de asumir el papel de quien lleva la iniciativa, no debe ser una cuestión de dinero, sino de intención y de lo que esa mujer representa para ti.

Una recomendación clave que vale la pena tener en cuenta es no pagar en efectivo. ¿Por qué? Porque la mayoría de los restaurantes entregan la cuenta en una pequeña cartera, y si pagas en metálico, el precio final será totalmente visible. Esto no solo puede resultar un tanto incómodo, sino que no es lo más "*romántico*". Es mucho más elegante y discreto pagar con tarjeta, ya que el monto no es evidente para ella, y todo se maneja con más sutileza.

Entonces, ¿cuál es la conclusión? Si decides invitar a una mujer a una cita, es tu responsabilidad cubrir la cuenta, ya que esto refleja tu interés y el respeto hacia ella. Si la cita no fue lo que esperabas, aun así, paga sin titubear.

Nunca hagas de una cuenta un tema de discusión. Si no hay conexión, lo mejor es simplemente no volver a salir con esa persona.

Y, por supuesto, esto también es un recordatorio de que debes tener control sobre tus finanzas. *El dinero no debería ser un obstáculo cuando se trata de disfrutar de una cita con una mujer que realmente vale la pena.* Tener estabilidad económica es vital para tu vida, y si bien las mujeres no deben ser vistas como objetos que *"compras"* con dinero, es importante que puedas permitirte ser generoso sin que eso te cause estrés.

Recuerda siempre que no se trata de rebajarte a nadie, sino de mantenerte fiel a tus principios. No te rebajes al nivel de aquellas mujeres que no aportan valor, ni te pierdas en la búsqueda de la mujer *"perfecta"* según tu deseo físico momentáneo. La clave está en saber seleccionar sabiamente y en ser lo suficientemente inteligente para saber cuándo una mujer vale la pena y cuándo no.

Al final, la autoconfianza y el respeto a ti mismo son los factores más importantes en cualquier relación, ya sea una cita o una amistad. Si no encuentras lo que buscas en una mujer, simplemente no pierdas más tiempo. La calidad siempre debe prevalecer por encima de la cantidad.

EL MATRIMONIO

¿En estos tiempos es mejor estar soltero o es mejor casarse?

En estos tiempos modernos, donde las relaciones son tan complejas y las expectativas, a veces, irreales, la pregunta de si es mejor estar soltero o casarse sigue siendo relevante. El matrimonio es un compromiso serio, y como tal, exige una reflexión profunda. ¿Qué trae consigo este compromiso? Para un hombre, puede ser tanto una bendición como una carga, dependiendo de la mujer con la que elija compartir su vida.

Las mujeres, por su naturaleza emocional, son seres que demandan atención, amor y seguridad. Y aunque esto no es un defecto, muchas veces esta necesidad puede convertirse en un desafío si no es manejada correctamente. ***El hombre debe ser sabio al elegir a la mujer con la que se compromete.*** No todas las mujeres merecen el esfuerzo y la dedicación que implica el matrimonio. Algunas, más que ser compañeras, se convierten en una carga emocional que puede arrastrar a su pareja hacia abajo, desbordando sus propios límites y necesidades.

Un hombre que decide casarse debe ser consciente de lo que está eligiendo. Si la mujer que elige no está dispuesta a ser su compañera, que lo apoya y lo respeta en su individualidad, sino que constantemente pone en peligro su paz mental y su libertad personal, entonces la relación no tiene futuro. La mujer no debe ser un obstáculo para su crecimiento, sino alguien que le permita avanzar con él hacia sus objetivos.

El mantenimiento del respeto mutuo y la capacidad de hacer compromisos calculados son esenciales. El hombre necesita reconocer que la soberanía personal es fundamental, y que la autonomía emocional no debe ser socavada por las demandas de la mujer. La belleza de un matrimonio exitoso radica en que ambos miembros entienden la importancia del espacio personal, el respeto por los límites, y la capacidad de colaborar sin perderse a sí mismos en el proceso.

Por definición, cualquier relación con una mujer implica una cierta renuncia a la libertad personal, ya que el hombre debe adaptarse, en cierta medida, a las demandas emocionales y necesidades del "*mundo femenino*". ¿Pero realmente merece la pena? La realidad es que, a menudo, las mujeres encuentran en las relaciones una forma de satisfacer sus necesidades emocionales, mientras que, para el hombre, los beneficios de este compromiso son mucho más inciertos.

Muchos hombres son engañados por la ilusión de tener una pareja, cuando en realidad están simplemente sosteniendo a alguien que no contribuye de igual forma.

La pregunta crucial es: ¿Es esta mujer realmente una adición positiva a tu vida o simplemente una carga emocional más? El sexo, aunque importante, no debe ser el único factor para evaluar si una mujer vale la pena. No puedes confiar en que el sexo siempre será de calidad, y en muchos casos puede desaparecer sin previo aviso, lo que demuestra que la calidad de la relación no depende únicamente de lo físico.

El hombre debe evaluar más allá del sexo. Es esencial preguntarse si la mujer tiene una personalidad profunda o si es alguien que se obsesiona con el drama, las relaciones superficiales y el consumo por el consumo. ¿Es ella alguien con quien puedas construir una vida sólida, o simplemente una mujer interesada en entretenerse y vivir en una constante montaña rusa emocional?

Al final del día, la elección de casarse o permanecer soltero es personal y debe tomarse con una profunda reflexión. Para esto, vale la pena considerar las sabias palabras del apóstol Pablo en su primera epístola a los corintios:

"Me parece que los que están casados no deben separarse, y los que sí están solteros no deben casarse. Estamos viviendo momentos difíciles. Por eso creo que es mejor que cada uno se quede como está. Sin embargo, quien se casa no comete ningún pecado. Y si una mujer soltera se casa, tampoco peca. Pero, los casados van a tener problemas, y me gustaría evitárselos" (1 Cor 7:26-28 TLA)

Este consejo no interfiere con tu libre albedrío.

En última instancia, la decisión está en tus manos. Pero es importante recordar que **antes de pensar en casarte, debes tener una estabilidad emocional y financiera sólida**. Los tiempos actuales no son los más fáciles para dar ese paso. La pandemia ha dejado secuelas en todo el mundo, la inflación está afectando cada vez más a las familias y los empleos son menos, peor remunerados y más precarios. *Este no es el momento para tomar decisiones a la ligera o apresuradas sobre matrimonio o hijos.*

Forja tu camino primero. Trabaja en tu crecimiento personal, en tu independencia financiera y emocional. Y si en el proceso encuentras a una mujer que realmente merece tu tiempo, que tiene las cualidades que hemos descrito y que puede ser una compañera en tu vida, entonces adelante. Es tu vida y es tu decisión.

Si ya estás casado y las cosas no van bien en tu matrimonio, lo primero que debes hacer es intentar resolver los problemas con tu pareja. Si tienes hijos, esta es aún más la prioridad, porque ellos siempre necesitarán una figura paterna que esté presente y sea estable.

Sin embargo, si has hecho todo lo que está a tu alcance para mejorar la situación y tu pareja sigue sin entender, es momento de considerar tus opciones.

En este sentido, quiero dejarte un sabio consejo de la Biblia, específicamente de Proverbios 21:19:

"Mejor es morar en tierra desierta. Que con la mujer rencillosa e iracunda." – Rey Salomón

Este versículo nos enseña que, a veces, es preferible estar solo que vivir constantemente rodeado de conflictos innecesarios. Estar con una persona que siempre está causando problemas, que vive en la queja y la ira, no solo destruye tu paz, sino que te aleja de tu mejor versión.

Es importante rodearse de personas que te eleven, que te motiven a ser mejor, que te hagan sentir bien. La

negatividad constante solo te hunde, y, a largo plazo, ni tú ni tu entorno ganan.

Pero recuerda algo muy importante...

NUNCA pierdas de vista tus responsabilidades con tus hijos. Sea cual sea la decisión que tomes, debes ser un padre presente y responsable para ellos. Este es solo un consejo desde nuestra perspectiva, pero la decisión final siempre dependerá de ti.

Cada situación es única y, como hombre, eres el único responsable de las decisiones que tomes en tu vida.

TU CASTILLO Y LA CONFIANZA TOTAL

Y para cerrar este capítulo, quiero dejarte con un consejo crucial sobre la confianza.

¿Qué hacer si te gusta una mujer y temes salir herido?

Es fundamental entender que no debes darle toda tu confianza de inmediato, especialmente al inicio de una relación. La confianza no se otorga por default; se construye poco a poco, a medida que ves cómo se desarrollan las interacciones y cómo se comporta la persona en diferentes situaciones.

Es importante mantener un nivel de cautela, observando sus acciones más que sus palabras, porque en ellas es donde verdaderamente se revela su intención.

La confianza debe ser mutua y ganada con el tiempo.

Imagínate a ti mismo como un castillo: el núcleo de tu ser es tu territorio más sagrado, la fortaleza que debe ser respetada. Puedes permitirle a esa mujer entrar en tu castillo, conocer diferentes partes de ti, pero jamás debes darle la llave de la puerta más importante. Esa puerta está reservada para ti, y tal vez para las personas que más amas y que te conocen de verdad, *como tu madre o tu padre.*

La puerta más importante es tu integridad, tu soberanía, y esa solo debe abrirse para aquellos que realmente merecen tener acceso a lo más profundo de tu ser.

Disfruta de su compañía, pero nunca la pongas en el centro de tu vida, al fin y al cabo, nadie es perfecto.

Hoy en día, ***los hombres no suelen compartir sus problemas tan abiertamente como las mujeres***, no porque no tengan dificultades, sino porque el castigo por mostrar vulnerabilidad es mucho mayor para un hombre. Mientras que las mujeres pueden ser vistas como más humanas y toleradas por mostrar debilidad, la sociedad espera que los hombres siempre sean fuertes, siempre tengan respuestas y no muestren fragilidad.

Cuando los hombres muestran estos mismos aspectos muy humanos, la gente se enfada. Los hombres pueden hablar sobre cómo se sienten. Pero recuerda que la pérdida de respeto, estatus y atracción son mucho mayores para nosotros que para las mujeres.

La mayoría de los hombres se dan cuenta intuitivamente de esto, por lo que no se molestan. Ya están luchando y no necesitan que sea más difícil. Es por ello que hacer una marcha masculina, así como tanto las feministas se enjuagan la boca alegando que tal procedimiento es el que deberían hacer los hombres, sólo causaría vergüenza ante los ojos de la sociedad.

Una mujer puede apoyarte, pero, como hombre, la única persona que te cuida eres tú mismo...

Un hombre está así, en cierto sentido, siempre solo, porque además de él mismo, y su Dios, si tiene uno, no hay nadie en quien pueda confiar para hacer las cosas bien para sí mismo.

Se levanta y cae por su propia mano.

Pero siempre se vuelve a levantar a pesar de los golpes de la vida.

*Eso es lo que significa ser **HOMBRE.***

Conquista el Mundo

Lo recuerdo como si fuera ayer...

Era el descanso de uno de los partidos del torneo de fútbol de mi instituto, y perdíamos 3 a 0. Estábamos agrupados en el terreno de juego, de rodillas y en silencio, empapados en sudor y derrota. Sabíamos que el partido ya estaba casi terminado, pero fue ahí, en ese preciso momento, cuando nuestro entrenador se metió en el medio de todos nosotros y puso fin a nuestra fiesta de lamentos y lloros con uno de los mejores discursos motivacionales que jamás haya escuchado un ser humano.

Las palabras que salieron de su boca no fueron solo sonidos; fueron flechas lanzadas al corazón de cada uno de nosotros. Nos recordó por qué estábamos allí, qué representábamos y lo que éramos capaces de hacer si creíamos en nosotros mismos. Nos dijo que la derrota solo era permanente si la aceptábamos sin luchar. Después de escuchar su discurso, nos levantamos como guerreros, no solo físicamente, sino también mentalmente. El equipo que antes estaba derrotado, ahora estaba dispuesto a luchar hasta el último segundo. Y no solo eso, ¡ganamos el partido!

Este episodio fue más que un simple partido de fútbol. Fue una lección sobre la vida, sobre la importancia de la motivación, el esfuerzo y la resiliencia. Nos enseñó que no importa cuán oscuro sea el momento, siempre tienes el poder de cambiar tu destino si tienes la mentalidad correcta. Las palabras de nuestro entrenador nos recordaron que el verdadero poder reside en no rendirse jamás, que cada caída es solo un paso más hacia el triunfo.

De la misma manera, en la vida, ya sea en tu trabajo, en tus negocios o en tus relaciones, mantener la motivación es lo que marca la diferencia. *La vida no es una carrera de velocidad, es una maratón.* Y para conquistar el mundo, necesitas una mentalidad fuerte, una que nunca se rinda ante las adversidades. El mundo no espera a nadie, pero también está lleno de oportunidades esperando a aquellos que están dispuestos a luchar por ellas.

Ahora, el mundo está ante ti. El futuro que sueñas está al alcance de tus manos, pero *depende de ti tomar acción*. Es fácil ser complaciente, seguir la corriente y conformarse con lo que la vida te da. Pero esa no es **la mentalidad de un hombre** que tiene grandes sueños, de un hombre que quiere ser más, de un hombre que está dispuesto a forjar su propio destino.

Cada paso que des, cada sacrificio que hagas, cada momento en el que te enfrentes a la adversidad, será una victoria hacia tu grandeza. ¡El momento de actuar es ahora! Es hora de despertar tu potencial interior y dejar de lado las excusas. Los problemas, las dificultades y los desafíos solo te harán más fuerte. *No hay montaña demasiado alta, ni océano demasiado vasto, cuando tienes la determinación de conquistar el mundo.*

Recuerda siempre que la mentalidad que adoptes, la disciplina que cultives y el coraje con el que enfrentes tus batallas serán los cimientos sobre los que construirás tu legado.

Sé el hombre que estás destinado a ser.

Conquista tu vida, conquista tu mundo.

LA FELICIDAD

"La felicidad es cuando lo que piensas, lo que dices y lo que haces están en armonía." — **Mahatma Ghandi**

La felicidad, ese concepto tan esquivo que todos buscamos, pero que parece más difícil de alcanzar conforme más nos enfocamos en ella. *¿Qué es la felicidad? ¿Qué nos hace realmente felices?* Y, sobre todo, *¿por qué deberíamos querer ser felices?* Esas preguntas no tienen una respuesta única. Para algunos, es disfrutar de una comida que aman, para otros, criar hijos, tener una familia, o conectar de manera genuina con los que nos rodean.

Pero la verdad es que **la felicidad no es un destino fijo ni un estado constante que debamos perseguir**. No es una meta que, al alcanzarla, nos garantice una vida plena. Más bien, _es una sensación positiva que surge en momentos determinados_, cuando nuestras acciones, pensamientos y palabras están alineados.

La felicidad es, en realidad, un camino, no una meta. Y ahí radica la trampa de aquellos que buscan una felicidad eterna y constante: en su obsesión por ella, se alejan de lo que realmente importa. Cuando intentas forzarla, cuando te concentras demasiado en la idea de ser feliz, la felicidad se vuelve más esquiva. Es un equilibrio. **Se encuentra en los momentos, en las decisiones diarias, en los pequeños triunfos.** No se trata de esperar a que todo en tu vida sea perfecto, sino de encontrar la paz en lo que tienes, en lo que eres.

La felicidad, entonces, es saber que tienes el control de tu vida. No es esperar que las circunstancias cambien, sino aprender a adaptarte y aprovecharlas para crecer. No te enfoques solo en el deseo de ser feliz, sino en convertirte en el hombre capaz de manejar todo lo que la vida te pone enfrente, con fuerza, disciplina y serenidad.

Muchos hombres han experimentado tristeza y depresión a lo largo de su vida, pero, al mirar más de cerca, la raíz de esa infelicidad proviene de defectos esenciales de carácter. La falta de constancia, la falta de autodisciplina, la incapacidad para mantener el enfoque en lo que realmente importa. Muchos se permitieron ser débiles cuando eran jóvenes, sin control sobre sus impulsos, tomando siempre el camino fácil. Y luego, al crecer, esa falta de control se convierte en una carga.

Es cierto que no todos crecemos en un entorno donde la disciplina es una prioridad, pero **el hecho de que tus padres no te hayan enseñado estas lecciones no justifica que tú sigas repitiendo los mismos errores.** Como hombre adulto, <u>eres responsable de tu propio crecimiento. Ya no tienes excusas.</u> La autodisciplina no es algo que se te da de forma natural, pero es algo que debes forjar con tu esfuerzo diario.

La verdadera realidad es que tú eres el único que tiene el poder de hacerte sentir seguro o inseguro. *¿Recuerdas esa sensación de orgullo cuando lograste algo con esfuerzo?* Ese es el principio de la autoconfianza. El orgullo no solo te llena de satisfacción, sino que te transforma. Cuando logras algo que te cuesta, tu confianza se dispara, y esa confianza se convierte en carisma. Y el carisma es una de las cualidades más poderosas que puede tener un hombre.

Pero todo comienza con constancia. Todo comienza con la capacidad de seguir adelante incluso cuando las cosas no son fáciles. Si no tienes autodisciplina, haz que esa sea tu prioridad ahora mismo. Porque sin ella, nada más tendrá valor. *Es hora de tomar el control de tu vida y forjar tu futuro con tus propias manos.*

La única forma de alcanzar la grandeza es hacerlo con disciplina, con consistencia, día tras día, sin rendirse. Si quieres convertirte en el hombre que siempre has soñado ser, empieza con constancia, empieza hoy.

Tuve que descubrir mi propio camino en la vida, como muchos hombres que no contaron con una guía firme durante su infancia. En lugar de invertir mi tiempo en actividades que realmente sumaran, me dejé llevar por las distracciones y las malas influencias, rodeándome de *"amigos"* que también carecían de propósito, personas que buscaban llenar su tiempo con cosas vacías. Actividades como hacer deporte, aprender un instrumento, estudiar un idioma o practicar una disciplina de combate no estaban en mi radar. Y este es un error que, si algún día soy padre, jamás permitiré que mis hijos repitan.

Tuve que invertir una cantidad significativa de tiempo y esfuerzo para darme cuenta de mi propio valor, porque *cuando estás atrapado en el fracaso y sin dirección, pierdes el respeto por ti mismo y por tu tiempo.* Tratas de buscar nuevas formas de malgastarlo, porque no tienes una visión clara ni un propósito que te impulse hacia adelante. Si tienes metas, te falta la disciplina necesaria para seguir el camino que debes recorrer para alcanzarlas.

Yo era uno de esos hombres que soñaba en grande, pero me limitaba. Llenaba mi vida con placeres momentáneos que me mantenían ocupado, pero sin hacer que realmente avanzara. El miedo al fracaso crecía con cada día que pasaba sin tomar acción, y sin acción, el miedo se volvía más grande, hasta que la motivación se desvanecía. Y cuando la motivación se va, el peligro de caer en la depresión se hace cada vez más cercano.

Hoy sé que *la clave no es esperar a sentirte motivado, sino entender que el verdadero poder radicar en la disciplina diaria,* en el coraje de enfrentar tus miedos y actuar a pesar de ellos. La única manera de liberarte del ciclo de la indecisión y el miedo es tomar acción constante y confiar en el proceso, sin importar cuán difícil sea al principio.

En pocas palabras: *"La vida es como andar en bicicleta. Para mantener tu balance debes seguir moviéndote."*

La verdad es que mi pereza me llevó a la infelicidad. Me había convertido en prisionero de mi zona de confort, atrapado en la comodidad del estancamiento. No estaba satisfecho porque sabía que no estaba alcanzando mi verdadero potencial. Mi desdicha venía de la frustración y el descontento de no estar siendo la mejor versión de mí mismo. Sin embargo, *dejé de culparme por mis fracasos y comencé a reconocer mis esfuerzos por mejorar.*

Incluso si aún no he alcanzado el nivel de éxito que mi ambición exige de mí, *acepto lo que soy y lo que tengo, siempre y cuando esté dando lo mejor de mí.*

Porque lo mejor de ti es todo lo que tienes ahora. Exigir más de ti mismo es como colgarte una zanahoria frente a tus ojos, solo para que se te escape constantemente. Lo que realmente importa *es disfrutar del viaje de ser mejor cada día. Disfrutar de la rutina, de la lucha, del esfuerzo.* Es el precio que debes pagar para llegar a cualquier parte.

Y si mi mejor esfuerzo no es suficiente, que así sea. Intentaré algo más. Estoy bien con ser imperfecto porque la imperfección es solo una oportunidad para seguir creciendo.

Acepto el fracaso como una parte inevitable de la vida. A veces, el miedo de no ser lo suficientemente bueno nos paraliza, pero lo cierto es que cualquier cosa es mejor que rendirse.

Como dijo Winston Churchill: *"Nunca te rindas, nunca, nunca, nunca, nunca, en nada grande o pequeño, nunca cedas excepto por convicciones de honor y buen sentido. Nunca cedas a la fuerza; nunca cedas ante el poder aparentemente abrumador del enemigo."*

La realidad es que, en este preciso momento, estamos enfrentando nuestra mayor batalla.

Todo se reduce a esto: *O nos forjamos como hombres, o nos desmoronamos. Centímetro a centímetro, paso a paso, hasta estar agotados. Estamos en el infierno, caballeros.*

Y créanme, lo sabemos. Podemos quedarnos aquí, recibir una golpiza más y rendirnos, o podemos levantarnos, luchar y abrirnos paso hacia la luz. Podemos salir del infierno, centímetro a centímetro, pero solo si estamos dispuestos a dar la batalla.

Yo no puedo hacerlo por ustedes. *Cada hombre tiene su propia guerra.* Todos hemos cometido errores. Muchos de nosotros hemos tomado las decisiones equivocadas: perder o desperdiciar dinero y tiempo, fallar con nuestros compañeros o pareja, escoger mal a la persona que estuvo a nuestro lado y ser traicionados. Y sí, puede que algunos de nosotros ni siquiera podamos mirarnos al espejo.

Pero ¿saben qué? El hecho de que estemos aquí, leyendo estas palabras, ya significa que no estamos derrotados. ¿Cómo lo sé? Porque **cuando un hombre está listo para cambiar, puede empezar desde cualquier lugar, incluso desde el suelo, incluso desde el infierno.** A partir de ahí, el único camino es hacia arriba.

<u>El verdadero hombre no es el que nunca cae, sino el que, tras caer, siempre se levanta.</u> Y créanme, si están leyendo esto, tienen lo que se necesita para levantarse, una vez más, y seguir adelante.

¿Saben? Cuando nos hacemos viejos, la vida nos puede quitar todo y dejarnos en el suelo. Es parte del trato. **Pero es solo en el momento en que empezamos a perder lo que realmente valoramos cuando aprendemos.**

Recuerda:

"Únicamente cuando se pierde todo somos libres para actuar" - Fight Club

La vida es un juego que se mide en centímetros.

Al igual que en el fútbol, el margen de error es mínimo. Un medio paso demasiado tarde o demasiado temprano, y no llegarás; un segundo demasiado rápido o demasiado lento, y no atraparás. Esos centímetros están en todas partes. En cada respiro, en cada descanso, en cada segundo que pasa.

En esta comunidad, luchamos por esos centímetros. Nos dejamos la piel, destrozamos a todos los que se nos cruzan, solo por un centímetro más. Arañamos con nuestras uñas cada pulgada de terreno, porque sabemos que, sumando todos esos centímetros, vamos a marcar la diferencia entre **GANAR o PERDER,** entre **VIVIR o MORIR.**

Lean bien lo que les voy a decir… En cualquier batalla, el hombre dispuesto a morir por ese centímetro es el que va a ganarlo. Y sé que, si estoy aquí, si voy a vivir un poco más, es porque aún conservo la voluntad de luchar y darlo todo por ese centímetro, porque **VIVIR** es eso. Los seis centímetros que tienes por delante.

Yo no puedo obligarlos a hacer esto. **Tienen que mirar al hombre que tienen frente al espejo. Miren sus ojos.** Ahí verán si es alguien dispuesto a recorrer ese centímetro. Verán si es alguien que está dispuesto a luchar con todo lo que tiene para ganar en la vida, porque sabe que ese es su único camino.

Ahora miren a su alrededor, **miren a sus compañeros**, a su tribu, a su equipo… *deben ver a hombres con hambre de victoria, hombres que se esfuerzan por los demás, por el bien de la tribu.*

Eso es lo que significa forjarse, caballeros. O nos rehacemos ahora, como un equipo de hombres sólidos, o nos desmoronamos como individuos. No hay más.

Díganme, ¿qué van a hacer?

Nada en la vida vale la pena si no estás dispuesto a tomar riesgos. Nada.

Nelson Mandela dijo: *"No hay pasión que se pueda encontrar jugando a lo pequeño, en vivir una vida que es inferior a la que eres capaz de vivir."*

Estoy seguro de que tus experiencias en la vida, en la escuela, en la universidad... elegir una especialidad, decidir qué quieres hacer en la vida, todo eso te ha dado conocimiento y valor. En algún momento, te dijeron: *"Asegúrate de tener en qué apoyarte para la vida"*. Pero, si voy a caer, absolutamente no voy a retroceder. Quiero caer hacia adelante, porque al menos así voy a ver lo que golpeo con mi cabeza. Quiero caer hacia adelante.

Un salto de fe.

Cada intento fallido te acerca un paso más al éxito. Tienes que tomar riesgos. No hay otra forma.

Recuerda siempre esto en tu vida como hombre:

Primero. Fallarás en algún momento de tu vida. Solo debes aceptarlo. Perderás y te avergonzarás. Acéptalo, porque es inevitable, ya deberías saberlo. Así es la vida.

Hay un viejo dicho que dice: *"El fracaso es la oportunidad de comenzar de nuevo, con más experiencia. No temas equivocarte, porque cada intento te acerca a tus objetivos. Nadie murió por empezar de cero."*

Debes tomar descansos. Yo tomé algunos. El punto es que todas las personas que leen este libro tienen la capacidad y el talento para triunfar, pero... ***¿tienen las agallas para fallar?***

Segundo. Si no has fallado, entonces no estás intentando.

"Si quieres tener algo que nunca has tenido, debes ser alguien que nunca has sido."

Imagina que estás en el lecho de tu muerte, rodeado de sombras. No son sombras de miedo ni de oscuridad. Son fantasmas. Fantasmas de tu propio potencial, de los sueños no realizados, de las oportunidades que dejaste escapar. Esos fantasmas se acercan y, con una mirada fija y desafiante, te dicen: *"Podías habernos hecho realidad. Nos diste vida solo en tus pensamientos, pero nunca nos trajiste al mundo. Ahora, nos vamos a la tumba contigo."*

¿Cuántos fantasmas habrá cuando llegue ese momento?

Cada segundo que dejas escapar, cada idea que dejas en el tintero, cada habilidad no aprovechada, te acerca más a esa hora. **Es ahora o nunca.** Es tu momento de levantarte y hacer que todo lo que has soñado se convierta en algo tangible. Tu talento, tu visión, tus fuerzas, tu energía, tus oraciones, todo lo que tienes, todo lo que eres, es lo que necesitas para dar ese primer paso.

¿Qué harás con lo que tienes? ¿Vas a dejarlo escapar una vez más?

No importa si tienes dinero o si no lo tienes. No importa si eres un empresario, un médico, un abogado, un maestro, o alguien que simplemente sueña con más. **Lo que importa es lo que haces con lo que tienes.** Los talentos no son solo habilidades o cosas materiales. Tu capacidad de amar, tu bondad, la pasión que pones en todo lo que haces, son los ingredientes con los que forjarás tu legado.

Ahora, ¿cómo te vas a levantar de esa cama? ...

¿Vas a seguir arrastrando tus sueños o los vas a hacer realidad, aunque el miedo te acompañe?

La diferencia entre los que logran y los que quedan es simple: **la acción**. Los que siguen adelante, no se dejan vencer por la incertidumbre. No esperan el momento perfecto. Crean el momento.

Así que deja de mirar al futuro como una promesa distante. Haz que sea un ahora, <u>haz que tu tiempo cuente, porque ese es el único recurso que no podrás recuperar.</u>

Mi último punto. La vida nunca será un camino recto. Porque correr riesgos no se trata simplemente de encontrar un buen trabajo o de seguir una ruta difícil, se trata de enfrentarte a lo que sabes, pero más importante aún, a lo que no sabes.

Correr riesgos es salir de tu zona de confort, es aceptar la posibilidad de fallar, de equivocarte, de cae*r*. Pero es también reconocer que esos riesgos, aunque inciertos, son <u>la única manera de crecer, de innovar, de lograr algo grande</u>. Ya sea en los negocios, en tus relaciones, o en las decisiones más personales que tomes. La clave está en *saber evaluar el riesgo, en saber si el posible beneficio vale la pena.*

Es estar dispuesto a ir más allá de lo conocido. Es estar abierto a nuevas personas, nuevas ideas, nuevas formas de pensar. ***El miedo es inevitable***, pero lo que se gana al tomar esos riesgos es mucho más grande que cualquier temor.

Nunca olvides que lo que realmente te define son *las personas que tienes cerca, las que amas, las creencias que sigues, los valores que sostienes, tu filosofía, tus virtudes y tus cualidades. Esos son los pilares que te llevarán a través de los días difíciles,* esos son los que te permitirán avanzar cuando las cosas no van bien.

Nunca te detengas, no te desanimes, nunca te quedes en el suelo, pensando que no puedes, da todo lo que tienes cada día y cuando caigas, que sea hacia adelante.

Ahora sal y conquista el mundo...

Ve y hazlo a tu manera, hazlo con la fuerza de un hombre que sabe lo que quiere, que no teme arriesgarse, que entiende que el camino no es fácil, pero que sigue adelante con la certeza de que cada paso es un paso más cerca de la vida que se merece.

Sigue tu propio camino, el camino de un hombre.

(Fragmentos de discurso de: Denzel Washington: "Caer hacia adelante" (2011) y Al Pacino: "Centímetro a centímetro" (1999))

CONCLUSIÓN

Te agradecemos de todo corazón por confiar en nuestra marca al adquirir este libro. Esperamos sinceramente que hayas encontrado valor en él y que te haya servido en tu camino hacia la mejor versión de ti mismo.

Si aún no nos sigues en nuestras redes sociales, te recomendamos hacerlo. Allí compartimos consejos adicionales que complementan lo aprendido en este libro y mantenemos a nuestra comunidad al día con las últimas actualizaciones. Además, nos encantaría que dejaras una reseña sobre tu experiencia. ¿Te ayudó este libro? ¿Hubo algún tema que te gustaría que exploráramos más a fondo en una próxima edición?

Este libro fue creado por ustedes y para ustedes. Nos motivó la necesidad de forjar una masculinidad sólida en estos tiempos. No olvides unirte al grupo privado de WhatsApp para miembros de este libro. Si deseas acceso, simplemente envíanos un mensaje a Instagram a **@hombrespeligrosos,** y estaremos encantados de brindártelo.

Si consideras que este libro tiene valor, no dudes en recomendarlo a un amigo, un sobrino, un hijo, un hermano. Tu apoyo es clave para continuar con este proyecto y seguir brindando contenido valioso.

Ha sido un verdadero privilegio compartir este tiempo contigo. ¡Nos veremos pronto! Un abrazo y que Dios te bendiga.

- José de Jesús Mora & Humberto Montesinos
Director y Fundador de Hombres Peligrosos ®

Contáctanos

EN INSTAGRAM – FACEBOOK – YOUTUBE - TIKTOK
@hombrespeligrosos

PÁGINA WEB:
www.hombrespeligrosos.eu

CORREO ELECTRONICO:
hombrespeligrososoficial@gmail.com

Made in the USA
Columbia, SC
27 June 2025